novum pro

Waldemar Gajda

PLÄDOYER FÜR DEN SCHÖPFER
oder wissenschaftliche und spirituelle Tatsachen,
die auf dessen Existenz hinweisen

www.novumverlag.com

Bibliografische Information
der Deutschen Nationalbibliothek:

Die Deutsche Nationalbibliothek
verzeichnet diese Publikation in der
Deutschen Nationalbibliografie.
Detaillierte bibliografische Daten sind
im Internet über
http://www.d-nb.de abrufbar.

Alle Rechte der Verbreitung,
auch durch Film, Funk und Fernsehen, fotomechanische Wiedergabe, Tonträger, elektronische
Datenträger und auszugsweisen
Nachdruck, sind vorbehalten.

© 2012 novum publishing gmbh

ISBN 978-3-99026-603-8
Lektorat: Christine Schranz
Umschlagfotos:
Rolffimages | Dreamstime.com,
Eti Swinford | Dreamstime.com, nasa
Umschlaggestaltung, Layout & Satz:
novum publishing gmbh
Innenabbildungen: Waldemar Gajda (11)

Die vom Autor zur Verfügung gestellten Abbildungen wurden in der
bestmöglichen Qualität gedruckt.

Gedruckt in der Europäischen Union
auf umweltfreundlichem, chlor- und
säurefrei gebleichtem Papier.

www.novumverlag.com

Inhalt

Sehr geehrte Leser!	7
Wie entstanden das Universum und die Erde?	17
Was ist Leben, Mensch und Materie?	30
Wer oder was ist Gott?	42
Marienerscheinungen	57
Maria von Guadalupe	75
Glaube und Psychologie	85
Stigmata und andere Zeichen Gottes	99
Nahtoderfahrungen (NTE)	116
Reinkarnation	131
Besondere Körperzustände – Wunder, Fluch oder Psychologie?	151
Wunderheilungen und andere unerklärliche Phänomene	171
Geister und Spukphänomene	194
Wissenschaft als Glaubensersatz oder nur Selbsttäuschung?	225
Zusammenfassung und Sonstiges	233
Angabe von Quellen für meine Arbeit	248

Sehr geehrte Leser!

Jeder von uns hat sich schon die Frage gestellt: Woher kommen wir und was passiert nach dem Tod? Ist der Tod das Ende von allem, was uns als Menschen oder Lebewesen ausmacht, oder gibt es noch etwas danach? Woher kommt das Leben? Was ist überhaupt Leben? Wieso ist es möglich? Wie ist es entstanden?

Alles Fragen, die wir heute nur sehr schwer und lückenhaft beantworten können, wobei die Antworten, die uns präsentiert werden, eher als Richtlinien oder Theorien zu verstehen sind.

Meistens hängt die Antwort auch von der Sichtweise des Betrachtens ab und ist nicht selten verschieden auslegbar.

Das bedeutet, dass jeder Mensch sich durch seine lebenslangen Entscheidungen eine eigene Welt schafft, die er wieder durch für sich passende Informationen ernähren und aufrechterhalten möchte.

Die über Jahre aufgebaute Weltanschauung eines Menschen zu ändern ist nicht einfach und es bedarf einer Entwicklung und Flexibilität des Betroffenen, die selten anzutreffen ist.

So werden z. B. die Glaubenskreise bis zuletzt ihre Ansichten verteidigen, die Skeptiker sind wiederum Menschen, die einfach nur alles anders sehen, als es ist oder sein könnte, und die Wissenschaft forscht mit menschlichen Mitteln nach Übermenschlichem und stößt dabei tagtäglich an ihre Grenzen.

Alle Interessenkreise (Wissenschaft, Kirche, Skeptiker usw.) können jedoch für alles eine passende Antwort präsentieren, die mit ihren Ansichten harmoniert, die aber bei genauer Betrachtung oft wenig plausibel und unzureichend erscheint.

Somit muss sich der heutige Mensch selbst die richtige Antwort suchen, nicht nur in der paranormalen Thematik, sondern in fast allen Disziplinen des täglichen Lebens.

Wir werden tagtäglich mit Informationen überflutet, die oft manipuliert oder lückenhaft sind und von Interessenkreisen für ihre Zwecke benutzt werden.

Informationen sind die größten Waffen der Menschen und gleichzeitig der wertvollste Schatz der Menschheit.

Durch gezielte Steuerung und Formulierung von Informationen wird die ganze Welt bewusst beeinflusst und geleitet.

Doch mit jedem Tag und jeder neuen Information kommen wir immer näher an die richtigen Antworten heran, die aber gestützt werden müssen von unabhängigen Erkenntnissen, Forschungen und Beobachtungen.

Die Mengen von Informationen, mit denen wir als freie Beobachter konfrontiert werden, sind keineswegs unerheblich, deswegen führt die Anzahl von Informationen auch manchmal zu Verwirrung und Unsicherheit.

Letztendlich muss jeder Mensch seine Fragen für sich selbst beantworten und eine passende Antwort für sich selbst finden, die mit seiner Sichtweise in Einklang zu bringen ist.

Es wäre vorteilhaft, wenn die Menschen ihre „Sturheitsbrillen" ablegen und mit gesunder Rationalität an die Sache des Paranormalen herangehen, dabei aber auch eine fremde, interessante Meinung zulassen würden.

Leider gelingt das nur in den seltensten Fällen, jeder sieht die Welt etwas anders und fühlt sich verpflichtet, seine Meinung zu verteidigen.

Die Arbeit, die Sie jetzt in der Hand halten, soll nur eine Hilfe dazu sein, selbst Ihre eigenen Antworten zu finden auf die Fragen: Woher und wohin?

Da ich mich schon seit über 20 Jahren mit paranormalen Themen und deren Rahmenbedingungen beschäftige, viele einseitig geschriebene Berichte gelesen und mich damit auseinandergesetzt habe, möchte ich selbst die ganze Materie – unbefangen, ohne Vorurteile und nicht als kommerzielles Objekt gesehen – aufarbeiten.

Um ganz ehrlich zu sein, muss ich über mich sagen, dass ich ein gläubiger Christ, aber auch für andere Meinungen offen bin, d. h., ich bin kein blinder Fundamentalist oder Besserwisser, der der Meinung ist, dass nur seine Ansichten und Meinungen die richtigen sind.

Ganz bewusst beschäftige ich mich auch mit anderen, begründeten Meinungen von verschiedenen Menschen oder Glaubensrichtungen, solange diese als sachlich zu betrachten sind.

Egal, ob man Christ oder Moslem ist oder anderen gottgebundenen Glaubensrichtungen angehört, ist es sehr vorteilhaft, an den Schöpfer zu glauben, jedoch in angemessener und vernünftiger Weise.

In der vergangenen Zeit habe ich sehr viele, sehr gute Arbeiten zu verschiedenen Themen gelesen, aber noch mehr Texte, die schon von Anfang an durch den Verfasser vorbelastet waren, solche, in denen einige Wissenschaftler der Meinung waren, dass „nur das, was man anfassen und sehen kann, wahr ist, alles andere ist als Humbug zu bezeichnen", von Skeptikerorganisationen, die für alles eine Erklärung haben, möge die noch so unrealistisch und sinnlos sein.

Oder auch vonseiten der Religionen, die oft nur noch über Wunder, heilige Prophezeiungen und Übermenschliches berichten, leider nicht selten nur von Menschenhand gemacht.

Fanatischer Glaube ist die größte Gefahr für die Menschheit und das Wissen der Menschen.

Oft werden ungebildete Menschen durch fehlerhafte und einseitige Informationen von angeblich ehrenhaften und weisen Menschen missbraucht für abscheuliche Taten im Namen Gottes.

Doch gerade diese Vorgehensweise findet bestimmt keinen Gefallen in Gottes Augen und hat mit aufrichtigem Glauben nichts zu tun.

Die Menschen, die sich durch ihre krankhaften Manipulationen der Wahrheit in den Vordergrund stellen möchten, erkennen nicht, dass sie in Wirklichkeit genau das Gegenteil erreichen und nur als unnötige Belastung auftreten und sich der Lächerlichkeit preisgeben.

Andererseits halten viele Menschen mit wirklichen paranormalen Erlebnissen ihre Informationen zurück, um nicht als „Spinner" abgestempelt zu werden.

Ich möchte hier aber ganz deutlich betonen, dass nicht alles Humbug, Show oder Besserwisserei ist.

Wenn man sich lang genug mit der Materie beschäftigt und auseinandersetzt, erkennt man den Wahrheitsinhalt sehr schnell und reagiert dementsprechend auf gelieferte Informationen.

Der Trend heute sind Sensationsberichte über Verschwörungen, UFOs, Kirchengeschichten und vieles mehr, Hauptsache, es klingt nach Sensation und verkauft sich gut.

Zum Beispiel: Manche Bestsellerbücher, die auch verfilmt worden sind, haben absolut keinen wissenschaftlichen Sinn, sie sind reine Fiktion und Spekulation. Hauptsache, sie verkaufen sich gut und bringen Geld in die Kassen. Auch ein bekannter Schweizer Journalist, der in jeder südamerikanischen Figur einen Außerirdischen sah und aus dem Thema ein Disneyland veranstaltete, ist in meinen Augen zu sehr auf Show-Effekt aus und somit sehr fragwürdig. Fernsehsendungen, die über Dinge berichten, die vollkommen ungeprüft und nur auf gute Einschaltquoten aus sind, vervollständigen das kommerzielle Chaos.

Das alles führt den normalen Menschen, der nach der Wahrheit sucht, in die Irre und trägt zum Verlust der Glaubwürdigkeit für die gesamte paranormale Forschung bei.

Nehmen wir nur kurz an, wir sehen einen Geist oder eine Erscheinung.

Das Erste, was wir sagen würden, ist: „Ich sehe schlecht oder es war eine Fotomontage, Lichtspiel, Nebel usw."

Das Zweite ist, dass wir Angst bekommen; Angst ist unangenehm und somit unerwünscht.

Wir Menschen lassen etwas anderes, Unbekanntes und Ungewohntes nur sehr schwer zu, es darf einfach nicht sein und es macht uns Angst.

Falls wir einem anderen Menschen ein paranormales Erlebnis erzählen würden, was würde er wohl denken?

Denkt er als Erstes: „Ist der krank? Will er sich wichtig machen? Hat er was getrunken oder ist er/sie durchgedreht?"

Schon wieder erfahren wir Ablehnung.

Selbst wenn ein Geist im Fernsehen auftreten würde, würde jede Art von Manipulation, Massentäuschung, Massenhysterie als Erklärung in Betracht gezogen werden, nur nicht, dass wir Übersinnliches gesehen haben.

Selbstverständlich soll man auch bei jedem Erlebnis oder Phänomen zuerst nach einer natürlichen Erklärung suchen, wenn man aber dieser Erklärung nicht finden kann, soll man ehrlicherweise etwas Übernatürliches in Betracht ziehen.

Wir denken, wir leben in einer geregelten Welt, unser Alltag ist wie immer, ein Tag geht, der andere kommt, so lebt man, bis dann irgendwann der letzte Tag kommt. Dann wird jeder Mensch, ohne Ausnahme, mit der Endsituation konfrontiert, mit dem eigenen Tod.

Ist etwas danach oder ist es vorbei? Spätestens dann bekommen wir die richtige Antwort präsentiert.

Unser Alltag wird durch das Rennen nach Geld, Macht, gesellschaftlicher Stellung und sozialer Sicherheit bestimmt, wir haben keine Zeit für etwas Unnötiges und vielleicht auch Unbequemes, wir genießen das kurze Leben auf der Erde und lassen uns von den tagtäglichen Abläufen steuern.

Somit kommen wir gar nicht auf die Gedanken, wieso das alles. Wo ist der Sinn von allem?

Am Ende unserer Tage erscheint uns alles sinnlos, unsere materiellen Werte, unsere gesellschaftliche Stellung, sogar unser Wissen.

Nichts kann den Tod aufhalten oder besiegen, kein Wundermittel, keine neue Technologie, wir sind auf „Tod" programmiert.

Wenn das Leben gelebt ist, was kommt dann?

Wenn der Tod wirklich das Ende von allem ist, dann ist sowieso alles egal und sinnlos und es zählt nur das „Hier und Heute".

Doch gerade deswegen müssen wir zu unseren Lebzeiten nach der wahrscheinlichen Antwort suchen und uns anhand von Indizien selbst eine Antwort präsentieren.

Kommt nach dem Tod noch etwas, eine Existenzform? Dann ist es schon gut, sich darauf vorzubereiten und sich damit zu beschäftigen.

Schildern wir kurz unsere Situation im Universum.

Ein Mensch auf einem Planeten, den er Erde nennt, in einem Universum, das unendlich scheint, Entfernungen von Millionen, Milliarden Lichtjahren (ein Lichtjahr ist die Entfernung, die das Licht in einem Jahr zurücklegt, wenn es sich mit 300 000 km/sec fortbewegt). Unendliche Galaxien, Milliarden von Sternen und Planeten, die aber nur 4 % des gesamten Universums darstellen.

Und die kleine Ansammlung von Atomen, Molekülen und Teilchen, die als Materie bezeichnet wird, aus der auch der Mensch besteht.

Ich vergleiche uns Menschen immer mit einem kleinen Wurm, der ca. 1 mm groß ist und in der Wüste Sahara lebt. Der kleine Wurm kennt nur Sand, vielleicht ein paar Steine und eine trockene Pflanze.

Für den Wurm gibt es nichts anderes, der kann nicht wissen, dass es das Meer gibt, Schnee, große Häuser usw.

Er denkt, alles ist Sand und das, was er sieht, ist die Wahrheit.

So auch der Mensch, egal was er macht, er kann nur das wissen, was er sieht oder wahrnehmen kann mit seinen Wahrnehmungsorganen.

Doch ist der Mensch so gebaut, dass er alles wahrnehmen kann?

Dass er die Zeit und den Raum überwindet, Materie und Energie erklärt? Dass er alles erforschen und verstehen kann?

Ich bin davon überzeugt, dass das für den Menschen unmöglich ist und immer unmöglich bleiben wird, da wir in unserer begrenzten physikalischen Beschaffenheit nicht dazu in der Lage sind.

In meiner Arbeit möchte ich alle Themen, die mit unserem Dasein verbunden sind, aufarbeiten und am Ende ein Fazit ziehen, das auch vertretbar, belegbar und annehmbar für uns Menschen und unseren Verstand ist.

Ich versuche, die Arbeit in einer einfachen und unkomplizierten Sprache zu verfassen, damit jeder Leser für sich ein eigenes Wahrheitsbild erschaffen kann, ohne ein Professor der Physik, Theologie oder Medizin zu sein.

Wie schon gesagt versuchen wir, nach der Wahrheit zu suchen. Es wird nicht einfach sein, aber wir versuchen es.

Alles, was uns umgibt, ist so aufgebaut und abgestimmt, dass es einwandfrei funktionieren kann. Ist das Zufall?
Das Universum, die Erde, das Leben, alles nur ein Zufall?
Es ist sehr schwer und fast unmöglich, zu beweisen, dass Gott oder etwas Vergleichbares existiert. Man versucht immer, etwas Übernatürliches zu beweisen. Doch soll einmal jemand umgekehrt beweisen, dass es nichts gibt!
Keinen Schöpfer, nichts Übernatürliches, keine Wunder, alles soll erklärbar und greifbar sein.
Soll jemand das Universum, die Kräfte des Universums, das Leben, die Energie und Materie erklären?
Derjenige müsste aller Vorgänge im Universum erklären können, alles auf der Erde erklären können, alle Naturgewalten beherrschen und überhaupt alles wissen.
Das ist unmöglich! Er müsste Gott sein.
So ist es einfacher und sinnvoller zu beweisen, dass Gott existiert als umgekehrt, denn wie man umgekehrt sieht, kommt man wieder zurück zum Schöpfer.
Wir werden in dem Buch alle Themen aufgreifen (aufarbeiten), das Universum, Astrophysik, Erde, Leben, Glaube, Psychologie, Physik und Paranormales, um am Schluss zu sagen: „Jetzt weiß ich, wer ich bin, jetzt weiß ich, wieso ich da bin."
Unser Leben ist untrennbar verbunden mit dem Tod, es gibt keinen Tod ohne Leben und umgekehrt genauso. Was wäre ein Leben ohne Tod?
Das Leben würde sich nicht entwickeln, wir könnten nicht altern und uns nicht vermehren. Unser Körper müsste anders gebaut sein, sodass er nicht erkrankt, nicht altert, sich nicht verletzen kann und dem natürlichen Zerfall nicht unterliegt.
Würden wir immer jung oder alt sein, reif oder klug? Wir könnten nichts schaffen, weil schon alles für uns paar Menschen da wäre!

Wie würden wir entstehen ohne den Tod? Ohne die Geburt? Was würde passieren, wenn wir den Berg herunterfallen?

Jede Art von Gefühlen, Erfahrungen und Entwicklungen ist mit Begrenztheit verbunden, zum Beispiel zeitlicher und auch räumlicher, also die uns bekannte Lebensform.

Das Leben ist verbunden mit Materie und die Materie entwickelt sich, verändert sich, geht Verbindungen ein und befindet sich nicht ewig in einem Zustand.

Der Aufbau des Menschen ist so gestaltet, dass durch seine Wahrnehmungsorgane der Mensch gar nicht imstande ist, alles zu verstehen.

Wir können sehen, aber nur begrenzt, d.h., superschnelle Bewegungen nehmen wir gar nicht wahr. Wir können hören, aber nur bestimmte Frequenzen, und fühlen nur materielle Sachen. Wieso sind wir so gebaut? Wieso nehmen wir nur drei Dimensionen wahr? Alle weiteren Dimensionen (falls diese existieren) können wir gar nicht wahrnehmen, wir sind einfach nur so programmiert worden, wie wir sind.

Gibt es mehr Dimensionen? Läuft in uns ein Programm ab, das unser Leben bestimmt?

Das sind die Fragen, die wir in diesem Buch zu beantworten versuchen werden.

Dazu müssen wir uns nicht nur mit Physik, Quantenphysik und anderen Wissenschaften auseinandersetzen, sondern auch mit Gott, Kirche und Glauben.

Die Wissenschaften und die Kirchen werden von Menschen gemacht, dementsprechend sind es auch deren Meinungen, doch wir suchen nach Gott und Leben nach dem Leben.

Um weiterzukommen, müssen wir manchmal versuchen, auch unbegreifliche Dinge zu verstehen und eine andere Sichtweise zu entwickeln.

Unser Leben unterliegt einer ständigen Entwicklung, wir Menschen entwickeln uns über Geburt, Kindheit, Erwachsenwerden bis zum programmierten Tod.

Auch unsere Umwelt entwickelt sich mit oder auch ohne Wirkung des Menschen, bis zu einem Kollaps unserer Erde, der aber erst in Tausenden von Jahren zu erwarten ist.

Noch ein paar Worte zur Betrachtungsweise und zur psychischen Einstellung des Lesers oder Beobachters:

Wie ich schon am Anfang in einem Erscheinungsbeispiel zu verdeutlichen versuchte, ist die Betrachtungsweise oder Auslegung eine Sache relativ, d. h., jeder Betrachtende wird die Sache so aufnehmen, wie er es möchte und wie es für ihn von Vorteil ist oder ihm persönlich entspricht.

Extrem gesagt: Ich kann jemanden mit der Faust schlagen oder sagen, er sei einfach nur gegen meine Faust gelaufen, es ist nur eine Betrachtungsweise des Beobachters.

Anders wird die Sache, wenn zehn Leute sagen, wir haben gesehen, wie der eine den anderen mit der Faust geschlagen hat.

Dann würde jeder gute Skeptiker aber sagen, es handle sich um eine Massenwahrnehmungsstörung oder Massenhypnose, die zu dieser Betrachtung verleite.

Man könnte hier die Sache weiter aufrollen, es wäre aber sinnlos für uns.

Mit diesem kurzen Beispiel möchte ich nur zeigen, dass gerade die paranormalen Themen sehr stark betroffen sind von der Auslegung des Betrachters.

Wir leben in einer Welt der Informationen, wir müssen uns aber bezüglich des Wahrheitsgehalts der Informationen auf den Sender (Verfasser) verlassen.

Jedoch werden tagtäglich Informationen gezielt missbraucht, um etwas zu vertuschen, sich einen Vorteil zu verschaffen oder den Betrachter zu manipulieren.

In der Welt, in der wir leben, bestimmt eine Information die Masse, Informationen haben erhebliche Macht und schaffen eine Animation der Umwelt für den Beobachter.

Das alles müssen wir uns vor Augen führen, um nüchtern die hier beschriebene Thematik zu betrachten.

Ich werde mich hüten, befangen irgendwelche Beispiele oder Meinungen zu verbreiten. Natürlich muss ich mich aber auch auf Informationen von anderen verlassen, da ich nicht alles selbst überprüfen kann.

Doch zu jeder Betrachtung einer Information gehört auch etwas Sach- und Menschenverstand, den der Betrachter oder Leser mitbringen sollte, um ein ausgewogenes Gesamtbild zu erhalten.

Da es um das Leben nach dem Tod und um Übernatürliches geht, kommen wir auch nicht ohne religiöse und kirchliche Themen aus, was den Eindruck erwecken kann, dass es sich hier um Werbung für die Kirche handelt. Das ist aber nicht meine Absicht.

Der aufmerksame Leser wird auch merken, dass ich versuche, das Thema mit neutralen Handschuhen anzufassen.

Ein anderer Punkt ist derjenige der Einfachheit und Verständlichkeit meiner Arbeit.

Ich habe Menschen getroffen, die nach Erklärungen für paranormale Phänomene gesucht haben und auf die Fachliteratur verwiesen worden sind, doch von dem Fachchinesisch kein Wort verstanden haben.

Manchmal frage ich mich, ob die Wissenschaftler durch Komplikationen und Ausdruckfremde des Inhalts nur ihre Ratlosigkeit vertuschen wollen.

Wie schon vorher gesagt wurde, nur der Leser selbst entscheidet am Ende über seine persönliche Meinung.

Ich hoffe, dass meine Arbeit positiv zur individuellen Meinungsbildung beitragen wird und allgemein verständlich verfasst worden ist.

Notwendige Fremdwörter werde ich einfach zu erklären versuchen und auf deren Bedeutung besonders hinweisen.

Versuchen wir es jetzt zu Beginn am besten mit dem Anfang, dem Anfang von allem!

Wie entstanden das Universum und die Erde?

Das Universum ist absolut, unendlich und unvergänglich, wir sind das Gegenteil davon, jedoch auch ein Teil dessen.

Die Wissenschaft behauptet, dass das Universum ca. 14 Milliarden Jahre alt ist und aus dem Urknall entstand.

Was ist überhaupt der berühmte Urknall, was steckt dahinter?

Der Urknall war eine Explosion, besser gesagt eine Expansion von hoch verdichteter Energie.

Um was für Energie genau es sich gehandelt hat und woher diese stammt, bleibt jedoch bis heute unbeantwortet.

Die Energiedichte müsste so groß gewesen sein, dass in einem stecknadelkopfgroßen Punkt das gesamte heute bekannte Universum beinhaltet war.

Doch woher kommt so eine hoch verdichtete Energie?

Das kann uns die Wissenschaft heute nicht erklären und wird es wohl in Zukunft auch nicht können.

Nach dem Urknall entstanden nicht nur Energie und Materie, sondern auch die „Raumzeit", d. h., es entstanden der Raum und die Zeit, die sich rasch ausdehnten und expandierten; diese Expansion dauert bis heute an.

Raumzeit – klingt irgendwie menschlich, Zeit ist vergänglich und Raum ist begrenzt, entspricht genau den Begriffen des Menschen.

Menschliche Existenz ist an Veränderungen und an die Zeit gebunden und ist auch räumlich in jeder Hinsicht begrenzt.

Doch die Wahrheit über das Universum ist genau im Gegensätzlichen des Menschlichen zu suchen.

Als ein „Raum" entstand das Universum, der Existenzraum für Planeten, Sterne, Galaxien und uns – den Menschen. Doch existiert noch ein anderes Universum, in einem anderen „Raum" ohne Zeit?

In unserem Universum gibt es Milliarden von Galaxien, vielleicht sogar unendlich viele Galaxien, die wiederum beinhalten Milliarden von Planeten und Sternen, und das alles entstand aus dem berühmten Urknall.

Es ist schwer vorstellbar, doch die Wissenschaft lehrt uns diese Theorie als Standardmodell und so müssen wir es akzeptieren, bis wir wieder etwas Gegenteiliges entdecken, das der Theorie widerspricht.

Unsere Galaxie heißt die „Milchstraße" und die Erde ist ein kleiner Planet zwischen Milliarden von Sternen und Planeten in unsere „Milchstraße".

Eine Galaxie ist eine Sternen- und Planetenanhäufung, d.h. eigentlich eine Materienanhäufung, es können auch noch kosmischer Staub, kosmischer Nebel oder sonstige Materienansammlungen vorhanden sein.

Zwischen den Galaxien existieren riesige Leerräume, Leerräume an Materie (sichtbare Materie), aber nicht an Energie, die wir später noch näher erörtern werden.

Es entstand die Zeit, die uns lebenslang begleitet, aber nicht überall konstant ist, und Materie, aus der der Kosmos und auch wir Menschen bestehen.

Was ist aber die Zeit?

Die Zeit ist etwas, das wir wahrnehmen, um unsere Ereignisse und die Umwelt zu verstehen und zu verarbeiten.

Die Zeit bestimmt unser Dasein mit Vergangenheit, Zukunft und Gegenwart, die es eigentlich gar nicht gibt.

Die Gegenwart ist schon Vergangenheit, sobald wir nur dran gedacht haben. Die Gegenwart zeigt uns Menschen sehr deutlich, wie schnell alles vergänglich ist; das „Jetzt" wird sofort zum „war".

Zeit ist jedoch relativ und nicht immer gleich. Würde sich jemand mit sehr hoher Geschwindigkeit (Lichtgeschwindigkeit) durch das Weltall bewegen, würde für ihn die Zeit langsamer vergehen als für jemanden, der sich auf der Erde befindet. Dieser Meinung war zumindest Albert Einstein.

Was würde es bedeuten, wenn Lichtgeschwindigkeit nicht die höchste Geschwindigkeit und überall „jetzt und hier" wäre?

Nach dem Verschränkungsprinzip der Quantenphysik ändert sich ein Schwester-Teilchen sofort und unabhängig von der Entfernung in gleicher Weise wie sich das Ursprungsteilchen geändert hat.

Das müsste bedeuten, dass die Lichtgeschwindigkeit nicht die absolute Geschwindigkeit des Universums ist, sondern dass alles „im Hier und Jetzt" miteinander verbunden ist.

Man könnte sagen: Wir sind ein untrennbarer Teil des Universums und das Universum ist ein Teil von uns.

Dazu später noch mehr, jetzt kommen wir zurück zum Urknall, genauer gesagt zum Anfang des Universums kurz nach dem Urknall.

Da haben wir gleich mit dem ersten Zufall zu kämpfen, mit der Asymmetrie.

Die Asymmetrie besagt, dass alles, was existiert, auch ein Gegenstück oder Gegenteil von sich selbst hat, z. B. positiv und negativ geladene Teilchen oder Materie und Antimaterie.

Bei der Entstehung von Materie ist also auch Antimaterie entstanden; die Antimaterie müsste die Materie vernichten.

Antimaterie sind Antiteilchen, die das Gegenteil von normalen Teilchen sind, aus denen die normale Materie (also auch der Mensch) besteht; wenn sich Materie und Antimaterie begegnen, vernichten sie sich gegenseitig und werden zu Energie.

Wie der Zufall es so wollte, ist es dazu aber nicht gekommen, da eine kleine Menge Materie mehr entstanden ist. Nur diesem Zufall haben wir zu verdanken, dass unser Universum heute in dieser Form existiert.

War es wirklich Zufall oder war da schon Intelligenz im Spiel?

Neueste Forschungen lassen vermuten, dass die Neutrinos – Kleinstteilchen, die viel kleiner sind als die Atome – keine Antiteilchen besitzen. Dadurch könnte mehr Materie als Antimaterie entstanden sein, doch ob es so war, weiß so richtig niemand.

Nun haben wir den Urknall, doch wieso ist es dazu gekommen?

Wer oder was hat ihn verursacht? Was war vor dem Urknall?

Die Wissenschaft sagt einfach: „Es ist ohne Bedeutung, was vor dem Urknall war, da der Urknall aus einer Singularität entstand."

Singularität ist ein Punkt oder Zustand, bei dem keine bekannten Gesetze mehr herrschen und Gültigkeit haben, also etwas, was wir nicht verstehen oder wahrnehmen können.

Deswegen, weil vor dem Urknall keine Zeit, keine Materie und kein Raum existierten, wäre es für die Menschen ohne Bedeutung, was vor dem Urknall war.

Eine Frage nicht zu beantworten wegen Nichtverstehens oder angeblicher Unwichtigkeit ist in meinen Augen nicht ganz richtig. Natürlich ist es zur jetzigen Zeit unmöglich, die Frage zu beantworten, man sollte aber die Unwissenheit einfach einräumen.

Und wenn wir unsere Unwissenheit einräumen, dann soll man auch offen sein für andere mögliche Szenarien zur Entstehung des Universums.

Manche Wissenschaftler sagen, dass vor dem Urknall schon ein Paralleluniversum existiert habe, das in sich zusammengefallen sei bis auf einen kleinen Punkt hoch verdichteter Materie (Singularität).

Durch den wiederholten Urknall entstand wieder ein neues Universum, das eines Tages wieder in sich zusammenbricht bis auf einen kleinen Punkt und wieder neu entstehen wird.

Das würde bedeuten, dass die Existenz von etwas nicht dauerhaft ist und eventuell wiederholbar auftritt.

Eine interessante Theorie, die jedoch bis heute ohne jegliche Beweisgrundlage bleibt, somit noch in die Rubrik Fantasie gehört.

Wieso soll es nach dem Urknall in der Inflationsphase (Expansion) plötzlich zu einer Ausdehnung des jungen Universums mit Überlichtgeschwindigkeit gekommen sein, was hat es verursacht?

Ohne Überlichtgeschwindigkeit ist die Hintergrundstrahlung des Urknalls nicht zu erklären.

Hintergrundstrahlung ist eine elektromagnetische Strahlung, die überall im Universum messbar, aber keinem konkreten Element zuzuordnen ist, es handelt sich um eine sich ausbreitende (Raumzeit) Photonenexpansion (Rotverschiebung).

Überlichtgeschwindigkeit würde gut zur Quantenphysik passen und auf die Verschränkung von Materie mit eventueller schon vorhandener Intelligenz hinweisen.

So sind noch viele Fragen offen, die bis heute unbeantwortet bleiben oder wo über mögliche Antworten nur spekuliert wird.

Nach dem Urknall entstand die Materie in Form von Atomen und anderen Teilchen, es entstanden der Raum, in dem sich die Materie ausdehnte, und die Zeit, in der das alles passierte. Es sammelten sich Gase, die wiederum durch Rotation und Gravitation (das Eigengewicht) zu den Sternen wurden.

So entstanden Gas- und Sternhaufen, die zu Galaxien wurden.

Solche Vorgänge können Wissenschaftler noch heute am Himmel beobachten. Wieso sich gerade an einem ganz bestimmten Ort die Gase ansammelten und sich verdichteten, ist auch noch unklar.

Allein in unserer Galaxis, der Milchstraße, befinden sich Milliarden von Sternen, im ganzen Universum befinden sich aber Milliarden von Galaxien, vielleicht sogar unendlich viele Galaxien.

Das Universum dehnt sich aus, also expandiert, und von Anfang an war die Ausdehnung nur unter bestimmten Bedingungen und Geschwindigkeiten möglich.

Hätte sich das Universum nach dem Urknall nur ein bisschen langsamer ausgedehnt würde alles in sich zusammenfallen.

Es gab auch Ausdehnungsphasen im noch jungen Universum, in denen sich die Geschwindigkeit kurzzeitig verändert hat (Überlichtgeschwindigkeit).

Wie kann überhaupt etwas aus nichts entstehen; alles, was entsteht, hat einen Erschaffer oder eine Herkunft.

Nur das Universum soll keinen Erschaffer und keine Herkunft haben, nur einen ungeklärten und zufälligen Urknall?

Lassen wir aber die vielen Zufälle außer Acht und schauen weiter auf das Universum.

Nach einer Explosion, so wie wir sie kennen, dehnt sich alles aus und wird langsamer bis zum Stillstand, dabei verteilt sich alles ungleichmäßig.

Nur mit unserem Universum ist es anderes, das Universum expandiert immer schneller, das heißt, es dehnt sich immer mehr aus, wird sozusagen immer größer.

Das wurde 1926 durch den amerikanischen Astronomen Edwin Hubble festgestellt, da er beobachtete, dass jeder Stern bei seinen Bewegungen durch das Universum Licht ausstrahlt, und zwar in Abhängigkeit von Entfernung und Geschwindigkeit des Sternes.

Dieses Phänomen nannte Edwin Hubble „Rotverschiebung".

Doch welche Kräfte bewirken die Ausdehnung des Universums?

Es sollen die sogenannte dunkle Materie und dunkle Energie sein, die das Universum ausdehnen und zusammenhalten. Ohne diese dunkle Materie und dunkle Energie würde im ganzen Universum totale Unordnung herrschen.

Die dunkle Materie existiert auch in den o. g. Leerräumen im Universum.

Man kann sich das so vorstellen wie Objekte, die im Wasser schwimmen. Diese Objekte sind die Planeten, also die normale Materie.

Das Wasser ist die dunkle Materie, die alles in sich zusammenhält.

Der Wind und die Strömung sind die Kräfte, die alles antreiben und die Richtung angegeben, also die dunkle Energie.

Was ist aber genau die dunkle Materie und die dunkle Energie?

Die dunkle Materie ist eine vermutete Form von Materie, die aber nicht zu beobachten ist, da sie wenig oder keine Strahlung aussendet oder reflektiert, die aber zur Aufrechterhaltung verschiedener kosmischer Gesetze unverzichtbar ist.

Die dunkle Energie ist auch nicht identifizierbar, aber wird für die schon angesprochene Ausdehnung des Universums verantwortlich gemacht.

So ist die dunkle Energie als eine Kraft anzusehen, die die Sterne und die Planeten bewegt.

Das Universum besteht nur zu 4 % aus sichtbarer Materie (also alles, was man sieht und was aus Atomen besteht), zu 23 % aus dunkler Materie und zu 73 % aus dunkler Energie.

Das heißt, die Milliarden Planeten in den Milliarden Galaxien, Gase, Nebel und sonstige sichtbare Objekte ergeben nur 4 % des Universums.

Wie groß und unerforscht muss das Universum doch sein und wie unbedeutend sind wir Menschen darin!

Dunkle Materie und dunkle Energie sind jedoch nur Annahmen der Wissenschaftler, um unseren Kosmos halbwegs erklären zu können, stichhaltige Beweise für die Annahmen existieren bis heute nicht.

Schon wieder haben wir mit Unbekannten oder Zufällen zu tun, die heute nicht erklärbar sind und nur als Theorien existieren.

Übrigens vermutet man neuerdings, dass die kosmischen Konstanten (Berechnungsformel) eventuell fehlerhaft sind und somit die Annahmen der Zusammensetzung des Universums auch nicht korrekt sind.

Wir haben also gelesen, dass der Urknall von nichts kam, dass die Materie durch Zufall entstanden ist und alles in sich nur durch Zufall so ist, wie wir es heute erleben.

Nicht gerade sehr zufriedenstellende und ermutigende Aussagen über den Stand der Forschung über die Herkunft des Universums.

Natürlich ist es schwer, mit menschlichem Verstand für alles eine plausible Erklärung zu finden. Der Mensch selbst ist ein einfaches Produkt des Universum oder des Erschaffers des Universums.

Mit unseren Wahrnehmungsorganen können wir nur das wahrnehmen, was von unserem Schöpfer gewollt und uns gegeben worden ist.

Um aber ausführlich die umstrittene Urknalltheorie zu erklären, bräuchten wir sehr viel mehr Dimensionen, als wir zu Verfügung haben (drei).

Der Mensch und seine Maschinen leben in einer dreidimensionalen Welt (vorne/hinten, oben/unten und links/rechts), wenn es aber mehr Dimensionen gibt, die wir aufgrund unserer menschlichen Begrenztheit nicht wahrnehmen können, wie können wir alles erklären wollen?

Um die besprochene Urknalltheorie aufrechtzuerhalten, bräuchten wir zehn bis elf Dimensionen, die wir gar nicht wahrnehmen und verstehen können.

Es ist unmöglich, uns mehr Dimensionen vorzustellen, es sprengt unser Denkvermögen.

Auch das Licht, das wir aus dem Weltall empfangen (sehen), ist teilweise Millionen Jahre alt. Obwohl das Licht mit Lichtgeschwindigkeit (300 000 km/sec) durch das Weltall unterwegs ist, braucht es lange, bis es bei uns ankommt, so riesig sind die Entfernungen im Universum.

Teilweise können die Sterne, die das Licht gesendet haben, schon gar nicht mehr existieren, aber ihr Licht ist immer noch unterwegs.

Manche Sterne und Planeten sind so weit von uns entfernt, dass wir gar kein Licht von ihnen empfangen können.

Das Universum ist für uns Menschen unbegreiflich, unendlich und auch unbeschreiblich schön.

Zum Beispiel werden alte Sterne, die ihre Antriebsenergie verbraucht haben, zu sogenannten „Roten Riesen", da ihre Oberfläche rot aufleuchtet aufgrund der Ausdehnung der äußeren Gasschichten und Abkühlung des Sternes.

Kleine Sterne werden zu „Weißen Zwergen", d. h., sie schrumpfen in sich, große Sterne explodieren und aus dem Material entstehen wieder neue Sterne.

In unserem Universum geschehen tagtäglich fantastische Veränderungen, Sterne sterben und werden geboren oder gewaltige Energiemengen tanzen in den wundersamsten Farben in der Ewigkeit.

Das Universum hat keine uns bekannten Grenzen und seine Beschaffenheit entspricht nur unseren einfachen Beobachtungen.

Vielleicht ist das uns bekannte Universum nur eine für den Menschen geschaffene optische Illusion, die in Wirklichkeit aber ganz anders funktioniert, als wir uns das vorstellen. Wer weiß das schon?

Wie das Universum entstand und zusammengehalten wird, haben wir besprochen. Jetzt kommen wir zu unserer Erde.

Wieso ist das Leben auf der Erde überhaupt möglich?

Würde die Erde nur ein Stückchen näher an die Sonne herankommen, könnte kein Leben auf der Erde entstehen, da es zu heiß wäre.

Würde die Erde weiter von der Sonne entfernt sein, wäre es auch unmöglich, dass Leben auf unserem Planeten entsteht; wahrscheinlich bliebe die Erde für immer ein Eisplanet.

Die Geschwindigkeit, mit der sich die Erde um die Sonne dreht, beträgt ca. 108 000 km/h, dabei entsteht ca. alle 18 Meilen in der Umlaufbahn eine Abweichung von nur 2,8 mm. Schon eine Abweichung von 3,00 mm hätte katastrophale Folgen für die Erde.

An diesem Beispiel sollte jeder erkennen, wie genau und zielorientiert unsere Erde platziert worden ist, damit das Leben in der uns bekannten Form entstehen und auch weiter existieren kann.

Auch die Atmosphäre der Erde ist so aufgebaut, dass nur die für uns brauchbare Strahlung aus dem Weltall uns erreicht, alles andere wird durch eine Schutzschicht gefiltert.

Die Ozonschicht der Erde schützt uns vor der tödlichen Strahlung aus dem Kosmos, doch z. B. ultraviolette Strahlen, die für die Fotosynthese der Pflanzen von Bedeutung und somit auch für den Menschen wichtig sind, werden durchgelassen.

Aus dem All kommen ständig tödliche Ladungen von Röntgen-, Gamma-, Alpha- und anderer Strahlung auf die Erde zu. Deswegen wäre unsere Erde ohne einen Schutzschild gegen eine kosmische Strahlung nicht lebensfähig.

Die Magnetosphäre wiederum bildet ein schützendes magnetisches Feld um die Erde, das uns auch vor den Strahlen und Partikeln aus dem All schützt.

Doch nicht nur die Schutzhüllen um unsere Erde herum und die genaue Lage der Erde in unserem Sonnensystem trugen zur Entstehung des Lebens bei.

Auch die uns bekannte Erdanziehungskraft (Gravitation) trug dazu bei, und zwar in einer sehr ausgewogenen Form.

Würde die Gravitation anders sein, als sie ist, würden wir durch die Lüfte fliegen oder uns nicht bewegen können, weil die Masse der Atmosphäre oder unsere eigene Masse uns erdrücken würde.

Auch viele andere Lebensumstände sind gravierend von der ausgewogenen Gravitation abhängig.

Die Kälte des Weltraums, die fast minus 280 Grad Celsius beträgt, erreicht uns nicht, weil unsere Atmosphäre uns davor schützt.

Eine andere Schutz- oder Lebensschichte unseres Planeten ist die Troposphäre, die den aufsteigenden Wasserdampf von der Erde verdichtet, der als Regen wieder zur Erde zurückkehrt.

Doch woher kommt überhaupt so viel Wasser auf unserem Planeten? Durch Einschläge von Meteoriten wohl kaum?

Selbst wenn es so wäre, wieso sollten so viele Meteoriten mit Wasser (Eis) gerade die Erde treffen und nicht andere Planeten?

Hier sehen wir ganz deutlich, dass ohne die oben genannten Schutzmechanismen unser Leben auf der Erde in der uns bekannten Form nicht möglich wäre.

Dazu möchte ich noch sagen, dass die Wissenschaft nur von Menschen gemacht wird. Der Mensch nimmt nur das wahr, was seine Sinnesorgane ihm sagen, zeigen oder wahrnehmen.

Im Vergleich Mensch gegen den Schöpfer oder gegen das Universum ist der Mensch mehr als unbedeutend, ein Sandkorn in der Wüste.

Der Urknall ist nur eine Theorie, die nicht bewiesen worden ist. Es gibt auch Anzeichen, die gegen den Urknall sprechen, z.B. die sogenannten „Roten Riesen", sehr alte Sterne, die sich schon sehr früh im Universum gebildet haben, obwohl es sie nach der Urknalltheorie gar nicht geben dürfte.

Dazu kommt noch, dass die vorhandene Masse des Universums viel zu gering zu sein scheint, um die Entstehung der Galaxien zu erklären.

Auch die Berechnung der sogenannten „Hintergrundstrahlung", d. h. eine elektromagnetische Strahlung im Universum, die angeblich Hinweise auf die Entstehung des Universums geben soll, erwies sich als fehlerhaft.

Die Urknalltheorie ist heute jedoch die offizielle Aussage der Wissenschaft über die Entstehung des Universums. Wer als Wissenschaftler etwas anderes behauptet oder nach etwas anderem forscht, begegnet der Gefahr, Forschungsmittel gestrichen zu bekommen oder seine Reputation auf Spiel zu setzen.

Es ist auch möglich, dass unser Universum nur ein Teil von mehreren Paralleluniversen ist, d. h., so eine Welt wie unsere existiert noch mal genauso, wie wir sie kennen.

Vielleicht existiert auch das genaue Gegenteil von uns als Mensch in einem Paralleluniversum, das genauso ist wie wir oder genau das Gegenteil von uns darstellt.

So wie Materie und Antimaterie könnte das genaue Gegenstück von uns in einem Paralleluniversum existieren.

Vielleicht ist auch unser Universum nur ein Teil eines Multiuniversums, dessen Inhalt mehrere Universen sind, die sich auf andere Dimensionen verteilen und andere energetische Formen besitzen.

Die Gedanken sind keine Utopie- oder Fantasiespiele, sondern besitzen eine wissenschaftliche Grundlage. Das soll nicht heißen, dass es fest beweisbar ist, aber auch nicht sehr abwegig oder verrückt.

Sehen wir uns z. B. die Dimensionen an. Es könnte sein, dass auch in unserer Welt noch eine andere Welt existiert, dass Menschen aus einer anderen Dimension zwischen uns leben, die wir nicht wahrnehmen. Wir nehmen sie nicht wahr, weil sie in für uns nicht wahrnehmbaren Dimensionen leben und wir nur unsere drei Dimensionen wahrnehmen können.

Ganz ähnlich steht es auch fest, dass es Strom gibt, Radioaktivität usw.; das alles können wir nicht sehen – es ist einfach da.

Genauso könnten energetische Wesen neben uns existieren und wir würden sie auch nicht wahrnehmen können.

Auch die dunkle Materie könnte eine Art Materie sein, die die gleichen Welten beinhaltet wie unsere, nur dass sie für uns Menschen nicht wahrnehmbar sind.

Oder die schwarzen Löcher in unserem Universum, die die ganze Materie ansaugen, die in die Nähe des schwarzen Lochs kommt. Selbst das Licht kann dem schwarzen Loch nicht entkommen.

Vielleicht sind die schwarzen Löcher Verbindungen zwischen den Welten, eine Art Kanal von einer Parallelwelt zur anderen.

Die Parallelweltentheorie würde viele Vorfälle in der Paranormalforschung wie Nahtoderfahrungen (Tunnel ins Licht), Zeitreisen, Geistererscheinungen, Wiedergeburt und selbst die UFO-Phänomene erklären.

Darauf werde ich in späteren Kapiteln noch ausführlich zurückkommen.

Da unser Leben aus Materie besteht und sich in einer materiellen Welt abspielt, könnte es sein, dass es ein Leben aus „Antimaterie" (z. B. Energie) gibt, das sich in einer antimateriellen Welt abspielt.

Nehmen wir als Beispiel die Geistererscheinungen, die oft als Wolke oder Licht dargestellt werden. Vielleicht bündelt sich

Energie und nimmt für uns sichtbare Form an, und so entsteht eine Erscheinung, die für uns wahrnehmbar ist.

Auch die Tunnel-Erlebnisse in der Nahtodforschung zeigen, dass die meisten Betroffenen sich durch einen Energietunnel (vielleicht ein schwarzes Loch) auf eine helle Energie (Licht) zubewegen.

Man könnte jetzt viel spekulieren über verschiedene Möglichkeiten des Seins.

Dazu werden wir im nächsten Kapitel des Buches noch genug Anlass finden.

Die Erkenntnisse der Menschheit über das Universum und unsere Erde sind verbesserungsfähig und keineswegs fixe Werte.

So haben Astronomen Planeten beobachtet, die sich in einer Planetenansammlung (ähnlich wie z. B. unser Sonnensystem) entgegen der Rotationsrichtung von anderen Planeten bewegen, das heißt, dass manche Planeten die Sterne in einer Rückwärtsbewegung umrunden.

Immer öfter hört man Behauptungen von Wissenschaftlern, dass es die schwarze Materie überhaupt nicht gäbe, sondern unsere Berechnungen fehlerhaft seien und Newtons und Einsteins Theorien nachbesserungsfähig.

Man könnte heute noch mehr wissenschaftliche Unstimmigkeiten vortragen, doch das würde nichts an der paranormalen Forschung zum jetzigen Zeitpunkt ändern.

Ich glaube fest daran, dass in ein paar Jahrzehnten die Menschen die heutige Sichtweise des Universums und des Paranormalen belächeln werden und neue Erkenntnisse vorweisen können.

Was ist Leben, Mensch und Materie?

Was ist eigentlich Leben? Haben wir uns schon mal die Frage gestellt?

Ist Leben Ablauf von Zeit, in der wir unsere Existenz auf der Erde abspielen wie einen Film, der zwangsläufig mal zu Ende geht?

Systematisches Abarbeiten und Ableben, eine Abfolge von Ereignissen, bei denen wir unser Dasein durch Entscheidungen prägen?

Jede unserer Entscheidungen beeinflusst unsere Weiterentwicklung und führt uns in unserem Lebenslabyrinth in eine von uns selbst vorbestimmte Entwicklungsrichtung.

Das soll bedeuten, dass z. B. die Wahl einer Schule uns automatisch in eine Bildungsrichtung bringt, neue soziale Kontakte, neue örtliche Gegebenheiten usw.

Würden wir die Schule „X" nicht wählen, würde unser Leben vielleicht ganz anders verlaufen, würden wir auch andere Menschen kennenlernen, andere Örtlichkeiten, andere Erfahrungen machen und auch nach Abschluss der Schule einen anderen Weg einschlagen.

Das Gleiche trifft bei Bekanntschaften, Liebe, Heirat, Beruf und vielen anderen Entscheidungen zu.

Alle unsere täglichen Entscheidungen wirken sich auf unseren späteren Lebensverlauf aus und formen automatisch auch unsere Persönlichkeit maßgebend. Doch was ist das Leben weiter, ist es Werke verrichten, Kontakte knüpfen und an sich arbeiten?

Bedeutet leben, daran zu arbeiten, ein besserer, weiser und wertvoller Mensch zu sein, oder braucht man diese Ziele gar nicht?

Wann ist man ein guter Mensch? Wann ist man wertvoll und weise?

Ist jemand, der alles gibt und von anderen dafür nur belächelt und ausgenutzt wird, ein guter Mensch oder nur verwirrt und unwissend?

Ist ein Mensch, der viele materielle Sachen und Vermögen angesammelt hat, wertvoll oder nur materiell reich und geistig eher überschaubar?

Ein guter Mensch ist der, der aus seiner eigenen Lebenssituation das Beste macht, im Sinne der Mitmenschen, seines Umfeldes und seiner selbst.

Leben ist, sich zu entwickeln, Verantwortung zu übernehmen, zu lieben und zu versuchen, gerecht und ehrenhaft zu sein.

Es fällt uns sicherlich schwer, uns in unserer materiellen Welt gerecht, liebevoll und ehrenhaft zu entwickeln.

Doch das ganze Leben über sollten wir daran arbeiten und manchmal auch hart dafür kämpfen und uns nicht von den schlechten Seiten des Lebens beeinflussen lassen.

Leben besteht aus der Geburt, dem Leben selbst und dem Tod.

Kein Element kann alleine bestehen ohne ein anderes, d. h. kein Tod ohne Geburt oder kein Leben ohne Tod, alles gehört untrennbar zusammen.

Nicht nur wir Menschen leben, Tiere und Pflanzen leben auch; sie atmen, vermehren sich, betreiben Stoffwechsel und sterben, so wie wir auch.

Alle Lebewesen bestehen aus der gleichen Materie, die Materie besteht wiederum aus Atomen und Atome bestehen aus Kleinstteilchen wie zum Beispiel Quarks.

Somit könnte man sagen, jede Art von Materie gleicht sich, nur besitzt sie eine unterschiedliche Zusammensetzung.

Sämtliches Leben auf der Erde beinhaltet eine ähnliche DNA, die über Milliarden von Jahren uns – Menschen, Pflanzen und Tiere – geformt hat (nach der Evolutionstheorie).

Ich sage bewusst „uns", weil der Mensch auch zu einer Tierart (Säugetier) gehört, eine evolutionäre Entwicklung durchlaufen hat und immer noch durchläuft.

Ist das Leben, wie wir es kennen, nur eine Suppe von Aminosäuren und ein paar Zutaten oder steckt mehr dahinter? Vielleicht ist das Leben nur ein Vorhang vor einer anderen Wirklichkeit, die uns zu unseren Lebzeiten verborgen bleibt.

Der Mensch ist programmiert auf Überleben, d. h. Nahrungsaufnahme (Stoffaustausch) und Energieaustausch sowie Entwicklung (Informationsaustausch) und Erhaltung seiner Art (Vermehrung).

So wie jedes andere Tier muss der Mensch schlafen, essen und trinken sowie sich fortpflanzen, um seine Art am Leben zu erhalten.

Ist das alles Leben?

Das ist das Leben, wie wir es kennen, das den Unterschied zwischen toter Materie und lebendiger Materie (Menschen, Tiere, Pflanzen) ausmacht, obwohl tote Materie wie Steine, Erde, Stahl usw. auch aus Atomen besteht, jedoch keine Elemente des Lebens beinhaltet und somit in einer vollkommenen passiven Existenzform verweilt.

Jeder Art von Materie – ob Stein, Mensch oder Planeten im Universum – besteht aus den gleichen Atomen, doch das Leben besteht noch aus Bewusstsein und, ganz wichtig, aus Information.

Informationen ermöglichen es, die Existenz von etwas als lebendig zu bezeichnen; ohne Informationen gibt es nur Leere und Stillstand.

Vielleicht gibt es auch ein anderes Leben, eine Lebensart, die wir nicht wahrnehmen, weil wir sie mit den uns gegebenen Sinnen nicht erkennen können oder sie mit unserem Verstand nicht zu erfassen ist.

Hier muss ich noch mal auf unsere dreidimensionale Welt hinweisen. Wir nehmen nur das wahr, was sich in der uns bekannten Welt ereignet, bewegt und was wir aufnehmen können.

Um mit einem kleinen Beispiel unsere Einfachheit vorzuführen, möchte ich Sie bitten, sich ein Lebenswesen, das sich nur in einer eindimensionalen Welt bewegt, vorzustellen.

Dieses Wesen würde alles wahrnehmen, was sich vor ihm und hinter ihm ereignet, jedoch nicht, was sich über ihm, unter ihm und links und rechts neben ihm ereignet.

Wir könnten neben dem eindimensionalen Wesen stehen und es würde uns nicht sehen, es würde denken, wir seien nicht da, weil es nichts, was sich neben ihm ereignet, sehen kann, da es sich in einer anderen Dimension ereignet.

Genauso ist es mit uns, wir können uns mehr als drei Dimensionen nicht mal vorstellen, zwangsläufig können wir diese auch nicht wahrnehmen.

Somit ist unsere Begrenztheit offensichtlich und wir sollten uns mehr öffnen für alternative oder andere Lebens- oder Existenzarten, zumindest deren Existenz nicht vollkommen ausschließen.

Es könnte sein, dass es Leben gibt als Energie, Schwingung oder Gas, vielleicht noch was anderes, das wir im Moment noch nicht erkennen können.

Ein Leben auf energetischer oder feinstofflicher Ebene, das nicht aus Materie besteht, ist meiner Meinung nach höchst wahrscheinlich.

Somit könnte das Ende des materiellen Lebens nur ein Übergang in eine andere stoffliche Existenzform sein.

Das Leben entstand vor ca. 3,5 Milliarden Jahren auf unserer Erde durch Verbindung von Nukleotidsäuren und Aminosäuren.

Die Verbindungen bildete die RNA und DNA, die in allen Lebenswesen fast gleich zu finden ist. Damals begann auch die Entwicklung von einfachsten Formen von Leben, die bis heute fortschreitet und sich immer weiterentwickelt.

Die Evolutionstheorie nach Darwin besagt, dass sich das Leben von einem Einzeller bis zum modernen Menschen durch Selektion und Mutation entwickelt hat. Natürlich ist eine Selektion und auch Mutation innerhalb der Familien der einen Art zu beobachten und anzunehmen, aber nur schwer vorstellbar außerhalb einer Art.

Heutige Experimente belegen eindeutig, dass bei Mutationen innerhalb einer Art eher mit Komplikationen und Gendefekten zu rechnen ist, wie z. B. bei Hunden, die alle vom Wolf abstammen und heute über 300 verschiedene Rassen bilden, aber alle Hunde sind dem Wolf unterlegen, ob bei Stärke, Ausdauer, Geruchssinn, Überleben usw.

Beim hochgezüchteten Deutschen Schäferhund ist bekannt, dass es zu Missbildungen im Knochenbereich kommt und zu anderen genetisch bedingten Komplikationen.

Auch Kreuzungen verschiedener Pflanzen ergaben hohe Genverluste bis zu 99 % innerhalb einer Art, die dann zur Überlebensunfähigkeit führen.

Kreuzungen von einer weißen Blume mit einer roten Blume ergeben rosa Blumen, doch die nächste Blume wird wieder rot, weiß oder rosa, es entstand keine weitere Mutation.

Die Forschungen auf diesem Gebiet wurden 1860 von Gregor Mendel in einem (wegen der Darwin-Euphorie) unbeachteten Artikel veröffentlich und sind heute bekannt als die Mendel'schen Regeln.

Ähnliches können wir von dem bekannten geklonten Schaf „Dolly" berichten, das sich als nicht überlebensfähig erwies und schon nach kurzer Zeit starb.

Das Leben besteht aus 20 linksgebeugten Aminosäuren und vier Nukleotiden, die materielle Welt aus 83 stabilen Elementen; von Element 84 bis 88 beginnt der radioaktive Zerfall der Materie.

Wäre die Verbindung der Aminosäuren anders zusammengesetzt, würde kein uns bekanntes Leben entstehen können.

Das soll heißen, dass es für mich und auch für viele Wissenschaftler unvorstellbar ist, dass von einem Einzeller über verschiedene Tierarten durch Zusammenwirkung von glücklichen Zufällen der Mensch entstanden sein soll.

Die größte Frage ist: Wie entstanden aus Landbewohnern Vögel, wie konnte jemand, der sich auf der Erde bewegt, auf einmal fliegen?

Oder wie entstand z. B. die Giraffe, die ein Blutdruckkontrollsystem besitzt (das einzigartig in der Tierwelt ist), welches verhindert, dass der Giraffe beim Herunterlassen des Kopfes die Blutgefäße platzen?

Wissenschaftler behaupten, dass der lange Hals der Giraffe durch Nahrungssuche in höheren Bereichen (Baumkronen) entstanden ist sowie durch das Senden von Infraschallsignalen untereinander in größeren Höhen.

Für mich stellt sich die Frage: Wieso sollte die Giraffe von Bäumen essen und aller andere Artverwandten nicht?

Die Giraffe gehört zur Gattung der Huftiere und hat viele Artverwandte, die jedoch keine Besonderheiten aufweisen.

Infraschallsignale sendet nicht nur die Giraffe, andere Tiere nutzen diese auch, doch deswegen haben die Tiere keinen langen Hals bekommen und weisen keine anderen Besonderheiten auf (z. B. Elefanten).

Die ältesten Spuren des Lebens auf unserer Erde sind ca. 250 Millionen Jahre alte Bakterien, die man im Eis fand.

Doch das Leben soll schon vor ca. 3,5 Milliarden Jahren auf der Erde entstanden sein. Wieso kam es zu einer plötzlichen Lebensexplosion erst in der Kambrium-Periode vor ca. 520 Millionen Jahren und nicht früher?

In der Kambrium-Periode entstanden sprunghaft sehr viele Arten von Pflanzen und Tieren, doch woher kamen die ersten Bausteine des Lebens auf einmal?

Alle Wissenschaftler sind sich einig, dass das Leben nicht aus unbelebter Materie entstehen kann, keiner kann bis heute aus dem Nichts eine Zelle erzeugen, es ist einfach unmöglich.

Aber auch Darwin schreibt in seiner Arbeit, dass er sich nicht sicher ist über die Richtigkeit seiner Theorie, und er rechnet damit, dass sie irgendwann geändert oder widerlegt wird.

Ob die Theorie von Darwin alles erklärt, wage ich stark zu bezweifeln, es handelt sich eben um eine lückenhafte Theorie, die uns den Beweis schuldig bleibt.

In den USA wird die Theorie an vielen Schulen nicht gelehrt und über 50 % der Briten glauben auch nicht an die Theorie.

Auf diese äußerst umstrittene Theorie werde ich hier nicht weiter eingehen, da es nicht dem Ziel meiner Arbeit dient.

Womit ich mich aber beschäftigen möchte, ist der Aufbau der Materie, somit auch der des Menschen.

Materie ist alles, was uns umgibt, z. B. Steine, Bäume, Menschen, die Erde und die Planeten, das alles ist aufgebaut auf Atomen, die wiederum aus kleineren Teilchen bestehen (Elementarteilchen-Fermionen), die wiederum werden aufgeteilt in Leptonen, Neutrinos usw.

Diese Kleinstteilchen haben ein paar erstaunliche Eigenschaften und Verhaltensweisen, die ich hier erklären möchte.

Das Gebiet der Kleinstteilchen-Physik nennt sich Quantenphysik, diese erklärt die Wirkung und das Verhalten der Teilchen.

Die Quantenphysik steckt noch in den Kinderschuhen, aber die Ergebnisse, die bis heute erzielt worden sind, stellen viele Theorien und auch wissenschaftliche Dogmen in einem neuen Licht dar.

Die erste Eigenschaft der Quantenwelt ist, dass Teilchen teilweise gleichzeitig an verschiedenen Orten auftauchen, d. h., sie überwinden Raum und Zeit.

Es scheint, dass es für die Teilchen keine räumlichen oder zeitlichen Grenzen gibt. Sie können überall sein und das zur gleichen Zeit.

Wird ein Teilchen an einem Ort gemessen, taucht das gleiche Teilchen gleichzeitig an einem anderen Ort auf.

Es scheint so, dass alles überall und zeitlos miteinander verbunden ist.

Die zweite Eigenschaft ist das sogenannte Verschränkungs- oder auch Fernwirkungsprinzip, das Folgendes besagt: Ändert man den Zustand von einem Teilchen an einem Ort, ändert sich auch das andere Teilchen zur gleichen Zeit an einem noch so entfernten Ort.

Es ist egal, ob die Entfernung zwischen den Teilchen 1,00 m, 1,00 km oder 1 000 000 km oder sogar Lichtjahre beträgt.

Das würde bewirken, dass sich, wenn ich ein Teilchen auf der Erde ändere und ein gleiches Teilchen irgendwo in Universum existiert, dieses genauso ändern würde oder auch umgekehrt.

Die kleinsten Quantenteilchen besitzen eine Feinstruktur, in der sich der materielle Charakter des Teilchens in Schwingungen auflöst.

Alle Versuche, ein absolutes Vakuum zu erzeugen, sind fehlgeschlagen und haben sich als unmöglich herausgestellt. In einem Vakuum existieren immer noch Schwingungen.

Somit sind alle Objekte miteinander verschränkt, d. h., der Mensch besteht aus Organen, die wiederum bestehen aus Zellen, die Zellen aus Molekülen und die Moleküle aus Atomen.

Die Atome bestehen aus Kleinstteilchen, die Welleneigenschaften haben und wiederum mit anderen Teilchen in Verbindung treten können.

So ist auch unser Gehör ein kleiner Quantenprozessor, der mit anderen Teilchen in Verbindung stehen kann.

Es ist nicht auszuschließen, dass unser Gehör mit der Quantenwelt in Verbindung steht und somit auch mit dem Universum.

Wird unser Leben auf diese Weise vielleicht von außen (oder oben) gesteuert?

Es ist mehr als wahrscheinlich, dass es so sein kann und wir nur ein Teil der Gesamtheit sind, die aus Informationen besteht.

Sehen wir uns mal die Neutrinos an. Das sind Kleinstteilchen, die uns aus dem Weltall ständig beschießen oder bestrahlen und durch jede Art von Materie dringen. Die oder andere Teilchen aus dem Weltall könnten unser Unterbewusstsein steuern und gezielt mit Informationen versorgen, somit auch unser Leben auf der Erde bestimmen.

Es kommen Energie- oder Plasmawolken aus dem All auf die Erde, die vielleicht unser Bewusstsein verändern können.

Doch unsere Wissenschaft ist im Moment nicht in der Lage, die Auswirkungen der kosmischen Strahlung auf die Menschheit zu erforschen.

Wenn wir aus Energie oder Strahlung bestehen, wieso können wir uns nicht mit einer anderen Energie vereinigen oder zumindest in Kontakt treten?

Wie wir schon gelesen haben, hat alles, was existiert, auch ein Gegenteilchen. Es könnte sein, dass über die Quantenwelt die gleiche Gegenwelt unserer Welt existiert.

In dieser Welt könnten die Gegenabläufe von unserer Welt stattfinden, wo unser Gegenstück existiert, sozusagen das zweite Ich, nur vielleicht bestehend aus reiner Energie.

Es könnte sein, dass diese Welt sogar in unserer jetzigen Welt existiert, nur in einer anderen Dimension, die wir nicht wahrnehmen können.

Vielleicht stehen jetzt unsere verstorbenen Verwandten neben uns und wir nehmen diese nicht wahr, da sie sich in einer anderen Dimension bewegen.

Eventuell existiert neben unserer normalen Welt auch eine Energiewelt, die für uns aber bewusst nicht wahrnehmbar ist, da unsere Wahrnehmungsorgane so programmiert worden sind.

Es kann sein, dass sich die andere Welt durch Spukphänomene bemerkbar machen möchte oder durch geistige Medien mit uns Kontakt aufnimmt.

Die meisten Quantenphysiker kommen zur Überzeugung, dass der Tod der Materie nicht der Tod der Energie oder Schwingungen ist.

Nach dem Energieerhaltungsgesetz geht Energie auch niemals verloren, sondern wird nur in eine andere Art von Energie umgewandelt.

So kann es sein, dass wir, wenn wir sterben, nur unsere irdische Hülle verlassen und eine andere – welche auch immer (Energie, Licht) – Gestalt annehmen.

Wenn wir uns weiter auf die Quantenphysik konzentrieren, könnten wir als Energie oder Schwingungen unsere Existenz beibehalten, nur unsere Form und Beschaffenheit wird sich ändern, d. h., aus materiellen Körpern werden Lichtenergie-Gestalten.

Ähnlich wie z. B. in manchen Science-Fiction-Filmen, in denen sich Menschen dematerialisieren, d. h., der Körper wird in Energie umgewandelt und an einem anderen Ort wird die Energie wieder zu Materie aufgebaut, d. h., der Körper (der Mensch) wird an einem anderen Ort aus Energie wieder zum Menschen (Materie).

Dass es jemals zu unseren Lebzeiten so kommt, halte ich für unwahrscheinlich, aber davon, dass der Tod eine Art Dematerialisierung ist, bin ich fest überzeugt.

Beim Tod wird die Materie, also der Körper, zerfallen, jedoch unser Geist und Bewusstsein, die aus Energie bestehen, werden überleben und in einen anderen Zustand wechseln.

Dieser Energie(schwingungs)zustand begibt sich in ein anderes Universum und eine andere Dimension, die den Menschen zu Lebzeiten unbekannt und unfassbar sind.

Aber auch in unserer Welt ist so ein Bewusstsein oder eine Geistreise nicht unbedingt etwas Unbekanntes, vielleicht sind die Intensivität anders und auch die Rahmenbedingungen, aber die Vorfälle sind schon beeindruckend.

Wir sagen dazu Bilokation, d. h., ein Mensch befindet sich am Ort X (z. B. Rom), wird aber gleichzeitig am Ort Y (z. B. Berlin) gesehen. Wie ist das möglich?

Manche Menschen sollen diese Fähigkeit besessen haben, z. B. Pader Pio, Kapuzinermönch aus Italien (über den werde ich noch sehr ausführlich berichten) oder der indische Guru Sai Baba sowie andere besondere Personen.

Aber auch normale Menschen können ihren Körper verlassen und außerkörperliche Erfahrungen machen; so einen Zustand nennt man „Astralreisen".

Solche Bewusstseinszustände können durch Hypnose, Meditation oder andere Faktoren ausgelöst werden, wie intensiv sie ablaufen, kann ich aus meiner Erfahrung jedoch nicht sagen.

Da die meisten von uns durch das Leben „rennen", macht heute kaum jemand tiefe spirituelle Erfahrungen. Zusätzlich hindert Stress, der heute allgegenwärtig ist, jegliche Bewusstseinsentwicklung.

Unsere Leistungsgesellschaft lässt uns nicht viel Zeit, um richtig über das „Dasein" nachzudenken, über das Herausgehen aus dem Kreis des Materialismus. Somit sind Grenzerfahrungen nur ganz wenigen Personen gegönnt und bekannt.

Doch die Fähigkeiten unseres Bewusstseins (auch Unterbewusstseins) werden heute vollkommen unterbewertet in unseren Lebensabläufen.

Ob Entstehung oder Heilung von Krankheiten, Persönlichkeitsbildung oder Umweltwahrnehmung und -gestaltung, alles wird von der menschlichen Psyche oder dem Bewusstsein gesteuert.

Man sagt nicht ohne Grund, „Der Wille versetzt Berge" oder „Bittet so wird dir gegeben" sowie „Klopfe an und dir wird aufgemacht", das sind nicht nur Wörter von Jesus, sondern pure Wahrheiten und Ausdruck der Stärke des Bewusstseins.

Wir können durch einen starken Willen vieles erreichen und vieles überwinden sowie unsere Lebensabläufe positiv beeinflussen.

Auch die Betrachtungsweise unserer Umwelt hängt von persönlichen Faktoren des Individuums wie seelischer Verfassung, Bildung, Zielverfolgung und Eigenansichten ab.

Wir können uns positiv oder auch negativ beeinflussen, indem wir uns mit Unzufriedenheit, Unehrlichkeit und anderen Problemfaktoren umhüllen.

Sehen wir uns mal die buddhistischen Mönche an, die in Tibet oder Nepal leben. Sie sind in der Lage, ihre Körper so zu beeinflussen, dass sie bei −30 Grad Celsius, bekleidet nur mit einem Gewand, die ganze Nacht im Freien verbringen können, ohne zu erfrieren.

Wie ist so etwas möglich?

Durch totale Beherrschung des Körpers und des Bewusstseins (auch des Unterbewusstseins).

Die Mönche sind Herren über sich selbst und jede Art der Empfindungen und können Körperabläufe gezielt steuern.

Wir in unserer westlichen Welt haben schon lange vergessen, wie man sich wirklich entspannt, wie man eins mit der Seele wird.

Durch unsere Sklaverei des Materialismus und unser hektisches Leben entstehen immer mehr psychische und physische Störungen in unserem Leben.

Doch wie können wir uns heute von der Gefangenschaft in der Leistungsgesellschaft befreien?

Es ist kaum möglich, sich vom Leistungsdruck der Gesellschaft zu befreien, ohne drastische Einschnitte und Verzichte zu üben, vielleicht sogar als Außenseiter oder Randelement zu gelten.

Schon im Kindesalter beginnt die Gier, zuerst nach Spielzeugen und Süßigkeiten, dann nach Kleidung und Elektronikartikeln, bis sie im Erwachsenenalter bei Autos, Urlaub, privaten und beruflichen Hierarchien und anderen Statussymbolen endet.

Doch je mehr wir an Statussymbolen ansammeln, desto mehr müssen wir uns um sie kümmern und sie verwalten.

Je höher wir auf der beruflichen Erfolgsleiter klettern, desto größer sind unser Einsatz und der Druck, den wir empfinden.

Das belastet unseren Geist und bringt Ungleichgewicht in unser Leben.

Der moderne Mensch verändert sich als Gefangener im materiellen Netz als entfremdetes Individuum und verlorenes biologisches Teilchen auf Abwegen.

Unsere Urinstinkte werden zu laschen Gewohnheiten und die Rollen innerhalb der Art verschmelzen stark, und die richtige geistige Entwicklung wird zum Privileg weniger Auserwählter.

Wer oder was ist Gott?

„Wer oder was Gott ist, weiß nur Gott selbst."

Wir versuchen, in diesem Buch Beweise für die Existenz Gottes oder eines Schöpfers zu erbringen oder eventuell auch dessen Existenz zu widerlegen.

Da es aber nie einen stichfesten Beweis für die Existenz Gottes geben wird, ist es zumindest mein Ziel, Tatsachen aufzuzeigen, die darauf hinweisen könnten.

Ich glaube, es ist einfacher, Gott (den Schöpfer) zu beweisen als ihn zu widerlegen.

Wenn wir die Existenz Gottes beweisen könnten, könnten wir auch die eventuelle Unsterblichkeit der Seele (Energie) belegen und wir hätten auf viele Fragen nach dem „Woher?" und „Wohin?" logische Antworten.

Doch mit der Gewissheit, dass Gott existiert, würden sich uns auch wieder neue Fragen aufdrängen, die in Verbindung mit dem Schöpfer stehen.

Der Mensch wird immer Fragen stellen, denn seine einfache Intelligenz verleitet ihn dazu, doch die Antworten eröffnen wieder Inhalte für neue Fragen.

Ich sehe die Verbindungen Leben-Mensch-Tod-Schöpfer als zusammenhängend und richtungweisend für die paranormale Forschung.

Alles gehört zusammen und besteht aus gewollten Zusammenhängen, in deren Abläufen der Zufall keinen Platz hat.

Zufall wird immer als Ersatz für „Wissen" herangeholt, deswegen wird der Begriff in der heutigen Wissenschaft sehr oft benutzt.

Kann ein Erschaffener seinen Erschaffer beweisen, kann niedrigere Intelligenz eine höhere Intelligenz beweisen und erklären?

Wohl kaum.

Zuerst müssen wir jedoch die Definition des Wortes „Beweis" klären. Was verstehen wir darunter?

Ich kann Gott nicht an der Hand nehmen und jedem zeigen, das geht leider nicht, aber ich möchte wie vor einem Geschworenengericht (Leser des Buches = Geschworene) Indizien und Sachverhalte vorbringen, sodass der Leser das Urteil (den Beweis) selbst für sich aussprechen bzw. finden kann.

Das Wort „Beweis" ist auch verschieden auslegbar und liegt im Auge des Betrachters. Der eine glaubt schon an eine ihm erzählte Geschichte und der andere erlebt selbst ein Ereignis und trotzdem zweifelt er an dessen Echtheit.

Die Wahrheit ist somit relativ und liegt irgendwo zwischen Fanatismus und extremer Skepsis.

Doch was ist Gott? Wie ist er entstanden oder war er schon immer da?

Vielleicht ist der Urknall durch Gott ausgelöst worden? Ist Gott der Schöpfer von allem? Ist das Universum Gott oder ist Gott noch größer als das Universum?

In der Bibel steht geschrieben, dass Gott Himmel und Erde in sieben Tagen erschuf.

Himmel? Ist damit das Universum gemeint, unsere Atmosphäre? Oder noch etwas ganz anderes?

Erschuf Gott nur die Erde oder auch andere Planeten und auf denen auch andere Existenzformen?

Es könnte sein, dass unser Universum nur ein Teil eines noch größeren Universums ist und andere Paralleluniversen neben unserem existieren. Eventuell hat unser Gott (Schöpfer) nur unser Universum bzw. nur unsere Erde erschaffen und nur diese gestaltet und steuert er.

Vielleicht wirken mehrere Schöpfer oder Kräfte in den Universen, die einander gegenseitig ergänzen.

Denkbar wäre alles, aber wie sollen wir es herausfinden?

Es wäre aus meiner Sicht naiv, zu denken, dass nur wir alleine und nur in unserer menschlichen (materiellen) Form das Universum lebendig machen.

Diese Vorstellung ist für mich untragbar.

Auch das für uns sichtbare Universum ist nur ein kleiner Teil einer viel größeren Gesamtheit, die wir nicht wahrnehmen können.

Unsere menschlichen Wahrnehmungsmechanismen sind im Vergleich mit dem Universum sehr einfach und primitiv sowie schon in der Beschaffenheit begrenzt.

So sind wir in der Anzahl von Dimensionen, in der Zeit, in der Materie und in unseren eigenen Naturgesetzen gefangen.

Wir sind eben nur diejenigen, die in dem uns bekannten Universum reagieren und nicht agieren.

Nach dem Buch Moses müsste der Garten Eden, in dem Gott Adam und Eva erschaffen hat, in Mesopotamien (heute der Irak) gelegen haben und Gott selbst sollte durch den Garten spazieren gegangen sein.

Wie glaubhaft und zuverlässig sind diese Berichte? War Gott nur als Gast auf der Erde, ist er immer noch hier oder wo ist Gott?

Diese Fragen beschäftigen die Menschheit schon seit Urzeiten, schon die Steinzeitmenschen glaubten an Götter und höhere Mächte und versuchten, das auch zum Ausdruck zu bringen.

Die Menschen damals verehrten viele Götter, für jede Lebensdisziplin gab es einen bestimmten Gott: Gott für den Regen, Gott für die Ernte, Gott für die Sonne und viele, viele mehr.

Alles, was die Steinzeitmenschen nicht verstanden und vor dem sie Angst hatten, wurde als göttlich und bedrohlich definiert.

Mit der Entwicklung des Menschen wurden auch viele angebliche göttliche Vorgänge als nicht übernatürlichen Ursprungs entlarvt, doch die Angst vor dem Unbekannten bleibt bis heute in uns.

Auch der heutige Mensch reagiert auf Unbekanntes immer noch oft mit Zurückhaltung oder sogar mit Angst.

Dieses Verhaltensmuster ist das Erbe, das wir von den Urmenschen geerbt haben. Oft wird heute noch die „Angst" von anderen Menschen missbraucht, um sich Vorteile gegenüber ihnen zu verschaffen.

Das soll heißen, dass das Unwissen des Einzelnen durch den Wissenden oder Mutigeren ausgenutzt wird.

Der Glaube an etwas Höheres kann manchmal auch sehr fanatisch und extrem unterwerfend sein, was mit erheblichen Problemen für den Betroffenen verbunden sein kann.

So wurden in mehrere Kulturen auch Opfergaben für die Götter gemacht, nicht selten in Form eines Menschen oder gar eines Kindes.

Das Opfer wurde getötet, um die Götter friedlich zu stimmen oder um Gaben zu erbitten.

Ich bezweifle, dass es im Sinne des Schöpfers war oder ist, Menschen zu töten, obwohl auch solche Berichte in der Bibel erwähnt werden.

Der Urmensch wurde mit verschiedenen Naturgewalten konfrontiert, mit extremem Wind, Regen, Feuer usw., alles sah der Urmensch als Strafe der Götter, die nur mit Opfergaben zu besänftigen waren.

Der normale Regen war aber wiederum eine gute Gabe Gottes, um Landwirtschaft zu betreiben und die Erde mit Wasser zu versorgen. Überschwemmungen, Krankheiten, Ergebnisse einer Jagd und vieles mehr wurde angeblich durch irgendeine Gottheit positiv oder negativ bestimmt.

Vulkane und andere ungewöhnliche Orte wurden als Sitz der Götter betrachtet und angebetet, da diese als unheimlich und übermächtig galten.

Der Mensch wurde spirituell und durch den Glauben an etwas Höheres erlebte er eine innere Entwicklung, die ihn seitdem immer begleitet.

Auch der Tod konfrontiert die Menschen mit Übersinnlichem, mit ihrer Begrenztheit und Ratlosigkeit gegenüber dem Höheren.

Es ist für uns Menschen schwer zu glauben, dass der Tod das Ende unserer Existenz sein soll, dass unsere Zeit begrenzt ist.

Deswegen kann der Glaube an etwas Höheres uns trösten und uns helfen, den Tod besser zu ertragen.

Die Frage, ob es nach dem materiellen Tod wirklich eine weitere Art von Existenz gibt oder der Glaube nur eine „Beruhigungspille" darstellt, versuchen wir hier zu klären.

Die meisten Menschen glauben an etwas Höheres und kommen damit ganz gut durch ihr Leben – soll dieser Einstellung falsch sein?

Darauf kommen wir später zurück; versuchen wir, uns erst mal mit dem Begriff „Gott" auseinanderzusetzen.

Heute verstehen wir unter Gott etwas Übergeordnetes, etwas, das uns und alles, was uns umgibt, erschaffen hat und das Erschaffene steuert und verwaltet.

Gott, der Schöpfer des Universums und der Erde, Gott, der Schöpfer der Materie und Energie. Gott, alles in sich und Gott in allem.

Fast alle Menschen auf der Erde glauben an die Existenz von etwas Höherem, an die Existenz von Gott, der sie steuert, beschützt und durch ihr Leben führt.

Moslems, Christen, Juden, Hindus, Buddhisten und andere Religionsrichtungen,

alle behaupten, die richtige Religion zu verbreiten und alle behaupten, an den richtigen Gott zu glauben.

Wer ist der richtige Gott? Wie sieht er aus?

Egal, ob Jesus, Mohammed, Buddha oder andere Propheten, keiner von ihnen hat gesagt: „Ich bin Gott."

Sie haben behauptet, dass sie von Gott auserwählt worden seien, die Menschen zu Gott zu bringen, zu bekehren und ihnen den richtigen Weg durchs Leben zu zeigen.

Jesus hat nur gesagt, dass er der Sohn Gottes sei, nicht Gott selbst.

Moses hat mit Gott gesprochen, aber nur seine Stimme vernommen, so wie viele der ersten Menschen auf der Welt (Nachkommen von Adam und Eva).

Doch wenn alle an Gott glauben, ihn aber nicht gesehen haben, wieso sind die Glaubensrichtungen so unterschiedlich?

Wieso sagen die Menschen nicht, wir alle glauben an Gott, an denselben Gott, lasst uns alle zusammen glauben?

Wir haben zwar verschiedene Propheten gehabt, aber wahrscheinlich nur einen Schöpfer, den gleichen, an den wir alle glauben.

Doch es wäre zu schön, um wahr zu sein, wenn wir alle an den gleichen Gott glauben würden.

Wir sind zu unterschiedlich, zu machtgierig und zu stolz, um zu sagen: „Ich habe das, was du hast."

Es ist doch für uns Menschen schön zu sagen: „Ich habe was Besseres und ich bin besser als du."

Heute behaupten viele Moslems, dass anders glaubende oder denkende Menschen die „Ungläubigen" seien.

Vor ein paar Hundert Jahren wollten die Christen die Ungläubigen (also damals anders denkende oder anders glaubende Menschen) bekehren und ihnen ihren Glauben aufzwingen.

Inquisitionsgericht aus dem 17. Jahrhundert in Cartagena/Kolumbien, wo Tausende Indios zu Tode verurteilt wurden.

Diese Bekehrung erfolgte nicht selten durch Misshandlungen oder sogar den Tod der zu bekehrenden Person.

Die Zeiten der Bekehrungen der „Ungläubigen" zum Christentum und die Zeit der Inquisition hinterließen blutige Flecke auf den Trachten der katholischen Kirche.

Wenn die Menschen begreifen würden, dass alle an den gleichen Gott glauben und alle Menschen vom gleichen Gott erschaffen worden sind, würden die Konflikte zwischen den Völkern und Menschen fast zum Erliegen kommen.

Doch was verlange ich da? Wenn Moslems sich unter sich bekämpfen (Sunniten und Schiiten), die Christen geteilt sind (Katholiken, Protestanten, Orthodoxe, Kopten …), wie soll man verlangen, dass alle zusammenfinden, wenn sie schon in ihren Häusern nicht zusammenfinden?

Die Menschen sind zu sehr mit sich selbst beschäftigt, mit ihrem Ansehen, mit der Macht des Individuums sowie den Hierarchien und ihrem persönlichen Wohlergehen.

Selbst Jesus' Bemühungen, auf unserer Erde Gutes zu vollbringen und die Menschen auf das „Danach" (das Leben nach dem Tod) vorzubereiten, sind sehr schmerzlich für ihn beendet worden (Kreuzigung).

Wir Menschen sind eine Tierart, die nur sehr schwer zu zähmen und auf Konflikte programmiert worden ist.

Ich bezweifle, dass es im Sinne Gottes war und ist, Kriege zu führen, Menschen aufgrund ihres Glaubens zu töten (Kreuzritter oder Extremisten) oder zu verfolgen.

Papst Johannes Paul II. versuchte langsam, sich den Religionen anzunähern, eine weitreichende Ökumene zu erschaffen, konnte jedoch sein Werk leider nicht weiterführen, da seine Zeit auf der Erde biologisch begrenzt war.

Das Zusammenführen der Glaubensrichtungen ist ein schwieriger und langjähriger Prozess, der aber unverzichtbar ist für das Wohlergehen der Menschheit.

Die Menschen sind unvollkommen, fehlbar und beeinflussbar, so sind auch die Religionsführer aller Richtungen nur Menschen und somit nicht perfekt.

Die Religionen verkünden Parolen wie „Wer an Gott glaubt, der wird ewig leben", doch erlangen die Katholiken das ewige Leben? Die Moslems? Oder sonst jemand?

Ist ein guter, rechtschaffener und ehrlicher Mensch weniger wert vor den Augen Gottes als ein islamischer Fanatiker?

Das glaube ich nicht, es wird eher umgekehrt sein.

Gott erschuf uns Menschen, damit wir auf der Erde lernen und uns entwickeln. Wir kleinen Würmer möchten aber gleich Gott spielen, alles besser wissen, obwohl wir gar nichts wissen und aufgrund unserer Beschaffenheit nie alles wissen werden.

Wir sind nur kleine Würmer im unendlichen Universum, die sich Fragen stellen, aber die Antworten unterschiedlich verstehen.

Schon im Paradies aßen Adam und Eva einen Apfel vom Baum der „Erkenntnis" und bezahlten für die Neugier und Frechheit mit Sterblichkeit und Verbannung aus dem Garten Eden.

Ob es wirklich so war, sei dahingestellt, aber dass wir oft über unsere Möglichkeiten hinausschießen, das ist wohl gewiss.

Heute schaffen wir uns eine neue Glaubensrichtung, die Wissenschaft heißt, in der wir nach Antworten jeglicher Art suchen und uns wissenschaftliche Wunder erhoffen.

Viele Menschen denken z. B. bei Krankheiten nicht: „Gott wird mir helfen", sondern: „Die Forschung bringt neue Medizin und neue Erkenntnisse, die mich heilen werden."

Es ist richtig, an die Forschung zu glauben, aber auch der Glaube versetzt Berge; es ist bewiesen, dass z. B. Gebete bei Krankheiten und schwierigen Lebenssituationen behilflich wirken.

Beten wirkt wie eine Art Hypnose auf uns, entspannt und wirkt somit positiv auf unseren Körper und Geist.

Bisher brachte jede Medizin und Wissenschaft aber auch Probleme mit sich wie Nebenwirkungen, Vernichtung von Ressourcen, Unverträglichkeit und Schädigungen in anderen Bereichen.

Doch Gottes Schöpfung funktioniert fast perfekt, alles hat einen Sinn und der Sinn hat auch einen Nutzen.

Viele Leute denken beim Begriff „Gott" an einen älteren Herrn mit einem langen Bart, der auf einer Wolke sitzt und seine Schöpfung begutachtet; so wurde Gott oft auf verschiedenen mittelalterlichen Bildern dargestellt.

Doch es ist bestimmt nicht so, Gott ist eher eine Intelligenz, Information, eine Energie, einfach alles in sich, Gott ist für uns unbegreiflich.

Wie bereits gesagt, es gab viele verschiedene Propheten auf der Erde, jeder sprach von Gott, aber keiner definierte genau, was oder wer Gott ist.

Wir haben auch sehr viele Glaubensrichtungen, bei denen jede behauptet, die richtige zu sein, doch ob es so ist, weiß keiner.

So wie die Kreuzritter vor ca. 650 Jahren versucht haben, jeden Menschen zum Christen zu machen – jedem, der es nicht wollte, wurde der Kopf abgeschlagen –, so behaupten heute Extremisten, einen Krieg gegen die „Ungläubigen" zu führen, indem sie unschuldige Menschen feige töten.

Sehr viele Kriege in der Geschichte der Menschheit wurden nur aufgrund des Glaubens geführt, und das gilt bis in die heutige Zeit.

Selbsternannte „hochgläubige" Fanatiker sind der Meinung, andere Menschen töten zu müssen, da sie einen anderen Glauben vertreten oder einfach nur anders denken. Doch wer kann uns sagen, wer Gott wirklich ist, wer kann uns Gott näher bringen? Sind wir für Gott überhaupt wichtig?

Wir alle sind Menschen, somit sind wir alle Kinder der Schöpfung, und wenn Gott der Schöpfer ist, dann sind wir Kinder Gottes.

Zurück noch mal zu Gott selbst. Was oder wer ist denn Gott?

Die primitiven Völker glaubten – wie schon erwähnt – an viele Götter, Gott des Feuers, des Todes, der Jagd, der Sonne usw.

Die Ägypter hatten einen polytheistischen Glauben (Osiris, Isis, Aton), nur der Pharao der 18. Dynastie, Echnaton, führte den Monotheismus ein, der aber nach seinem Tod wieder abgeschafft wurde.

Die Juden haben von Anfang an an einen Gott geglaubt. Sie glauben an „Jahwe", d. h. Schöpfer oder Erlöser, bei dem aber auch nicht genau beschrieben ist, wer er ist oder wie er aussieht.

Moses, der die Juden aus der ägyptischen Gefangenschaft und Knechtschaft befreit hat, bekam direkt von Gott (in Form eines brennenden Busches) die „Zehn Gebote" überreicht.

Dabei sprach er mit Gott, aber er konnte ihn nicht sehen, nur den brennenden Busch konnte er wahrnehmen.

Jesus hat sein Wirken auf der Erde als „Sohn Gottes" gelebt, der Einzige der Propheten, der gravierende Wunder bewirkt hat, die bis heute nicht erklärbar sind.

Er hat jedoch nie gesagt, dass er Gott selbst sei, er sprach vom Vater im Himmel und dass er Sohn Gottes sei. Das, was Jesus uns eindeutig gezeigt hat, ist das Besiegen des Todes durch seine Auferstehung.

Nach der Kreuzigung ist Jesus nach drei Tagen aus dem Grab auferstanden und hat sich seinen Jüngern gezeigt.

Bereits vor seiner Kreuzigung hat Jesus einmal den Tod besiegt, indem er den toten Lazarus zum Leben erweckte.

Wenn wir das Wirken von Jesus auf der Erde genauer betrachten und analysieren, finden wir Hinweise und Antworten auf unsere Probleme und Anliegen, die auch heute noch ihre Gültigkeit besitzen.

Hier einige Beispiele:

Der Tempel in Jerusalem beherbergte die Priester, Pharisäer und Schriftgelehrten, die uneinig, zerstritten sowie hungrig nach Macht und Reichtum waren.

So wie die Menschen eben sind, egal wo und in welcher Position sie wirken, es ist immer ein Machtkampf, besser zu sein als andere, mehr zu haben, wichtiger zu sein.

Auch die Händler und die Geldwechsler im Tempel verärgerten Jesus sehr, er verjagte sie aus dem Tempel.

Auf der Erde dreht sich fast alles um Geschäfte, Macht und Geld, so wie damals vor dem Tempel in Jerusalem.

Am Ende unserer Tage auf der Erde wird jedoch alles unbedeutend und viele fragen sich: „Wieso das Ganze?"

Die Jagd nach Macht und Gütern, nach Statussymbolen, die am Ende des irdischen Weges unbedeutend sind, erscheint uns dann verfehlt.

In einem anderen Beispiel findet ein Jünger ein römisches Geldstück und fragt Jesus, wer es bekommen solle.

Jesus antwortet: „Es ist auf dem Geldstück ein Römer abgebildet, somit gebt es den Römern zurück."(Quelle:Evangelium nach Johannes)

Damit sagt Jesus, dass Geld oder Reichtümer nicht wichtig seien, die nehme man auch nicht mit ins Grab, sondern Taten und Liebe seien maßgebend für den Menschen und begleiten ihn immer, auch ins Jenseits.

Nicht nur der christliche Glaube, auch andere Religionen vertreten die Meinung, dass nicht irdische Reichtümer und gesellschaftliche Ränge wichtig sind, sondern dass die geistige Entwicklung des Individuums, die als Energie den Tod überdauert, von höchster Bedeutung ist.

Die Lehre des Buddhismus sagt, dass der Mensch einem Kreislauf der Geburten, des Todes und der Wiedergeburten (Samsara) unterworfen ist, bis man durch Weisheit, Taten und Einsichtigkeit aus dem Wiedergeburtenkreislauf austreten kann und den Zustand des Nirwana erreicht.

Nirwana ist der Zielzustand jedes Buddhisten, dieser Zustand kennt keine Schmerzen oder Kummer und ist die absolute Weisheit.

Buddha kam durch Erleuchtung und Meditation zur Erkenntnis.

Er sagte auch, dass menschliches Begehren Kummer und Sorgen verursache und für die Erleuchtung des Menschen eher hinderlich sei.

Weiterhin seien Kummer und Sorgen schmerzhaft für den Menschen, dementsprechend verursache Begehren Kummer, Kummer verursache Sorgen, die den Menschen belasten und in seiner geistigen Entwicklung hemmen.

Jetzt haben wir über Propheten und Religionen gesprochen, und weiter wissen wir nur wenig über Gott.

Manche sagen, es gäbe gar keinen Gott, Gott sei nur eine Erfindung des schwachen und ängstlichen Menschen und alles habe sich von alleine so entwickelt, wie es ist.

Allerdings haben wir schon mit dem Urknall Probleme, mit der Evolution und mit allem, was uns umgibt: Wir verstehen es nicht.

Was wir nicht verstehen, wird verdrängt oder für unwichtig erklärt (Was war vor dem Urknall?) oder als erklärt aufgefasst (Entstehung von Leben), obwohl es falsch sein kann.

Heutzutage denken die Menschen, sie leben im Zeitalter des Computers, der Raumflüge und des weltweiten Datenaustausches, also kann doch keiner so etwas Altmodisches wie Gott zur Sprache bringen.

Nun, Gott ist sicher kein alter Mann, der auf der Wolke sitzt und auf uns schaut, Gott ist eher eine Energie, die das Universum bestimmt, uns Menschen durch Gabe der Information entwarf und durch die kosmische Strahlung steuert.

Egal, ob Erscheinungen, Geisterphänomene oder andere paranormale Ereignisse,

immer geht es um etwas Unsichtbares, Strahlendes oder um gas- oder energieförmige Phänomene.

Somit ist auch der Schöpfer (Gott) eine Energie, vielleicht sind wir sogar ein Teil der Energie, die das Universum bestimmt, vielleicht sind wir selbst ein Teil des Schöpfers.

Gott klingt heute für manche altmodisch, doch ohne geht es einfach nicht, alles ist Energie, ob auf der Erde oder im Universum, und alles ist nur durch Energie erklärbar und machbar.

Der Urknall (falls es ihn überhaupt gab) braucht Energie, die Zelle, um sich zu entwickeln, braucht Energie und Informationen, der Mensch braucht und ist Energie.

Das Universum besteht aus Atomen wie wir Menschen, also sind wir nichts anderes als ein Teil der Gesamtheit, die aus Energie besteht und einer ständigen Zustandsveränderung unterliegt zwischen Materie und Energie.

Kein Computer nützt was ohne Software (also Information); vielleicht ist die Lebenssoftware schon in der Bibel als „Wort" gemeint.

Ist „Am Anfang war das Wort" die Information, nach der das Leben entstand?

Das ist Spekulation, doch bestimmt wahrscheinlicher als: „Das Leben entstand durch Zufall und die Rahmenbedingungen für das Leben auch."

Also möchte ich zusammenfassend festhalten: Es gibt einen Gott bzw. Schöpfer, der das Universum steuert. Wir sind leider ziemlich unbedeutend in dem ganzen Universum, doch der „Schöpfer" hat uns erschaffen und uns die Erde lebensfreundlich gestaltet.

Der Schöpfer hat aber keine Form, keinen Inhalt und keine Beschaffenheit; er ist, wer er ist.

Er ist Energie und Wellen, Gedanken und Taten und wir sind ein Teil des Werkes des Schöpfers.

Viele Menschen glauben an Gott, doch haben sie von dem gleichen Gott sehr unterschiedliche Vorstellungen, was sehr oft zu Problemen führt.

Diese Glaubensunterschiede sind aber als Entwicklung der gesamten Menschheit zu sehen und entwickeln und prägen den einzelnen Menschen in seiner individuellen Weise.

Die Zugehörigkeit zu bestimmten Kulturkreisen prägt den Menschen von Geburt an, somit auch die Vorstellung von Gott (Schöpfer), die dann an die Nachkommen weitergegeben wird.

So wird die Entwicklung der Glaubensrichtungen und des Individuums vorangetrieben.

Je besser die Entwicklung jeder einzelnen Energie in jedem Menschen ist, desto besser ist die Qualität der den Tod überdauernden Energie.

Unser Leben ist eine Entwicklung, die zeitlich begrenzt ist. Somit ist es wichtig, dass wir die uns gegebene Zeit sinnvoll nutzen und verbessernd an unserer Energie arbeiten.

Die mittelalterlichen Gottesgemälde, die Gott als einen weisen, bärtigen alten Mann darstellen, sind reine menschliche Fantasie und haben keine Hinweisfunktion.

Heute weiß man durch Forschungen, Beobachtungen und durch das Studieren paranormaler Ereignisse, dass alles durch eine besondere Intelligenz entstanden ist und gesteuert wird.

Auch unser Leben besteht aus Entscheidungen, die wir getroffen haben, und aus Ergebnissen der Entscheidungen, die wiederum zu neuen Entscheidungen führen.

Die Summe aller Entscheidungen in unserem Leben gleicht dem Sinn und Ergebnis unserer Existenz auf der Erde.

Die Natur zeigt uns, wie das Leben und Überleben zu meistern ist, gute Substanz, Stärke, Intelligenz und Anpassung sind die Begriffe des Lebens.

Gott, der Schöpfer, schaffte für uns die Rahmenbedingungen (Erde, Wasser, Luft u. v. m.) und gab uns die Informationen, den Rest machen wir Menschen selbst mit mäßigem Erfolg.

Wenn wir einen Haufen aus Elektroteilen zusammengeworfen haben, bekommen wir immer noch keinen Computer, der muss erst in der Fabrik gebaut und durch eine Software in Betrieb genommen werden, so wie unsere Erde perfekt gebaut und abgestimmt ist für unser Leben und unsere Seele die Information darstellt, die die Hardware (den Körper) überlebt.

Es ist auch schwierig, mit Wissenschaften, die von Menschen gemacht werden, Gott zu erforschen, das entspricht etwa dem Versuch, mit einem Papierflugzeug den Weltraum bereisen zu wollen.

Wir Menschen forschen auf dem Gebiet der „Naturwissenschaften".

Schon der Name „Naturwissenschaften" besagt, dass es eigentlich eine Lehre ist, die sich nur mit Natur und Menschen befasst.

Doch was ist Natur?

Natur ist etwas, das schon da ist für uns Menschen und das wir mit unseren Sinnen wahrnehmen, doch Gott muss man woanders suchen, nämlich in uns selbst, und die Suche ist sehr einfach und schön. Das aber, was wir Menschen erschaffen, gehört nicht zur Natur; es ist künstlich, fehlbar und teilweise problematisch.

Unsere Betonblöcke, Autos, Flugzeuge und alles andere von Menschen Erschaffene belasten die Natur und ergeben nur tote Materie.

Jetzt wissen wir, dass Gott der Schöpfer ist, der uns und die Erde erschaffen hat, keineswegs aber einen alten Mann darstellt, sondern eher als Energie zu verstehen ist.

Eine Energie, die wir nie ganz verstehen werden. Wir erforschen Atome, doch ein Atom ist ein Riesenteil im Vergleich zu manchen Kleinteilchen oder Kräften, die wir nur erahnen können.

Auch im folgenden Kapitel werden wir noch öfter dieser Energieform bei den paranormalen Phänomenen begegnen. In der paranormalen Forschung geht es einfach nicht ohne feinstoffliche Form und Energie.

Marienerscheinungen

In diesem Kapitel möchte ich den für mich persönlich interessantesten und wichtigsten Beweis für die Existenz anderer Daseinsformen beschreiben.

Es handelt sich um die Erscheinungen Marias (Mutter von Jesus), die schon fast seit 2 000 Jahren andauern und weltweit präsent sind.

Nicht nur in der christlichen Welt gibt es zahlreiche Marienerscheinungen, sondern auch in der buddhistischen und in der Hinduwelt (Korea, Indien …) sowie in der muslimischen Welt (z. B. Syrien oder Ägypten).

Maria, Mutter von Jesus, starb im Jahr 56 n. Chr. in Ephesos in Kleinasien (heute Türkei) oder, wie andere Quellen berichten, in Jerusalem.

Drei Tage nach ihrem Tod erschien Maria genauso wie ihr Sohn Jesus den Aposteln und sagte: „Ich werde immer bei euch bleiben."

(Quelle: **Evangelium nach Johannes**)

Dem Versprechen ist die heilige Mutter Maria bis heute treu geblieben.

Man kann sagen, dass es seitdem Hunderte, wenn nicht Tausende Marienerscheinungen weltweit gab, die uns durch 21 Jahrhunderte begleiten und teilweise bis heute andauern.

Somit blieb Maria nicht nur bei den Aposteln (Schüler und Begleiter Jesus' zu seinen Lebzeiten auf dieser Erde), sondern bei der gesamten Menschheit, und übernahm eine Vermittlungs-Mission zwischen Himmel und Erde.

In den meisten Erscheinungen mahnt uns Maria zur Bekehrung zum Guten, zum Gebet, zum Glauben an Gott, Fasten, Verzicht und Nächstenliebe.

Aber auch persönliche, politische und gesellschaftliche Botschaften übermittelt die heilige Mutter den auserwählten Sehern.

Die sollen wiederum die Botschaften an die Bevölkerung weitergeben oder – wie bei Fatima der Fall war – die Botschaften geheim halten bis zu einem bestimmten Zeitpunkt und dann erst veröffentlichen.

Die wichtigsten und am besten untersuchten Erscheinungen möchte ich hier grob beschreiben; alle Erscheinungen zu analysieren und zu beschreiben würde den Rahmen dieses Buch sprengen und Stoff liefern für ein sehr umfangreiches Extrabuch zu diesem Thema.

Die bekannteste und in meinen Augen aussagekräftigste Marienerscheinung ereignete sich 1916 und 1917 in Fatima in Portugal.

Fatima liegt ca. 150 km nördlich der Landeshauptstadt Lissabon und ca. 60 km von der Atlantikküste entfernt. Damals war Fatima nur ein kleines Dorf mit ein paar Hundert Einwohnern, bis heute wuchs Fatima zu einer kleinen Stadt.

Erscheinungsort in Fatima heute

Drei kleine Kinder, Lucia, 9 Jahre alt (1916), Francisco, 8 Jahre alt, und Jacinta, 6 Jahre alt, hatten mehrere Visionen von Engeln und Maria.

Bei den Visionen konnten die Kinder mit den Erscheinungen sprechen und erhielten verschiedene Botschaften und Hinweise.

Im Frühjahr 1916 spielten die Kinder auf einem felsigen Hügel, der „Loca do Cabeco" genannt wird, da sahen sie aus östlicher Richtung ein seltsames Licht auf sich zukommen.

Als das Licht näher kam, erkannten die Kinder eine Gestalt in Form eines ca. 15-jährigen Jungen darin.

Die Gestalt war wunderschön und kristallweiß rein, leuchtete wie Sonnenstrahlen und strahlte Ruhe und Frieden aus.

Es war ein „Friedensengel", wie er sich selbst nannte, der die Kinder beruhigte und mit ihnen sprach.

Er brachte den Kindern Gebete bei und bat alle Menschen zu beten, Buße zu tun und Gott nicht mehr zu beleidigen.

Die Engelserscheinung wiederholte sich noch zweimal im Sommer und Herbst 1916.

Der Engel erscheint immer als ein Licht, stark strahlend, jedoch sehr angenehm wirkend.

Am 13. 05. 1917 ereignete sich die erste von sechs Marienerscheinungen, die dann weltberühmt wurde.

Der 13. Mai war ein Sonntag, die Kinder führten nach der heiligen Messe die Schafsherde Richtung „Cova da Iria", ein Tal, das ca. zwei Kilometer vom Dorf Aljustrel entfernt liegt.

Dort angekommen begannen die Kinder zu spielen, bis sie auf einmal so etwas wie einen Blitz wahrnahmen.

Daraufhin wollten die Kinder die Herde einsammeln und nach Hause treiben. Plötzlich bemerkten sie auf einer Steineiche eine lichtstrahlende Gestalt, eine wunderschöne, weiß gekleidete Frau.

Aus der Gestalt strahlte starkes, kristallklares Licht, heller als die Sonne, jedoch sehr angenehm und nicht blendend für die Seher.

Die Erscheinung beruhigte die Kinder, die sich nicht fürchten sollen; sie wollte den Kindern nichts Böses antun.

Die Gestalt wollte nur, dass die Kinder die nächsten sechs Monate immer am 13. Tag des Monats zu dieser Stelle kämen; dann würde die Erscheinung den Kindern erklären, wer sie sei und was sie wolle.

Danach verschwand die Lichtgestalt in östlicher Richtung am Himmel, umgeben von „lebendigem Licht", wie es von den Kindern beschrieben wurde.

Die Kinder berichteten diese Erlebnisse im Dorf den Eltern und anderen Erwachsenen, doch die Reaktion darauf war nur Lachen, Spott und sogar Strafen für die Verbreitung von Lügen.

Am 13. Juni kamen ca. 50 Leute mit den Kindern zum Erscheinungsort, um die „liebe Frau", wie die Kinder die Erscheinung nannten, zu sehen.

Außer den Kindern konnte keiner etwas Außergewöhnliches wahrnehmen, die Kinder sprachen jedoch mit der Erscheinung, die sagte, „sie werde bald Francisco und Jacinta in den Himmel nehmen, aber Lucia muss noch lange auf der Erde bleiben, um die Botschaften zu bezeugen und zu verbreiten."

(Quelle:Fatima Botschaften 1917).

Nach der zweiten Erscheinung wurden die Kinder noch mehr verfolgt und als Lügner bezeichnet.

Die Leute meinten sogar, dass die Erscheinung nicht von Gott komme, sondern vom Teufel aus der Hölle.

Bei der dritten Erscheinung am 13. Juli sagte die „liebe Frau", dass sie aus dem Himmel komme und nur Gutes wolle.

Lucia bat die Erscheinung, ein Wunder zu wirken, damit die Leute glauben und die Kinder nicht mehr verfolgt und belächelt würden.

Darauf antwortete die heilige Frau, sie werde im Oktober ein Wunder und Zeichen geben, damit die Leute glauben.

Die Erscheinung gab den Kindern auch eine Botschaft, dass der Krieg bald zu Ende gehe (1. Weltkrieg), aber wenn die Menschen sich nicht bessern und bekehren würden, käme ein noch schlimmerer Krieg (2. Weltkrieg).

Man solle auch beten um Bekehrung und Weihe Russlands; wenn das funktioniere, werde Frieden herrschen, wenn nicht, werde Russland eine Irrlehre verbreiten, die Kirche verfolgt werden und gute Menschen leiden müssen (Kommunismus).

Bei der Erscheinung zeigte die heilige Mutter den Kindern eine Vision der Hölle, wo die armen Seelen leiden; es war grauenhaft für die Kinder.

Mittlerweile hatte auch die Tagespresse angefangen, sich für die Erscheinungen zu interessieren, und in ihren Berichten stellte sie die örtlichen Machthaber als unfähig dar, diesen Unsinn und das Theater der Kinder zu beenden.

Darauf reagierte der Präsident des Kreistages mit Hinterlistigkeit und gab an, am 13. August die Kinder mit seinem Auto abholen zu wollen, um sie zum Erscheinungsort zu bringen.

Die Kinder stiegen in das Auto, doch statt zum Erscheinungsort zu fahren, wurden sie in den Kreisort (Vila Nova de Ourem) gebracht.

Dort wurden sie bis zum 15. August verhört, bedroht und gedemütigt. Sie sollten zugeben, dass sie sich das alles nur ausgedacht hätten.

Nachdem die Verhöre jedoch erfolglos blieben, wurden die Kinder wieder nach Hause gebracht.

Traurig, dass sie nicht am 13. August zum Erscheinungsort kommen konnten, führten die Kinder am 19. August die Schafe zu einem Ort, der „Valinhos" heißt.

Auf einmal wurde es kühl, die Sonnenkraft verblasste und es kam wieder ein Blitz, da sahen die Kinder die heilige Mutter auf einer Steineiche stehen.

Sie wiederholte das Versprechen, im Oktober ein Zeichen zu geben, damit die Leute endlich an die Erscheinung glauben, und bat um den Bau einer Kirche an der Stelle der Erscheinungen.

Mittlerweile teilten sich die Leute auf in diejenigen, die an die Erscheinung glaubten, und diejenigen, die das alles für „Kasperltheater" hielten.

Am 13. September kamen schon ca. 25 000 Leute in die „Cova da Iria", um den Kindern beizustehen.

Die Zeit bis zum 13. Oktober war extrem geladen und angespannt, die Kinder wurden von allen Seiten unter Druck gesetzt, zuzugeben, dass alles nur Schwindel und Fantasie sei.

Am 13. Oktober 1917, dem Tag, an dem ein Wunder geschehen sollte, kamen ca. 70 000 Leute zum Erscheinungsort in der „Cova da Iria", obwohl es in Strömen regnete.

Unter den Versammelten waren Polizisten, Atheisten, Ungläubige, Journalisten, Soldaten, Beamte und viele andere Personen, auch manche, die nur darauf warteten, sich über das ganze Theater lustig machen zu können.

Nachdem die heilige Mutter noch mal eine Botschaft an die Kinder gegeben und um den Bau einer Kirche an dieser Stelle gebeten hatte, ereignete sich das weltbekannte „Sonnenwunder".

Originalaufnahme vom „Sonnenwunder", 1917, Fatima

Die „Sonne" kam zwischen den verregneten Wolken heraus, in Form einer silbernen/goldenen Scheibe, die aber nicht blendete, wenn man sie anschaute.

Die Scheibe/Sonne fing an, am Himmel zu tanzen, d. h. sich hin- und herzubewegen, und drohte auch, auf die Zuschauer herunterzufallen, um dann doch wieder schnell hochzusteigen.

In dem Augenblick, als die Sonne herunterzufallen schien, erschraken die Leute und schrien, bettelten oder knieten nieder.

Doch die Sonne kehrte wieder an ihren ursprünglichen Platz am Himmel zurück und blieb dort stehen.

Auch die mehrfachen seitlichen und ovalen Bewegungen der Sonne sind mit keinen uns bekannten Gesetzen erklärbar.

Dazu kam noch, dass nach dem „Sonnenwunder" alle durchnässten Kleidungsstücke der 70 000 anwesenden Menschen auf unerklärliche Weise trocken wurden.

So endete das „Sonnenwunder" am 13. Oktober 1917 in Fatima.

Um das, was wir jetzt gelesen haben, wissenschaftlich zu analysieren (ohne religiöse Aspekte hervorzuheben), halten wir folgende Tatsachen fest:

Am 13. Oktober sahen ca. 70 000 Leute ein Wunder, das schon ca. drei Monaten vorher von kleinen Kindern angekündigt worden war.

Dass es sich um etwas Übernatürliches gehandelt haben muss, steht für mich außer Zweifel. Keiner kann die Sonne am Himmel hin und her oder von oben nach unten bewegen, möge es noch so ein gute Magie zu sein.

Auch wenn es nicht die Sonne war, was war es dann? Ein Energiefeld, ein Stern, eine optische Täuschung oder etwa Sand aus der Sahara?

Eine optische Täuschung oder Massenhypnose oder sonst eine abenteuerliche Erklärung, die die Skeptiker präsentieren, lasse ich bei der Menge und Vielfalt der Zuschauer nicht gelten.

Es waren nicht nur religiöse Fanatiker auf dem Platz, sondern normale, neugierige und teilweise skeptische Menschen, die mit

Misstrauen an die Erscheinungen herangingen, und auch sie erlebten etwas Unerklärliches.

Wie schon erwähnt befanden sich unter den Zuschauern diverse Zeitungsreporter (auch aus Lissabon), Polizisten, Beamte, Soldaten, Skeptiker, auch Nichtgläubige und neugierige Menschen.

Woher wussten die Kinder am 13. Juli, dass drei Monate später ein noch nie gesehenes Ereignis die Welt heimsuchen würde?

Wie ist es möglich, dass nasse Kleidung innerhalb von ein paar Minuten am Leibe eines Menschen von alleine trocknet?

Auch die Botschaft bei der zweiten Erscheinung, Jacinta und Francisco bald in den Himmel zu nehmen und Lucia noch lange auf der Erde zu lassen, hat sich erfüllt.

Francisco verstarb knapp zwei Jahre später, am 4. April 1919 (im Alter von 11 Jahren), und Jacinta am 20. Februar 1920 (im Alter von knapp 10 Jahren).

Lucia wurde Nonne und kam über mehrere Stationen 1948 nach Coimbra in Nord-Portugal, wo sie in Februar 2005 im Alter von 98 Jahren verstarb.

Die weiteren Botschaften, dass der Krieg (1. Weltkrieg) bald zu Ende gehe und ein noch schlimmerer Krieg (2. Weltkrieg) kommen werde, haben sich auch erfüllt.

Die Weihe und Bekehrung Russlands ist heute auch eindeutig zu erklären.

1917 kam es zum Sturz des Zaren in Russland und zur Entstehung des Kommunismus.

Die Kommunisten glaubten nicht an Gott, verfolgten die Kirche, hielten Vieh in Kirchen und brachten Millionen von Menschen um durch Hunger, Verfolgung und Straflager.

Lenin errichtete 1917 den ersten kommunistischen Staat und Stalin brachte in seiner Amtszeit sogar mehr Leute um, wie die Nazis vor und während des 2. Weltkriegs.

Die Auswirkungen des Kommunismus sind noch heute spürbar durch weltweite Konflikte und Spannungen, die auf den Kommunismus zurückzuführen sind.

Auf die Rechnung der Kommunisten gehen auch Millionen Tote in China, Vietnam und im Koreakrieg und viele andere grausame Verbrechen.

Doch ich möchte hier keine historische oder politische Arbeit verfassen, somit werde ich auf das Thema nicht weiter eingehen.

Sehen wir uns jedoch die Erscheinungen genauer an. Kinder, die nicht viel wissen und keine Macht besaßen, sehen eine Wolke, Lichtgestalt oder Sonne auf der Erde, fast zum Greifen nah.

Dieses Etwas kommuniziert mit den Kindern und gibt einen Beweis durch das unerklärliche Wunder vor Tausenden von Leuten.

Auch die Vorankündigung des Wunders ist bemerkenswert. Was wäre geschehen, wenn am 13. Oktober, der als Zeitpunkt des Wunders angegeben wurde, gar nichts passiert wäre?

Dann wäre alles als Lüge abgestempelt, aber die Kinder nahmen das Risiko auf sich und beharrten auf der Echtheit der Erscheinung, was auch für die Glaubwürdigkeit der Geschichte spricht.

Was ist eine Lichterscheinung? Ist Licht nicht eine Art Energie?

Wir wissen jetzt schon, dass alles aus Energie besteht und Energie immer bestehen bleibt; sie verändert höchstens ihre Form.

Somit könnte es sein, dass die Erscheinung aus der Energiewelt gekommen ist, durch Energieströme (Quanten, Kleinteilchen) mit den Kindern kommuniziert hat und durch Quantenwellen nur für die Kinder sichtbar wurde.

Ich glaube, dass nach unserem körperlichen Tod unsere Energie weiter existiert und in einer Energiewelt mit anderen Energien zusammenfließt.

Auch zu unseren Lebzeiten werden wir durch kosmische Strahlung (Energie) beeinflusst.

Deswegen berichten auch fast aller Seher einer Erscheinung oder auch Seher eines Geistes über Lichterscheinungen, Wolken, Luftzüge oder Durchsichtigkeit des Objektes.

Doch Fatima ist nur eine (für mich die eindrucksvollste) unter vielen Erscheinungen der Mutter Maria in der ganzen Welt.

Ein paar andere Erscheinungen möchte ich auch noch kurz erwähnen.

Lourdes in Südfrankreich ist meiner Meinung nach die zweitbedeutendste Erscheinung der Welt.

Hier haben wir nicht, wie in Fatima, ein Spektrum von Tausenden von Menschen, die ein Wunder gesehen haben, hier sah nur ein armes 14-jähriges Mädchen namens Bernadette Soubirous eine Marienerscheinung in der Grotte von Massabielle.

Es war Winter (Februar) 1858. Bernadette sammelte Brennholz für zu Hause, da erschien ihr die heilige Mutter in einer Grotte.

Insgesamt hatte Bernadette 18 Erscheinungen in der Grotte, die letzte am 16. 07. 1858. Wegen der Visionen musste Bernadette auch viel Spott und Leid seitens der Behörden und der Bevölkerung ertragen.

Am Anfang der Erscheinungen waren der Unglaube und das Unverständnis groß in Lourdes und Umgebung.

Während der neunten Erscheinungen bat die heilige Mutter die Seherin (Bernadette), in der Grotte nach Wasser zu graben. Sofort grub das Mädchen mit bloßen Händen nach Wasser, bis eine Quelle unter einem Stein hervorsprudelte.

Bis heute fließt diese Quelle mit ca. 120 000 Litern pro Tag; das Wasser hat schon zu vielen Wunderheilungen beigetragen.

Man kann ohne Zweifel behaupten, dass sich in Lourdes die meisten Wunderheilungen weltweit ereignen.

Im gleichen Jahr erkrankte der Sohn des französischen Kaisers Napoleon III. schwer. Eine Hofdame gab ihm Kräuter aus der Grotte in Lourdes zu essen.

Nach ein paar Tagen war der Sohn des Kaisers wieder gesund.

Bis heute wurden mehr als 7 000 Heilungen in Lourdes der Ärztekommission gemeldet, 67 Heilungen wurden offiziell kirchlich anerkannt, doch die Zeit, bis eine Heilung offiziell anerkannt wird, beträgt manchmal bis zu 50 Jahre.

Jeder Fall wird sorgfältig und mehrmals geprüft, es wird nach einer rationalen Erklärung der Heilung gesucht, es werden Krankenakten geprüft, bis dann endlich entschieden wird.

Unter den geheilten Krankheiten waren mehrere Krebsarten im Endstadium, multiple Sklerose in einem sehr fortgeschrittenen Stadium, Tuberkulose, Lähmungen und viele andere Krankheiten.

Auf einzelne Heilungen komme ich im weiteren Verlauf meiner Arbeit ausführlich zurück, da die Heilungen auch unter verschiedenen Umständen und an verschiedenen Örtlichkeiten aufgetreten sind.

Deswegen möchte ich den Wunderheilungen ein Extrakapitel widmen, in diesem Kapitel möchte ich nur die wichtigsten und beeindruckendsten Marienerscheinungen behandeln.

Ganz kurz möchte ich noch die Erscheinungen in dem nordspanischen Dorf Garabandal erwähnen, die in der Zeit zwischen 1961 und 1965 stattfanden.

Die heilige Maria, die sich da selbst „Madonna von Berge Karmel" nannte, erscheint vier Mädchen, alle im Alter zwischen elf und zwölf Jahren.

Ähnlich wie bei anderen Erscheinungen weltweit berichteten die Kinder von starkem Donnerschlag und einer leuchtenden Lichtgestalt in den Wolken.

Vermutlich handelt es sich in solchen Fällen um Energiefelder, die sich zum visuellen (materiellen) Bild zusammensetzen.

In Garabandal wurde von Zuschauern beobachtet, wie die Kinder in der Luft zu schweben schienen, ohne beim Gehen mit den Füßen den Boden zu berühren.

Während der Erscheinungen wurden die Kinder mit scharfen Gegenständen gestochen und ihnen wurde mit hellem Licht in die Augen geleuchtet, ohne dass sie eine körperliche Reaktion darauf zeigten.

Am 18. 07. 1962 geschah das sogenannte „Hostien-Wunder", in dem ca. zwei Minuten lang eine Hostie über Conchita (eine der Seherinnen) zu schweben schien und anschließend auf ihrer Zunge zu sehen war, was auch fotografiert wurde.

Nach dem Ende der Erscheinungen wurde viel diskutiert über deren Echtheit, teilweise wurden verschiedene Versionen der Erscheinungen von den Mädchen zutage gebracht, was sich nicht unbedingt positiv auf das Gesamtbild der Erscheinungen auswirkte.

Die Kirche tut sich etwas schwer, offiziell Stellung zu den Ereignissen in Garabandal zu nehmen, obwohl mit der Zeit die ablehnende Position etwas gelockert wurde. Die Mädchen wählten ein normales Leben, in welchem sie heirateten und teilweise den Ort auch verlassen haben, zum Beispiel lebt Conchita heute in den USA.

Bei den Erscheinungen in Fatima und Lourdes gingen beide Seherinnen ins Kloster und blieben dort bis an ihr Lebensende.

Das besagt natürlich nichts über die Seriosität der Erscheinungen, doch wenn man das eigene Leben für Gott aufgibt, muss man schon plausible Gründe dafür haben.

Wie schon erwähnt ereignen sich Marienerscheinungen weltweit in allen Kulturen und Religionen; ich möchte noch ein paar Beispiele dazu anführen.

Am 02. 04. 1968 erschien ein großes Licht über der koptisch-orthodoxen Kirche von Al-Zeitun am Rande von Kairo in Ägypten.

Das Licht nahm die Gestalt der heiligen Mutter Maria an, Tausende von Passanten und Neugierigen sahen die Erscheinung, sie wurde sogar von einem ägyptischen Fernsehteam gefilmt.

Die Polizei dachte an einen Lichttrick und zerschlug die Straßenlaternen, jedoch ohne Erfolg.

Anschließend wurde komplett der Strom abgestellt, da die fundamentalen Moslems dies als eine Provokation ansahen, jedoch auch ohne Erfolg.

Zu den Phänomenen kamen noch mehrere Friedenslichttaubenerscheinung, die von der Kuppel der Kirche in den Himmel aufstiegen.

Das ist nicht alles, die Erscheinungen wiederholten sich und dauerten über ein Jahr an.

Die Polizei durchsuchte aller Häuser im Umkreis von 25 km um den Erscheinungsort, da sie Betrug vermutete, doch die Durchsuchungen blieben erfolglos.

Erscheinung in Al-Zeitun, Ägypten (Foto Mansur)

Gläubige Christen und Moslems, ungläubige Menschen, sogar der Präsident von Ägypten, alle konnten das Wunder mit ansehen.

Dazu kommen noch viele Wunderheilungen, Bekehrungen und Glaubensbekenntnisse unter Christen und Moslems zu diesem Zeitpunkt in Kairo.

Fast 41 Jahre später, am 10. Dezember 2009, kam es wieder zu einer Lichterscheinung in Kairo, diesmal in Arbeitervorort Al-Warraq über einer koptischen Kirche.

Mehrere Tausend Menschen verschiedener Glaubensrichtungen können die Lichterscheinung beobachten, fotografieren und sogar filmen.

Es kommt auch zu ersten Wunderheilungen. Ein Mann, der seine Sehkraft zu 90 % verloren hat, kann auf einmal wieder gut sehen, das wird auch durch einen behandelnden Chefarzt der Augenklinik bestätigt.

In Ägypten ereignen sich noch mehrere Erscheinungen an verschiedenen Orten, aber auch in Syrien und Marokko.

Eventuell könnte man die Marienerscheinungen als Hinweise auf die 2010/11 stattgefundenen Volksaufstände und Freiheitsbewegungen in den arabischen Staaten ansehen.

Bei den Lichterscheinungen wurden eindeutig Lichttauben identifiziert, die bekanntlich als Friedenszeichen gelten.

Ein paar Wörter möchte ich noch über eine Marienerscheinung in Kibeho in Ruanda verlieren.

Da erschien die heilige Mutter Maria in Gestalt einer dunkelhäutigen Indianerin im weißen Gewand.

Die Erscheinungen dauerten vom 28. 11. 1981 bis zum 28. 11. 1989. Unter den vielen Botschaften und Visionen möchte ich eine besondere hervorheben:

Die fünf Seherinnen in Alter zwischen 14 und 20 Jahren sahen einen Fluss voll Blut und schwimmende Leichen im Fluss; es war keiner da, der die Leichen begraben hätte können.

Menschen, die sich brutal umbrachten und immer mehr Tote, überall tote Menschen.

Eine schockierende Vision, die aber ein paar Jahre später, 1994 bis 1995, fast Wirklichkeit wurde, als Tausende von Menschen durch „ethnische Säuberungen" im Bürgerkrieg in Ruanda umgebracht wurden.

Ist Maria in diesem Fall als Ankündigung eines Unheils anzusehen?

Auch in Fatima sagte Maria, der Krieg (1. Weltkrieg) gehe zu Ende, aber es komme ein noch schlimmerer Krieg (2. Weltkrieg) auf die Menschheit zu.

Im ehemaligen Jugoslawien in Medjogorje erscheint seit dem 24. 06. 1981 bis heute die heilige Maria sechs Kindern (mittlerweile schon erwachsen).

Die erste Erscheinung war 1981, fast genau zehn Jahre später begann der Balkan-Krieg, der den Zerfall von Jugoslawien, „ethnische Säuberungen" und Tausende von Toten zur Folge hatte.

Unweit von Medjogorje wurden während des Bürgerkrieges Gefangenlager errichtet, in denen Menschen gefoltert und umgebracht wurden.

Bei dieser Erscheinung bekommen die mittlerweile erwachsenen Seher immer noch Botschaften von der heiligen Mutter.

Die Texte kann man als Tages-, Wochen- oder Monatsbotschaften im Internet nachlesen.

In der Botschaft vom 01. 10. 1981 sagte die heilige Mutter, dass vor Gott alle Religionen und alle Menschen gleich seien, die Menschen sollten nur beten und Gott ehren.

Eine sehr interessante Botschaft in Bezug auf zwischenmenschliche Beziehungen auf der Erde ruft auf zur weitreichenden Ökumene zwischen den Religionen und zum Abbau von Vorurteilen gegenüber anderen Glaubensrichtungen.

In Medjogorje ereigneten sich mehrmals kleine „Sonnenwunder", die von vielen gesehen wurden.

Ein großes Kreuz, das auf dem Berg unweit der Erscheinungsstelle steht, soll im Licht geleuchtet und sich um die eigene Achse gedreht haben.

Tatsache ist aber, dass auch in Medjogorje sehr viele Wunderheilungen geschahen und dass am Erscheinungsort eine leicht erhöhte Radioaktivität gemessen wurde.

Die Erscheinungsstätte in Medjogorje, dem heutigen Bosnien-Herzegowina, ist immer noch nicht kirchlich anerkannt, die Untersuchungen der Erscheinungen dauern an, und das schon seit 1981, so lange wie die Erscheinungen selbst.

Es ist mehr als ungewöhnlich, dass an einem Ort Erscheinungen und Botschaften von Mutter Maria über einen so langen Zeitraum andauern.

Als Letztes möchte ich noch kurz über eine andere Erscheinungsstätte berichten, die von Naju in Südkorea.

Alles begann am 30. 06. 1985, als eine Marienstatue in der Wohnung von Julia Kim in Naju blutige Tränen zu weinen begann.

Dieser Zustand dauerte 700 Tage lang an, das Blut wurde in einem Labor untersucht und als menschlich identifiziert.

Mehrmals erschien im Beisein von Zeugen eine Hostie in der Luft, die sich von oben auf Julia herabsenkte.

Auf einer weißen Hostie, die alle Anwesenden sahen, erschienen von alleine rote (Blut-)Flecken.

Über zwölf Mal, einmal sogar in Anwesenheit des Papstes Johannes Paul II., wurde aus einer Hostie auf der Zunge von Julia Kim ein Stück rohes Fleisch mit Blut.

Dieses Bild wurde sogar fotografiert und in vielen Zeitungen weltweit veröffentlicht.

Julia Kim erhielt auch Stigmata, d. h. Wundmale an Händen und Füßen, ähnlich den Verletzungen, die bei einer Kreuzigung üblich wären.

Dazu kamen viele Botschaften von der heiligen Mutter Maria und Jesus selbst.

Fassen wir zusammen. Marienerscheinungen ereigneten sich weltweit, nicht nur in der christlichen Welt.

Es ist für mich unstrittig, dass sich die Fatima-Erscheinung wirklich ereignet hat.

Doch wer erscheint uns da? Ist es die Mutter Maria, die seit ca. 2 000 Jahren nicht mehr unter uns weilt?

Es handelt sich meiner Meinung nach um Energie, die uns (Menschen) erscheint.

Doch was würden wir sagen oder denken, wenn wir eine Lichtsäule sähen, die mit uns kommunizieren wollte?

Es wäre sehr anonym, unpersönlich und Angst erregend, doch wenn wir eine vertraute Person sehen, ändert sich sofort die Einstellung des Menschen zu der Erscheinung.

Ich möchte damit nicht sagen, dass es sich bei den Erscheinungen nicht um die heilige Mutter Maria handelt.

Es handelt sich um Energie. Alles, was ist, ist Energie; somit sind wir auch Energie und werden auf der Energieebene weiter existieren.

Damit sage ich aber nicht, dass wir auf der gleichen Ebene existieren wie Gott, das auf keinen Fall.

Vielleicht sind wir aber ein Teil der Gesamtenergie oder Informationsebene, die wir als Gott oder Schöpfer bezeichnen.

Es wäre vorstellbar, dass wir als Materie bei der Befruchtung der Zelle mit Energie/Information (Infoenergie) gefüllt werden, dass wir diese Infoenergie unser Leben lang formen und entwickeln und dass bei unserem Tod die Energie wieder in die Ursprungsenergieebene wechselt.

Ich habe noch eine Schwierigkeit mit dem oft benutzten Begriff „Maria Mutter Gottes".

Maria ist offensichtlich die Mutter von Jesus, Jesus hat aber meines Wissens nie gesagt, dass er Gott sei.

Er hat gesagt, er sei der Sohn Gottes, aber nicht Gott selbst.

Zum Beispiel sagte Jesus bei seiner Kreuzigung: „Vater, wieso hast du mich verlassen", was drauf schließen lässt, dass sein Vater und Schöpfer im „Himmel" ist und über ihm steht.

Somit wäre die heilige Maria nicht die Mutter Gottes, sondern die Mutter von Jesus, dem Sohn Gottes. Maria gebar Jesus durch Wirkung des Schöpfers und des heiligen Geistes, nicht aber auf menschliche Weise, sondern durch ein Energiewunder. Kann Gott überhaupt eine Mutter haben?

Wenn Gott eine Mutter hätte, würde die Mutter schon vor Gott selbst existiert haben müssen und Gott würde erschaffen worden sein.

Es ist für mich undenkbar, dass es so ist.

Ich bezweifle stark, dass das, was wir als Gott oder Schöpfer bezeichnen, eine Person ist. Eher handelt es sich um eine Art Energie und Information.

Die heilige Maria und Jesus waren mal unter uns Menschen, haben dadurch einen Bezug zur Menschheit, kennen uns, und nicht nur die Christen vertrauen auf sie.

Somit ist eine enge Bindung zwischen der höheren Energieebene und der Menschheit denkbar.

Maria erscheint auch nicht nur Präsidenten oder Staatsoberhäuptern, sondern einfachen Leuten, sogar überwiegend Kindern. Wieso?

Möchten die Erscheinungen und Botschaften uns zeigen, dass alles auf dieser Erde unwichtig und vergänglich ist? Ob gesellschaftliche Stellung, Vermögen oder Macht, das sind nur Momentaufnahmen, die schnell wieder vergehen und für die Ewigkeit unbedeutend sind.

Das Leben ist so schnell zu Ende wie die Kindheit. Wir sollen so rein und unschuldig sein wie die Kinder, jedoch auch so liebevoll und ehrlich wie diese.

Reichtum und gesellschaftliche Stellung sind schön und gut, begleiten uns aber nur auf dieser materiellen Welt. Nichts davon können wir in andere Ebenen mitnehmen.

Es zählt nur unsere geistige Entwicklung und unsere Wechselwirkung (unser Umgang) mit unserer Umwelt.

Maria von Guadalupe

Die Marienerscheinung von Guadalupe (Mexiko) gehört eigentlich zum vorherigen Kapitel, welches von Marienerscheinungen weltweit handelt.

Doch in meiner Betrachtungsweise ist diese Erscheinung etwas anders und auch etwas ganz Besonderes unter den aufgetretenen Fällen.

Die Erscheinung hinterlässt etwas Materielles, das bis heute existiert und der Wissenschaft als Untersuchungsmaterial zur Verfügung steht.

Deswegen werde ich mich im jetzigen Kapitel nur dieser Erscheinung widmen, was für den Leser auch von großem Interesse sein sollte.

Die größte Marienverehrungs-Pilgerstätte weltweit ist nicht etwa Fatima oder Lourdes, sondern mit ca. 20 Millionen Pilgern jährlich Guadalupe in Mexiko-Stadt.

Es wird ein ca. 450 Jahre altes Marienbild verehrt, das aber kein eigentliches Bild ist und viele Fragen unbeantwortet lässt.

Doch bevor wir über das Bild sprechen, sehen wir mal, wie es zu diesem Bild kam und woher es stammt.

Im Jahr 1519 stößt der spanische Eroberer Cortes mit seinen Truppen auf die Azteken-Stadt Tenochtitlan (heute Mexiko-Stadt), die Belagerung und Kämpfe dauerten bis August 1521.

Dann ist der letzte Azteken-König Guatemoc besiegt; die Spanier beginnen mit wechselhaftem Erfolg mit der Missionierung der Bevölkerung.

Unzählige Azteken werden bei Kämpfen oder Bekehrungsversuchen zum christlichen Glauben umgebracht oder misshandelt.

Die Azteken sind sehr skeptisch und ablehnend der neuen Religion und Herrschaft der Spanier gegenüber.

Am 9. Dezember 1531 macht sich ein junger Azteke, Juan Diego, der schon zum katholischen Glauben gewechselt hat, zu einer Messe in die ein paar Kilometer entfernte Kirche auf den Weg.

In der Nähe der Anhöhe Tepeyac, wo früher ein Schlangengöttinnen-Tempel gestanden hatte, hörte er eine Stimme, die ihn rief. Er schaute in diese Richtung und sah eine wunderschöne, leuchtende weibliche Gestalt.

Die Gestalt strahlte ein wunderschönes farbiges Licht aus und schwebte wie eine leuchtende Wolke über dem Boden.

Juan Diego fiel vor der Erscheinung auf die Knie, die ihm befahl, zum Bischof von Mexiko-Stadt zu gehen und ihm zu berichten, dass an dieser Stelle eine Kirche zur Ehre Marias gebaut werden solle.

„In diesem Gotteshaus werden viele Leute Trost und Heilung finden, die an mich glauben", fügte die Erscheinung hinzu.

Juan ging, wie ihm befohlen, nach Mexiko-Stadt. Nach sehr langer Wartezeit und vielen Erklärungen wurde er endlich von Bischof Zumarraga empfangen.

Doch der Bischof fand nur wenig Verständnis für die Geschichte des Azteken und schickte ihn wieder fort.

Am Rückweg erschien Juan Diego wieder die heilige Mutter Maria. Er berichtete ihr über den misslungenen Versuch, den Bischof zum Bau der Kirche zu bewegen, und bat sie, jemanden Geeigneten und Kompetenten mit der Bitte zum Bischof zu schicken.

Er sei schließlich nur ein armer Bauer und ein Mensch ohne große Bedeutung.

Maria antwortete ihm, dass gerade er der geeignete Mensch dafür sei, den Bischof zum Bau der Kirche, die viel Leiden lindern und viel Freude bringen werde, zu bewegen.

Der verzweifelte Azteke erwiderte der heilige Mutter Maria: „Dein Wille soll geschehen, ich möchte dir keinen Kummer bereiten und werde noch mal zum Bischof nach Mexiko-Stadt gehen."

Am nächsten Morgen ging Juan schon ganz früh in die große Stadt und nahm an einer Messe teil, um anschließend wieder im Palast des Bischofs vorzusprechen.

Wieder dauerte es sehr lange, bis er zum Bischof vorgelassen wird, doch als er vor ihm steht, berichtete er sofort über seine Erlebnisse und Gespräche mit der heiligen Jungfrau Maria und bittet den Bischof erneut um den Bau einer Kirche an besagter Stelle, wie die heilige Mutter es wünsche.

Juan beteuert die Wahrheit seiner Aussage und fleht den Kirchenmann an, ihm Glauben zu schenken.

Der kann den Aufforderungen nicht sofort entsprechen, versichert jedoch, sich damit zu beschäftigen, doch ohne einen Hinweis oder ein Zeichen sehe er wenig Chancen für so ein Vorhaben.

Der arme Bauer erwidert ganz zuversichtlich, er werde der heiligen Mutter über die Forderungen des Bischofs berichten.

Der Bischof sah, dass der Bauer keinen Moment zögerte und über so einen Fortschritt der Geschichte sogar froh war, was auch für deren Wahrheit sprach.

Juan Diego machte sich sofort wieder auf den Heimweg, um der heiligen Mutter die Botschaft des Bischofs zu überbringen.

Der Kirchenvorstand befahl zwei Vertrauten, dem Azteken-Bauern zu folgen und ihn zu beobachten; er wollte wissen, was der arme Bauer machte, mit wem er sprach und zu wem er Kontakt hielt.

Doch nach kurzer Zeit verloren die Beobachter den Verfolgten aus den Augen. Verärgert über das eigene Versagen kamen sie zum Bischof zurück und berichteten ihm, dass der Azteke ein Lügner sei und sich alles nur ausgedacht habe.

Wenn er noch mal im Palast des Bischofs erscheine, würden sie den Azteken-Lügner festnehmen und im Kerker einsperren.

Für den Bischof war somit die Sache erledigt und seine Zweifel hatten sich bestätigt.

Juan kam aber zur gleichen Zeit auf den Hügel Tepeyac und berichtete der heiligen Maria über die Forderungen des Bischofs.

Sie erwiderte ihm, er möge morgen früh noch mal hierherkommen, dann würde sie ihm das gewünschte Zeichen für den Bischof geben und er würde es ihm persönlich überbringen können.

Juan ging danach in sein Dorf zurück, wo er seinen Onkel Juan Bernardino schwer krank im Sterben liegend auffand.

Der gesundheitliche Zustand des Onkels war kritisch. Juan holte einen Mediziner, der aber auch machtlos war.

So bat ihn sein Onkel, einen Priester aus der Stadt zu holen, um zu beichten und sich auf den Tod vorzubereiten.

Juan Diego machte sich noch vor Sonnenaufgang auf den Weg in die Stadt, doch er erinnerte sich an sein Versprechen, das er der heiligen Mutter gegeben hatte, dass er das Zeichen zum Bischof bringen sollte.

Aber sein Onkel konnte jeden Moment sterben, deswegen durfte Juan keine Zeit verlieren und sich nicht mit anderen Dingen beschäftigen.

Da wählte er ein Umweg um den Berg Tepeyac, um die edle Dame nicht zu treffen, doch als er fast schon hinter dem Berg war, sah er die heilige Mutter plötzlich vor sich stehen, die ihn auch gleich fragte: „Wohin gehst du, mein kleiner Junge?"

Ganz erschrocken und etwas beschämt erzählte Juan der himmlischen Mutter über seinen todkranken Onkel und dass er schnell den Priester holen müsse, um seinem Onkel noch den letzten Wunsch zu erfüllen, bevor er sterbe.

„Himmlische Mutter, du sollst nicht traurig sein, aber morgen, wenn ich den Priester zu meinem Onkel gebracht habe, komme ich gleich zurück und bringe den gewünschten Beweis zum Bischof", versicherte Juan Diego.

Die heilige Mutter sprach zum kleingläubigen Azteken: „Ich bin das Licht, ich bin die Freude, ich bin dein Schutz und ich bin die Wahrheit, sorge dich nicht um deinen Onkel, er ist in diesem Moment gesund geworden. Glaube mir, du kleinste unter meinen Kindern."

In diesem Moment überkam Juan eine seltsame Ruhe und Zufriedenheit und er erklärte sich bereit, sofort den angekündigten Beweis zum Bischof zu bringen.

Die schöne Frau befahl Juan, auf den Hügel zu gehen, dort, wo sie vorher immer mit ihm gesprochen hatte, da werde er viele schöne Blumen antreffen, die er pflücken und in seiner Tilma (Azteken-Mantel) aufsammeln solle.

Damit solle er wieder zu ihr zurückkehren, bevor er sich auf den Weg zum Bischof mache.

Juan stieg auf den Hügel und sah viele blühende Rosen und andere wundervolle Blumen, die zu dieser Jahreszeit (Dezember) eigentlich nicht blühen.

Er machte seinen Umhang (Tilma) voll mit den schönen Blumen und ging wieder hinunter zu der heiligen Mutter, wie ihm gesagt worden war.

Die heilige Frau berührte die Blumen mit ihren edlen Händen und befahl Juan, die Tilma geschlossen zu halten, und zwar so lange, bis er beim Bischof angekommen sei.

Er dürfe den Umhang nur in Gegenwart des Bischofs öffnen, unter keinen Umständen früher, und er möge dem Bischof alles ganz genau erzählen.

Juan machte sich sofort auf den Weg nach Mexiko-Stadt, um keine Zeit zu verlieren. Den ganzen Weg über vernahm er einen sehr angenehmen Rosenduft aus seinem Mantel.

Am Bischofspalast angekommen erkannten ihn sofort die Wachleute und versperrten ihm den Zugang zum Palast.

Lange Zeit taten die Wachhabenden so, als ob sie die Sprache des Azteken nicht verstünden oder ihn nicht hörten.

Nach langer Wartezeit bemerkten sie jedoch, dass der Azteke irgendetwas in seinem Mantel versteckte.

Sie schauten hinein und sahen wunderschönen Rosen, die sehr angenehm dufteten.

Doch beim Versuch, eine Rose zu ergreifen, griffen sie ins Leere, als ob die Rosen gar nicht da wären.

Nach mehreren erfolglosen Versuchen, eine Rose zu schnappen, erschraken die Wachleute und liefen zum Bischof, um ihm alles zu berichten.

Der Bischof verstand sofort, dass der Azteke einen von ihm geforderten Beweis bei sich hatte, und ließ ihn eintreten.

Juan kam herein und warf sich vor dem Bischof auf die Knie.

Das Wunderbild „Maria von Guadalupe"

Anschließend erzählte er die ganze Geschichte, die er mit der heiligen Mutter erlebt hatte, und dass er den geforderten Beweis in seinem Mantel trage.

Er öffnete den Mantel (Tilma) und die Blumen fielen auf den Boden; im gleichen Moment verwandelten sich die Blumen in ein Bild, welches die heilige Mutter Maria darstellte.

Quelle:www: http://kath-zdw.ch/maria/guadalupe.html

Dieses Bild kann man bis heute in Mexiko-Stadt begutachten. Unter dem Namen Maria von Guadalupe ist es weltberühmt.

Der Bischof ließ sofort am Erscheinungshügel Tepeyac eine Kirche bauen und das Bild auf dem Azteken-Mantel ließ er zunächst in seiner Privatkapelle aufbewahren.

Juan Diego kehrte zurück zu seinem mittlerweile gesunden Onkel Bernardino, der während seiner Krankheit auch eine Marienvision gehabt hatte; dabei wurde er sofort geheilt.

Es würde sich alles wie eine schöne Indianer-Legende lesen, die in jedem Kinderbuch stehen könnte − wären da nicht ein paar Tatsachen, die die Geschichte zu einem der größten Rätsel der letzten fünfhundert Jahre machen.

Fangen wir an mit der Tilma (Mantel), auf der das Bild der heiligen Mutter entstanden ist und auf der es bis heute unverändert zu sehen ist. Der Mantel besteht aus Agaven-Fasern; Agave ist eine Pflanze, die überwiegend in Nord- und Südamerika zu finden ist.

Die Fasern oder besser gesagt das Material zerfällt spätestens nach ca. 20 Jahren in kleine Teile oder Staub.

Es wurden mehrmals Kopien der Tilma aus dem Stoff hergestellt, die ersten im 18. Jahrhundert, die immer nach spätestens 20 Jahren (meistens jedoch früher) zerfielen.

Die Tilma mit der Abbildung der heiligen Maria existiert schon seit fast 480 Jahren, ohne geringste Spuren von Zerfall, Verschleiß oder sonstigen Beschädigungen.

Im Jahr 1791 wurde bei Reinigungsarbeiten Salpetersäure über das Bild gegossen; das Bild blieb auf wundersamer Weise unbeschädigt.

Zwei Jahre früher, 1789, versuchten elf der besten Maler der damaligen Zeit, das Bild genauso wie das Original zu malen, leider ohne Erfolg, und auch diese Kopien sind nach ein paar Jahren zerfallen.

Von 1531 bis 1647 stand das Bild ohne jeglichen Schutz in einer feuchten Kapelle, beleuchtet von unzähligen Kerzen und Sonnenlicht, doch auch dies überdauerte das Bild unbeschadet.

Erst 1647 wurde für die Tilma eine Glasvitrine gebaut, in der das Bild ab dann aufbewahrt wurde.

Das Bild wurde von unzähligen Menschen berührt, geküsst und angefasst; all diese Faktoren konnten ihm nichts anhaben.

Am 14. November 1921 explodierte eine Bombe in der Basilika von Guadalupe. Die Basilika und benachbarte Gebäude wurden erheblich beschädigt, das Bild blieb jedoch unversehrt.

Die Farben sind bis heute nicht verblasst und wirken kraftvoll und frisch wie vor 480 Jahren.

So viel zum Material und zur Erhaltung; jetzt betrachten wir die Farben und die Entstehungsweise des Bildes.

Ein Bild wird mit Farben und Pinsel gemalt, doch beim Bild von Guadalupe kann man keine Farbspuren und Pinselstriche feststellen.

Der Nobelpreisträger Richard Kuhn untersuchte 1936 die Fasern auf dem heiligen Bild und musste erstaunlicherweise feststellen, dass die Farbelemente keinen uns bekannten tierischen, pflanzlichen oder mineralischen Farbstoffen zuzuordnen und somit der Wissenschaft unbekannt sind.

Weil Herr Kuhn keine Farben nachweisen konnte, kann es sich nicht um ein gemaltes Bild handeln.

Dies wurde noch mal durch eine mikroskopische Untersuchung im Jahr 1946 bestätigt. Somit kann es sich nur um eine Art Fotografie handeln, die aber auf einem Mantel vor ca. 480 Jahren entstanden sein soll.

Im Jahr 1963 wurde die Tilma von der Firma Kodak untersucht, die abschließend mitteilte, es handle sich um eine uns unbekannte Art von Fotografie.

Die Untersuchungen gehen noch weiter und die Ergebnisse werden immer rätselhafter.

Schon 1929 entdecken Alfonso Gonzales und Alfonso Marcue im Auge der Madonna eine Menschenspiegelung, die aber nicht an die Öffentlichkeit gelangte.

Doch 1951 wurde bei einer exakten Untersuchung des Auges der Madonna auf der Tilma die Entdeckung von 1929 von mehreren Forschern bestätigt.

Weitere Untersuchungen bis in unsere Zeit, u. a. mit Computer-Digitaltechnik,

ergaben, dass die Spiegelungen in den Augen der heiligen Maria genau den Augenblick festhalten, als 1531 Juan Diego vor dem Bischof die Tilma aufmachte und das Bild entstand.

In den Augen sind mehrere Personen zu sehen, unter anderem der Bischof Zumarraga, sein Dolmetscher und Juan Diego.

Es ist verblüffend, wie so eine Spiegelung entstehen kann; es ist unmöglich, so ein kleines Bild zu malen.

Des Weiteren sind auf dem Umhang, den die heilige Mutter auf dem Bild trägt, Sterne zu sehen. Die Konstellation entspricht genau der Lage der Sterne am Nachthimmel am 12. 12. 1531 über Mexiko-Stadt. Das haben Astrologen berechnet und bestätigt.

Am 24. 04. 2007 wurde in Mexiko ein Gesetz verabschiedet, das die Abtreibung bis zur zwölften Schwangerschaftswoche erlaubt; am gleichen Tag wurde ein Licht in Form eines Embryos auf dem Bild der Mutter von Guadalupe im Bereich des Unterleibes beobachtet und fotografiert.

Es handelte sich angeblich nicht um eine Fotoblitz-Spiegelung, sondern um ein hell leuchtendes Licht, das aus dem Bild heraus leuchtete, doch dieser Bericht wurde von mir nicht näher untersucht.

Mann könnte noch viel mehr Beispiele von Untersuchungen oder Forschungen vortragen und über Wunder berichten, die mit dem besonderen Bild in Verbindung gebracht werden, doch das Fazit bleibt immer das gleiche – es ist nicht von dieser Welt.

Im Jahr 2009 wurde sogar ein Kongress in den USA einberufen, der sich nur mit dem Bild der heiligen Mutter von Mexiko-Stadt befasste.

Als Abschlussbericht des Kongresses wurde mitgeteilt, dass das Bild als unerklärbar zu betrachten und nicht irdischen Ursprungs sei.

Glaube und Psychologie

Wir haben jetzt schon etwas über Gott, den Schöpfer, Marienerscheinungen und andere Themen gelesen, einige kommen noch dazu.

Das alles kann aus einer philosophischen und psychologischen Perspektive betrachtet werden.

Diese Betrachtungsweise ermöglicht uns, eine tiefere alternative Sicht auf diese Problematik aufzubauen und schafft uns mehr Freiräume im Umgang mit diesen Themen.

Viele paranormale oder spirituelle Themen verlangen einen hohen Einsatz an Gefühlen wie z. B. Vertrauen, Vorsicht, Angst oder Glaube, und diese Gefühle, Wahrnehmungen oder Betrachtungsweisen möchte ich etwas näher erörtern, Fragen stellen und Antworten geben.

Wir sehen Gott oder den Schöpfer nicht, wir können ihn nicht anfassen, wir wissen nicht mal mit Sicherheit, ob Gott überhaupt existiert. Somit können wir glauben, dass Gott existiert − oder auch nicht.

Was heißt Glauben? Ist Glauben eine Unsicherheit, eine Variable, ein „vielleicht" oder so relativ wie die meisten Dinge auf dieser Welt?

Glauben ist wissen und nicht sehen, fühlen und nicht greifen, lieben und auch leiden, könnte man philosophisch sagen.

Glauben geschieht in unserem Kopf, in unserem Herzen, es passiert jeden Tag mit uns und für uns.

„Ich glaube, morgen wird es regnen" − ich weiß es nicht, aber ich vermute, dass es regnen wird.

Ob ich recht habe, werde ich morgen sehen, so wie ich irgendwann sehen werde, ob es etwas nach dem Tode gibt, ob es Gott gibt und in welcher Form.

Doch ist glauben sinnlos? − Nein.

Selbst der Gedanke, ob es morgen regnet oder nicht, ist nicht sinnlos.

Ich nehme passende Kleidung und den Regenschirm mit, ich habe mich vorbereitet und mir Gedanken gemacht über eventuelle Möglichkeiten, die mich antreffen könnten.

Ist Glaube eine Art Vorbeugung oder Vorbereitung auf ein Ereignis?

Vielleicht.

Ich kann morgens, wenn ich aus dem Hause gehe, den Regenschirm mitnehmen. Das heißt nicht, dass er mir unbedingt hilft; vielleicht brauche ich ihn gar nicht, weil es nicht regnen wird, aber wenn es regnet, hilft er mir.

Genauso ist es mit dem Glauben. Es kann folgenlos sein zu glauben, aber es schadet nicht, und wenn es etwas nach dem Tod gibt. Dann kann es eventuell helfen, vorausgesetzt, dass es einen Gott gibt in der Art und Weise, wie er von den Religionen angebetet wird und dass diese Anbetung überhaupt von Gott erwünscht ist.

Vielleicht gibt es einen Schöpfer, der das große Universum erschaffen hat, dem es aber egal ist, ob wir beten und an ihn glauben.

Vielleicht sind menschliche Begriffe wie Glauben, gut, böse und so weiter in anderen Existenzformen gar nicht gegeben und wir erkennen nach unserem Ableben etwas völlig Unbegreifliches und Undefiniertes.

Man sollte für sich selbst abwägen, wie hoch die Wahrscheinlichkeit ist, dass es nach dem Tod etwas gibt oder auch nicht, und bei der Urteilsfindung soll dieses Buch behilflich sein.

Doch der Glaube hilft uns nicht nur nach dem Tod, eine Art Belohnung zu bekommen, sondern auch tagtäglich, ein besserer Mensch zu werden.

Glaube soll uns den Lebensweg der geistigen Entwicklung des Menschen aufzeigen.

Das bedeutet, dass wir durch Aufbau und Entwicklung des Glaubens und Wissens weisere und wertvollere Geschöpfe werden sollen.

Der Glaube ist auch so etwas wie eine Polizei oder ein Gesetz. Gäbe es keine Polizei und keine Gesetze, würde jeder machen, was er möchte; nichts wäre kontrollierbar.

Doch der Glaube daran, dass man erwischt und bestraft wird, hält uns von einer Straftat ab.

Ähnlich ist es mit dem Glauben und dem Wunsch nach dem ewigen Leben. Wenn man als gläubiger Mensch gewissen Vorschriften Folge leistet und versucht, immer ein guter Mensch zu sein, erhofft man sich eine Belohnung von Gott in Form der Unsterblichkeit der Seele.

Oft wird der Glaube auch als Erpressung oder Zwang genutzt, nach dem Motto: „Wenn du es nicht so machst, wie wir wollen, wirst du für immer verdammt."

Diese hinterhältige Nutzung des Glaubens, die von manchen Menschen betrieben wird, gehört in die unterste Stufe der Menschlichkeit und hat mit Göttlichem nicht zu tun.

Der Glaube soll uns Menschlichkeit lernen, uns Grenzen aufzeigen und Sinn des Daseins sein.

Wenn wir an den Schöpfer glauben, soll es nicht aus Angst sein oder weil wir uns Vorteile erhoffen, sondern einfach aufgrund des Wissens, dass es einen Schöpfer gibt, der alles erschaffen hat, der über uns herrscht und uns beschützt.

Es ist bestimmt nicht sehr klug, Gott um mehr Geld zu bitten, um ein Unglück für unsere Feinde oder um einen Sieg der Lieblingsfußballmannschaft.

Aber es ist wichtig, für jeden Einzelnen zu beten und zu bitten, denn schon in der Bibel steht geschrieben: „Bitte und wird dir gegeben."

Wissenschaftlich durchgeführte Studien belegen, dass gläubige Menschen sich besser durch schwierige Lebenssituationen schlagen und Gebete eine positive Wirkung auf den Betenden ausüben.

Gebete wirken ähnlich wie eine Beruhigungspille oder Hypnose auf den Menschen und bringen innere Erfüllung und Entspannung.

Im Gebet findet man einen Gesprächspartner, einen Zuhörer und einen Beschützer, der alles regeln kann und Hoffnung verbreitet.

Ob Gebete wirklich von einem Gott oder Schöpfer erhört werden, sei dahingestellt, doch ganz sicher sind sie nicht wirkungslos.

Durch Gebete entsteht eine meditationsähnliche Beruhigung, die eine positive Wirkung auf Körper und Geist hat.

Es ist auch unbestritten, dass innere Ausgeglichenheit und Einklang zwischen Körper und Geist in jeder Hinsicht eine positive Wirkung auf die menschliche Gesamtheit haben.

Gebete, Entspannungsübungen oder ein stressfreies Leben tragen entscheidend zu einem krankheitsfreien (oder zumindest krankheitsarmen) Lebensverlauf bei.

Glaube stärkt unser Immunsystem und wirkt sich positiv auf körpereigene Abläufe aus.

Seit Tausenden von Jahren glauben Menschen an etwas Höheres, an Gott oder Götter, an Schöpfer.

Der religiöse Glaube war und ist Zündstoff für viele blutige Konflikte und bringt Hass unter die selbst ernannten fundamentalistischen Gläubigen verschiedener Religionen.

Ohne „Glauben und Gott" würde es wohl ca. 60 % aller weltweiten Konflikte nicht geben und Millionen Menschen müssten nicht sterben – doch nicht geringer als im religiösen Glauben ist der Fanatismus im neuen Glauben, der sich Wissenschaft nennt.

Heute sehen viele Menschen die Wissenschaft als Glaubensersatz, sogar als neue Glaubensrichtung.

Wissenschaftler und Skeptiker „können" alles rational erklären, glauben nur das, was sie mit ihren menschlichen Organen wahrnehmen können, und etwas anderes existiert für sie nicht.

Sie predigen den Glauben an den Urknall, dann die zufällige Entstehung und Anordnung der Planeten sowie die zufällige Beschaffenheit der Erde und der Atmosphäre bis hin zur zufälligen Entstehung des Lebens.

Welche Beweise hat die Wissenschaft für diese Theorien? Nur Beobachtungen und Vermutungen, die dann als passende Feststellungen verbreitet und uns als Tatsachen aufgezwungen werden.

Wie stark muss der Glaube sein, um an das alles zu glauben, wie fanatisch muss ich als Wissenschaftler sein, um daran zu glauben?

Grade in der paranormalen oder Grenzforschung steckt die Schulwissenschaft in der Klemme und aufgrund einer gewissen Machtlosigkeit entwickelt sich eine Art Arroganz der Wissenschaftler gegenüber diesen Disziplinen.

Fanatiker sind blinde, sture und besserwisserische Menschen, die keine anderen Meinungen zulassen oder akzeptieren, und sie sind nicht nur auf der religiösen Ebene anzutreffen.

Diese Weltanschauung verhindert die Entwicklung der Menschheit und verbreitet nicht wenige unüberprüfte Tatsachen, als manche Religionen.

Die Wissenschaft glaubt, dass alles durch Zufall entstanden ist, ohne Mitwirkung einer höheren Kraft.

Das ist genau so, als ob ich mich in den Garten setzen und warten würde, bis aus Luft, Sand und anderen Teilchen ein Gartenhaus entsteht, weil jemand gesagt hat, wenn ich lange genug warte, passiert es.

Wenn ich als Wissenschaftler bei objektiver Betrachtung der Schöpfung immer wieder das Wort „Zufall" oder „zufällig" vorfinde, muss ich mich fragen, ob die Bedeutung dieses Wortes noch vertretbar ist.

Wie fest muss der Glaube der Wissenschaftler an ihre Lehren sein, um diese so standhaft zu vertreten? Da könnten sich manche religiös gläubige Menschen ein Beispiel daran nehmen.

Nehmen wir als Beispiel das „Sonnenwunder" 1917 in Fatima. Die Skeptiker haben eine passende Erklärung dazu: Es war eben ein Sandsturm aus Afrika, der diese Vision verursacht hat.

Nicht genug, dass die Erklärung mehr als lachhaft ist und den 70 000 Menschen, die Zeugen dieses Ereignisses waren, unterstellt wird, dass sie Licht nicht von Sand unterscheiden können. Nein, die skeptischen Wissenschaftler wissen gar nicht genau aus erster Hand, wie und was überhaupt vorgefallen ist.

Aber eine Erklärung ist da und Menschen, die sich weiter keine Gedanken machen, akzeptieren die Erklärung und werden so verunsichert und beeinflusst.

Dazu kommen „fachskeptische" Erklärungen wie Massenhypnose, optische Täuschung oder Massenhysterie; auch diese Erklärungen unterstellen den betroffenen Beobachtern Defizite oder verschiedenartige Mängel.

Ähnlich sieht es auch mit anderen Phänomenen aus. Ein kleines Beispiel noch: Nahtoderfahrungen (NTE), die wir später noch ausführlich behandeln werden.

Menschen erleben fast immer die gleichen Vorgänge bei Nahtoderlebnissen – vollkommene Ruhe, Glücksgefühle, Licht am Ende des Tunnels, Schweben in der Luft, Loslösen vom eignen Körper usw.

Vergleichbare Zustände können auch mit Drogen, elektrischer Gehirnstimulation, Hypnose oder Sauerstoffmangel erreicht werden, aber niemals alle Zustände gleichzeitig, so wie es bei den meisten Nahtoderfahrungen (NTE) der Fall ist.

Doch wenn ein Wissenschaftler ein oder sogar zwei Zustände erklären oder im Labor simulieren kann, sieht er gleich die ganze Problematik als geklärt an.

Es wurden Versuche an Patienten, die eine Nahtoderfahrung hatten, durchgeführt. Anschließend wurden sie gefragt, ob die erreichten simulierten Zustände den Nahtoderlebnissen glichen. Die abschließende Bewertung der Patienten fiel sehr negativ aus.

Die Erlebnisse wurden als nicht ausreichend und nicht intensiv genug bewertet, doch die meisten Wissenschaftler sehen die NTE als erklärt und weiterer Forschungen unwürdig an.

Schulmediziner und Wissenschaftler sind Menschen, die von Menschen vorgegebenes Wissen erworben haben. Es fällt da schwer zu sagen: „Mein Wissen ist nicht richtig oder lückenhaft."

Dazu kommt noch, dass das alternative Wissen nicht von Menschen steuerbar, nicht beliebig wiederholbar und für das menschliche Gehirn unbegreiflich ist.

Das sollte uns aber nicht daran hindern, weitere und noch mehr Forschungen auf paranormalen Gebieten zu betreiben.

Momentan sehen wir unsere Wissenschaften als sehr fortgeschritten an, genau wie sie die Menschen vor tausend oder fünfhundert Jahren auch gesehen haben.

Doch wir sehen anhand der menschlichen Entwicklung, dass jeder aktuelle hohe Stand der Wissenschaften sich in der Zukunft als primitiv und unzureichend herausstellen wird.

Die Entwicklung der Menschheit und der Wissenschaften bringt Vorteile mit sich, aber auch sehr große Probleme wie Umweltverschmutzung und Vernichtung, neue Krankheiten, Ressourcenknappheit und soziale und politische Spannungen. Um nur zwei Beispiele zu nennen:

Erstens die Atomkraft, die hat uns durch gegenseitigen Respekt der Großmächte und Angst vor den Folgen eines Konfliktes Frieden gebracht, doch es ist nur eine Frage der Zeit, bis das Wissen in unbefugte fanatische Hände gerät und die Folgen für die Menschheit unabsehbar werden.

Das Gleiche gilt für die Atomenergie in ziviler Nutzung, wie man an Tschernobyl gesehen hat.

Das Zweite ist die Strahlenbelastung der Menschen durch Handys, Navis, TV, Radio usw.

Es steigen die Zahlen von Krebskranken, psychische Krankheiten nehmen zu, Gesundheitskosten explodieren, doch das große Strahlengeschäft ist nicht wegzudenken aus unserer Welt.

Es geht um großes Geld, um Arbeitsplätze, um Macht und Wählerstimmen und nicht zuletzt auch um den technischen Fortschritt.

Wir sehen, es gibt nicht nur religiösen Glauben, sondern auch wirtschaftlichen, wissenschaftlichen und nicht zuletzt den wichtigsten, den persönlichen Glauben.

Der persönliche Glaube des Individuums wird wiederum als Zielscheibe aller Interessengemeinschaften genutzt, die versuchen, den Einzelnen für ihre Vorteile oder Ziele zu gewinnen.

Wenn jemand etwas glaubt, muss es nicht unbedingt sein, dass seine Auffassung die richtige ist.

Ob beim tagtäglichen Nachrichtenschauen, bei Werbung für verschiedene Artikel oder bei zwischenmenschlichen Beziehungen, überall gehört ein Stück Glaube und Vertrauen dazu.

Der Glaube, in welcher Form auch immer, bestimmt unser Leben. Ob ich meinem Lebenspartner glaube, meinem Arbeitgeber, meiner Bank oder sonst jemandem – ich weiß es nicht, aber ich glaube, was mir gesagt wird.

Es hat mal jemand gesagt, „die beste Form der Sklaverei ist, jemandem zu vermitteln, er sei frei." Der Betroffene glaubt, er sei frei, doch als ein Teil der gesteuerten Gesamtheit ist er in Wirklichkeit nur ein Mittel zum Zweck.

Das alles soll uns verdeutlichen, wie unser Glaube und unsere Gefühle steuerbar sind, und dass wir uns intensiv damit befassen sollten, uns unsere eigene Meinung und Persönlichkeit zu bilden.

Das soll aber nicht heißen, dass wir zum Besserwisser oder zu sturen, emanzipierten Persönlichkeiten werden, sondern zu weisen und ausgeglichenen Geschöpfen heranwachsen.

Wenn wir das Wort Glaube in Verbindung mit Spiritualität als altmodisch oder überholt betrachten, dürfen wir nicht vergessen, dass auch dieser Glaube zu unserem Leben dazugehört.

Unser Arbeitgeber kann uns enttäuschen (entlassen, nicht befördern), unsere Beziehung kann zerbrechen und viele andere Sachen können fehlschlagen, an die wir geglaubt haben, aber der wirkliche Glaube an den Schöpfer, den wir uns selbst aufbauen, wird uns lebenslang begleiten und nie enttäuschen.

Jetzt werden viele denken: Wie kann ich an etwas glauben, das Ungerechtigkeiten, Kriege und Hunger zulässt?

Der Schöpfer hat uns erschaffen und mit primitivem Wissen ausgestattet, damit wir uns entwickeln und selbst Entscheidungen treffen können.

Die Welt, wie wir sie heute vorfinden, ergibt die Summe aller Entscheidungen, die von unseren Vorfahren getroffen wurden, so wie unsere Entscheidungen und Handlungen die morgige Welt gestalten.

Deswegen sind Hunger, Krieg oder andere Katastrophen immer ein Problem, das die Menschen sich selber erschaffen haben und das sie auch selbst lösen sollen.

Jeder Mensch ist gefragt, wie er sich in bestimmten Situationen verhält und mit ihnen fertig wird.

Zum Beispiel: Würde ein armer Mensch klauen oder sogar Menschen töten, um sich zu bereichern? Oder wie verhält sich ein sehr reicher Mensch – hilft er anderen, kann er teilen oder wird er noch skrupelloser und gieriger?

Die Summe der Entscheidungen eines Menschen, egal, ob er ein armer Fischer ist oder ein Topmanager, egal, ob er kleine oder sozial sehr wichtige Entscheidungen trifft, ergibt den Wert des Menschen und seinen Sinn vor dem Schöpfer.

Natürlich ist die Schwere und Tragweite von Entscheidungen sehr unterschiedlich, somit müssen Personen mit großer Verantwortung noch vorsichtiger sein mit ihren Entscheidungen, die sehr schwerwiegend für andere Menschen sein können.

Manche Menschen könnten sagen, Gott sei nur für die Schwachen und die Verlierer da, weil vor Gott jeder gleich ist. Wenn ich im Leben nichts schaffen kann oder will, so liebt mich Gott trotzdem.

Jeder ist von dem Schöpfer erschaffen worden und wird von der „Informativen-Energie" gesteuert. Am Ende zählt nur die Bilanz der Taten, egal, ob die für die Menschheit groß und wichtig waren oder eher klein und unbedeutend.

Somit ist es richtig, dass jeder vor Gott gleich ist, weil nur die Summe der getroffenen Entscheidungen im Leben zählt, nicht die Wichtigkeit der Taten.

Das Problem des Glaubens besteht darin, dass alle religiösen Glaubensrichtungen an etwas Höheres glauben, an etwas, das nicht menschlich und nicht von dieser Welt ist. Die Wissenschaft wiederum beinhaltet nur Informationen, die von Menschen erbracht worden und für Menschen erklärbar sind.

Im Grunde genommen sprechen zwei Interessengemeinschaften aneinander vorbei, da sie sich mit ganz unterschiedlichen Dingen befassen.

Die Informationen der Wissenschaft können nur Theorien zu den meisten Fragen der Menschheit und des Universums präsentieren und beschreiben nur das, was wir sehen und greifen können.

Somit kann die Wissenschaft, so wie wir sie heute vorfinden, keinen Glauben ersetzen und noch weniger den Schöpfer oder den Schöpfungsprozess erklären.

Es ist, als würde ein blinder Mensch über Licht sprechen. Er weiß, dass es Licht gibt, aber mehr auch nicht; genauso ist es mit der wissenschaftlichen Betrachtung der Schöpfung.

Wir nehmen wahr, was wir sehen, und setzten diese Beobachtungen als konstante und feste Werte als Erklärung für unser Dasein ein.

Mit der Zeit werden unsere Beobachtungen und Hilfsmittel genauer und besser, dann verändern wir wieder unsere Sichtweise und erklären wieder neue und feste Tatsachen für wahr.

Diesen Trend können wir durch die ganze Geschichte der Menschheit mitverfolgen und wir befinden uns bestimmt nicht am Ende dieser Entwicklung.

Dazu könnte man sagen, nicht nur das Leben selbst hat eine Entwicklung hinter sich und wir als Menschen sind nur ein Teil der Entwicklung, sondern die menschlichen Informationen durchlaufen auch eine Art Evolution und unsere Informationen befinden sich im anfänglichen Stadium dieser Prozedur.

Doch betrachten wir noch mal ein paar spirituelle Bräuche und deren Auswirkung auf den Gläubigen.

Zum Beispiel die Beichte: Man geht zum Priester und erzählt ihm alle schlechten Taten, die sogenannten Sünden.

So was ähnelt sehr einer psychotherapeutischen Sitzung: Man erzählt einer Vertrauensperson seine Vergehen oder Probleme und findet dabei Beruhigung und verarbeitet das Problem.

Nach einer Beichte tritt zweifelsohne innere Ruhe und Ausgeglichenheit ein; das Schlechte, das man getan hat, ist abgearbeitet und verdaut.

Die psychologische Wirkung ist nicht zu übersehen, doch der dauerhafte Nutzen entsteht erst dann, wenn wir uns innerlich ändern und den Fehler oder die Sünde nicht mehr wiederholen.

Viele Menschen gehen zur Beichte, beichten alle schlechten Taten, gehen glücklich und befreit nach Hause und ein paar Tage später tun sie wieder die gleichen schlechten Taten, die sie schon gebeichtet haben.

Hier sieht man, dass die Beichte keine psychologische oder religiöse Wirkung erzielt hat und dieser Mensch sich gar keine Gedanken über Veränderungen in seinem Leben macht.

An diesem Punkt beginnt eine negative Entwicklung des Menschen, der äußerlich Veränderungen zeigt, aber innerlich keine Fortschritte macht.

So wäre ein Mensch, der nicht zur Beichte geht, aber sich bewusst Gedanken macht über seine Handlungen, höher zu bewerten als der, der äußerlich Taten zeigt, denen aber nicht folgt.

Die Summe der inneren Entscheidungen bestimmt den Menschen und seinen Wert.

Vergleicht man die psychische, intellektuelle oder spirituelle Entwicklung des Menschen im gesunden, ausgeglichenen Rahmen, kommt man zu dem Schluss, dass jegliche geistige Entwicklung eines Individuums als Sinn des Daseins zu sehen ist.

Das sich entwickelnde Individuum muss aber der Umwelt positiv gestimmt sein und darf den Mitmenschen nicht schaden.

Der Gegensatz zu gesunder, ausgeglichener Entwicklung ist der Extremismus und Fanatismus, der auch aus dem Glauben ernährt wird, jedoch in Wirklichkeit nichts mit gesundem Glauben zu tun hat.

Der fundamentale Extremismus oder Fanatismus entsteht aus gezielter Steuerung von unwissenden Menschen und Vortäuschung falscher Tatsachen.

Glauben und Politik sind zwei Werkzeuge, die häufig zur Steuerung der Massen genutzt werden, und diese Steuerung der Massen läuft nur selten korrekt ab.

In der Politik ist es schon fast normal, dass die gegebenen Versprechen nicht eingehalten werden, und die Wahrheit hat immer tausend Gesichter; man baut wiederholt auf die Vergesslichkeit des Wählers.

Wenn ich jedoch fest an die eigene Partei glaube, verdränge ich die schlechten Ereignisse und entschuldige die Abwegigkeiten der Partei vor mir selbst, da mir beigebracht worden ist, dass ich ein Teil davon bin – und ich kann nicht fehlbar sein oder mich irren.

Ist es mit der Religion genauso? Wohl nicht; wir wissen, dass es etwas gibt, aber wir wissen nicht genau, was es ist.

Es hilft uns, wenn wir es bitten, und wenn es nicht hilft, erklären wir es mit: „Es sollte nicht sein."

Hier könnte man sagen, es sei Zufall, wenn etwas nach unseren Wünschen passiert, doch es passieren auch Dinge, die mit dem menschlichen Verstand nicht erklärbar sind (z. B. Wunderheilungen, außersinnliche Wahrnehmung).

Heute sagen viele Menschen: Ich brauche Gott nicht, es gibt keinen Gott.

Doch in extremen Lebenssituationen, eventuell kurz vor dem Tod, kommen fast jedem Menschen spirituelle Gedanken und ein Gefühl des Zweifels, ob es eventuell doch besser wäre, an etwas zu glauben.

Doch denken wir mal anders: Wie kann man die Nichtexistenz von etwas Höherem (Schöpfer) beweisen?

Ich glaube, wir finden gar keinen Anfangspunkt, um dieser Frage nachzugehen. Egal, wo wir ansetzten, wir werden mit dem Schöpfer konfrontiert.

Die Frage zu beantworten ist viel schwieriger (wenn nicht unmöglich), als die Frage nach den Beweisen für die Existenz des Schöpfers zu beantworten.

Doch der Mensch ist eine Tierart, die im Grunde genommen ganz einfachen Instinkten folgt: Lebenserhaltung (Nahrung, Gesundheit), Lebensgestaltung (Kleidung, Wärme) und Arterhaltung (Fortpflanzung).

Man ist fast das ganze Leben lang mit der Befriedigung der Bedürfnisse so beschäftigt, dass man sich kaum mit philosophischen oder paranormalen Fragen befassen kann und will.

Und falls man zufällig Informationen über diese Themen auffasst, nimmt man sie ungeprüft als richtig an, obwohl viele Informationen gezielt manipuliert werden.

Doch wie viel Wahrheit liegt in unserem Leben und auf dieser Welt?

Die Wissenschaft möchte alles greifbar, berechenbar und wiederholbar haben, alles andere existiert nicht.

Da findet schon von Anfang an ein Konflikt mit dem Paranormalen statt, weil wir nicht erwarten können, dass wir der Schöpfung die Regeln diktieren können. Vielleicht ist die Schöpfung nicht berechenbar, greifbar und wiederholbar.

Doch was sollen die menschlich ausgebildeten Wissenschaftler über übersinnliche Phänomene sagen, wenn sie der Meinung sind, dass das Wissen, das sie beherrschen, alles erklärt und richtig sei?

Natürlich reagiert man dann seitens der Wissenschaft mit Misstrauen, Ablehnung und Skepsis.

Doch was können wir erwarten seitens des Glaubens?

Kirchen berufen sich auf Berichte, verfasst durch Menschen, die angeblich göttliche Worte wiedergeben.

Alle Berichte wurden vor langer Zeit verfasst; sie sollten verständlich für die damalige Bevölkerung sein.

Vielleicht würden die Worte heute etwas anders ausfallen und breitere Massen treffen.

Grundsätzlich sind die Inhalte sehr weise und in jeder Zeit wertvoll sowie zweifelsohne als Lebensrichtlinien zu gebrauchen.

Doch die Kirchen oder Glaubenskreise sind wieder (so wie die Wissenschaft) nur menschlicher Natur und somit nicht vollkommen; sie versuchen auch, ihre Interessen zu vertreten und Meinungen zu verbreiten, nicht zuletzt um ihre Position in der Gesellschaft zu behaupten.

Dann gibt es noch Heiler, die ans Geldverdienen denken und von Menschenheilung keine Ahnung haben, oder spirituelle Medien, die angeblich für nicht wenig Geld mit den Toten sprechen.

Solche Gespräche sind so allgemein gestaltet, dass sich jeder interessierte Mensch seine eigene Wahrheit zurechtreimen kann.

Abschließend möchte ich noch bemerken, dass alles nur gut ist im gesunden Mittelmaß, das heißt, nicht zu blauäugig sein, nicht radikal reagieren. Nur durch wachsame Beobachtungen und clevere Informationsaufnahme kommen wir der Wahrheit näher.

Zu viele Informationen oder einseitige Informationen führen oft zu Verwirrtheit, Arroganz und nicht selten auch Überheblichkeit, doch zu wenige Informationen ergeben Steuerbarkeit, Unsicherheit und einen Mangel an Selbstwertgefühl.

All diese Gefühle können je nach Persönlichkeit der betroffenen Person ins Bodenlose fallen oder in den Himmel explodieren, was uns wieder die Mäßigkeit aller Dinge vor Augen führt.

Somit erkennen wir wieder, dass alles relativ ist, von der Betrachtungsweise abhängt und von der inneren Einstellung des Betrachters.

Heute ist es auch sehr wichtig, wer die Macht über die Medien hat. Die Medien steuern unser Leben; mit einer Nachricht können wir etwas zerstören oder jemanden unsterblich machen.

Der einzelne Mensch kann versuchen, die Informationen so aufnehmen, wie sie kommen, oder nach der Wahrheit selbst suchen, was aber für den Durchschnittsmenschen fast unmöglich ist.

In jeder menschlichen Information stecken mindestens zwei Gesichter und jedes Gesicht hat eine eigene Wahrheit.

Stigmata und andere Zeichen Gottes

Es gab und gibt immer noch Menschen, die die Zeichen der Kreuzigung Jesus' am eigenen Körper tragen.

Stigmata nennt sich dieses Phänomen, Stigma heißt auf Griechisch Stich oder Zeichen, ein Stich, der meistens an den Stellen am Körper auftritt, an denen Jesus bei der Kreuzigung verletzt wurde.

Die Stellen sind Hände und Füße, wo Jesus ans Kreuz genagelt wurde, die untere Bauchseite, wo Jesus durch einen römischen Soldaten mit der Speerspitze durchbohrt wurde, und manchmal auch der Kopfbereich, wo Jesus die Dornenkrone aufgelegt wurde.

Es gibt Stigmata, die dauerhaft auftreten (bei Padre Pio über 50 Jahre) oder nur zu bestimmten Zeiten, meistens um Ostern, oder nur an kirchlichen Feiertagen.

Manche Stigmata sind unsichtbar, d. h., an den oben beschriebenen Stellen kann man unter der Haut eine Verletzung fühlen, aber nicht sehen.

Die unsichtbaren Verletzungen sind für den Betroffenen meistens sehr schmerzhaft und unangenehm.

Die interessanteste Art der Stigmata ist jedoch das sichtbare Stigma. Dabei kann man ganz genau die Verletzungen sehen, aus denen meistens auch Blut austritt.

Merkwürdigerweise heilen die Wunden nicht ab und entzünden sich auch nicht, was bei einer dauerhaften Verletzung normalerweise der Fall sein sollte.

Wieso erhalten Menschen überhaupt Stigmata?

Ist es ein Zeichen Gottes, eine Manipulation oder eine seltene Krankheit?

Man kann sagen, von allem etwas. Es gab Fälle von Selbstverstümmelung und Betrug, verbunden mit psychischen Krankheiten, aber auch viele ungeklärte Stigmata-Fälle, mit denen ich mich jetzt befassen möchte.

Stigmatisierte Menschen weisen auch noch andere außergewöhnliche Phänomene begleitend zu den Stigmata auf.

Oft wird über Gedankenlesen, Visionen, Bilokation (an zwei Stellen gleichzeitig sein), Levitation (in der Luft schweben), fremde Sprachen verstehen und sprechen, die Gabe der Heilung und andere Phänomene berichtet.

In der Menschheitsgeschichte wird über ca. 300 bekannte Fälle der Stigmatisation berichtet.

Den ersten Hinweis auf Stigmata finden wir schon in der Bibel in dem Brief des Apostel Paulus an die Galater. Da schreibt Paulus: „Denn ich trage die Zeichen Jesu an meinem Leibe."

Dieser Satz wird als Stigmatisation von Paulus gedeutet. Ob es wirkliche Stigmata waren oder es im übertragenen Sinn von Paulus so gesagt wurde, ist heute unklar.

Den ersten gut bezeugten und beschriebenen Fall der Stigmatisation finden wir erst bei Franz von Assisi (1181–1226).

Franz von Assisi stammte von einer reichen Tuchhändlerfamilie ab und erlebte eine sorglose Kindheit und eine intensiv schöne Jugend.

Er genoss eine relativ gute Bildung, feierte manche Jugendfeste ausgiebig und hatte keine Geldsorgen aufgrund des Vermögens seines Vaters.

Franz' großer Wunsch war ein richtiger Ritter zu werden und für sein Land zu Kämpfen.

Nach einem Krieg gegen die Nachbarstadt Perugia geriet der Soldat Bernardone, so der richtige Name Franz von Assisis, in Gefangenschaft.

Sein Vater kaufte den Sohn frei, doch Franz war krank und gebrochen.

Im Jahr 1205 sollte er wieder für den Papst in den Krieg gegen Apulien ziehen, doch da erschien ihm Jesus und sagte: „Willst du den Herren oder den Knechten dienen?"

Ab dann zog sich Franz immer mehr zurück in die Einsamkeit und anschließend macht eine Pilgerreise nach Rom, wo er seine Kleidung gegen die Kleidung eines Bettlers eintauschte.

In eine Kirche unterhalb Assisis (San Damiano) sprach eine Ikone mit Jesus' Stimme zu Franz: „Geh und bau mein Haus auf, es ist im Zerfall."

Franz interpretierte die Botschaft wörtlich und baute eigenhändig drei Kirchen in der Region um Assisi wieder auf.

Er verwendete auch finanzielle Mittel seines Vaters zum Aufbau der Kirchen, was letztendlich zum Streit und sogar zu einer Gerichtsverhandlung gegen seinen Vater führte.

Nach der Verhandlung sprach sich Franz von allem Irdischen los, sogar von seinem irdischen Vater, und lebte als Einsiedler vor den Toren Assisis.

Er gründete den Brüder-Orden der Franziskaner, die sich verpflichteten, auf jede Art von Besitz zu verzichten.

Im September 1224 bekam Franz die Wundmale Christi, d. h., er wurde an Händen, Füßen und an der Seite des Körpers stigmatisiert.

Die Stigmatisation wurde erst 1226, nach dem Tod Franz von Assisis, durch seine Brüder bemerkt.

Ein anderer interessanter Fall von Stigmata ereignete sich bei einer Frau namens Anna Katharina Emmerick, geb. 1774 in Coesfeld als Kind armer Bauern.

Nach einer Lehre als Näherin arbeitete sie noch kurz in der Umgebung von Coesfeld, bis sie 1802 in ein Kloster eintrat.

Als 1811 wegen des napoleonischen Krieges das Kloster geschlossen wurde, arbeitete Katharina als Haushälterin bei einem französischen Priester.

1812 erhielt Katharina Emmerick Stigmata, zuerst im Bereich der Brust, dann an Händen und Füßen.

Sie wurde immer kränker und schwächer, bis sie bettlägerig war und kaum noch Nahrung zu sich nahm.

Schnell sprachen sich jedoch die „Zeichen Christi" herum, sodass die Kirche und später auch der Staat je eine Untersuchung anordneten.

Katharina Emmerick wurde Betrug unterstellt, der jedoch bei keiner Untersuchung aufgedeckt werden konnte, und als Abschlussbericht wurde nur „unerklärlich" vermerkt.

Die meisten Visionen von Frau Emmerick wurden durch den Schriftsteller Clemens Brentano aufgeschrieben, der sich in der Zeit von 1819 bis zu ihrem Tod 1824 auch in Dülmen aufhielt.

Insgesamt hat Clemens Brentano ca. 14 000 Seiten Visionen der Katharina Emmerick über die Bibelgeschichte aufgeschrieben und den größten Teil auch in Buchform veröffentlicht.

Aufgrund der Aufzeichnungen und Visionen der Katharina Emmerick wurde 1891 das angebliche Sterbehaus der heiligen Maria in Ephesos (heute Türkei) gefunden, wie es Frau Emmerick in ihren Visionen beschrieben hatte.

Der nächste interessante Fall ist der der Therese Neumann aus Konnesreuth.

Therese wurde im April 1898 als Tochter eines Schneidermeisters geboren. Mit 13 Jahren musste sie neben dem Besuch einer Grundschule noch arbeiten.

Ein Jahr später arbeitete sie schon ganztags bei einem Großbauern als Magd.

Als der Erste Weltkrieg ausbrach und der Großbauer zum Militär eingezogen wurde, kümmerte sich Therese um den ganzen Hof.

Im Jahr 1918 und 1919 erlitt Therese Neumann mehrere Unfälle bei der Hofarbeit, sodass sie letztendlich bettlägerig und pflegebedürftig wurde.

Dazu erblindete Therese vollständig und konnte keine feste Nahrung mehr zu sich nehmen.

Verschiedene Ärzte, Therapeuten und sogar ein Krankenhausaufenthalt konnten nicht die erhoffte Genesung bringen.

Therese Neumann verehrte eine 1897 verstorbene französische Nonne namens Therese von Lisieux. Am Tag der Seligsprechung der französischen Nonne, dem 29.04.1923, konnte Frau Neumann auf unerklärliche Weise wieder sehen, und am

17.05.1925, dem Tag der Heiligsprechung der Therese von Lisieux, wurde Therese Neumann von ihrer Bettlägerigkeit und Pflegebedürftigkeit geheilt.

Frau Neumann konnte sich wieder bewegen, langsam gehen und einfache Aufgaben erledigen.

Später konnte sie wieder voll auf dem Bauerhof arbeiten und sogar beim Bau eines Hauses mithelfen.

Im Jahr 1926 erhielt Therese Neumann Stigmata, zuerst am Kopf (von der Dornenkrone) und am Herz, später an Händen und Füßen.

Dazu kamen biblische Visionen, die Therese Neumann sehr intensiv erlebte; sie sprach während der Visionen aus dem Leben Jesus' aramäisch, also in der Sprache, die auch Jesus sprach.

In Visionen, in denen römische Soldaten vorkamen, sprach sie Latein, und bei anderen Visionen von späteren Heiligen sprach sie französisch und portugiesisch.

Obwohl Frau Neumann nur ein paar Klassen der Grundschule besucht hatte, sprach sie mehrere Sprachen (nur in Trance), die sie vorher noch nie gehört hatte.

Anfänglich konnte keiner die aramäische Sprache identifizieren oder verstehen, doch zufälligerweise erfuhr davon ein Hochschullehrer für biblische Wissenschaften aus Eichstätt, Herr Prof. Dr. Wutz.

Er hörte, was Therese Neumann sagte, und erkannte sofort, dass es aramäisch war.

Herr Wutz machte sich Notizen, verglich sie mit der heiligen Schrift und stellte verblüfft fest, dass Frau Neumann aus dem Leben Jesus' erzählt. Dabei wurden die Ereignisse genauer und detaillierter beschrieben, als in der Bibel.

Therese Neumann blutete meistens während der Osterwochen sehr stark aus ihren Wunden; das Blut kam nicht nur aus dem Stellen an Händen und Füßen, sondern auch aus den Augen.

Die bis heute erhaltenen blutgetränkten Stoffstücke, zum Beispiel aus dem Bettlaken von Therese Neumann, wurden jetzt auf ihre Echtheit untersucht.

Man vermutete, dass Frau Neumann Tierblut für ihre angeblichen Wunden benutzte.

Doch 2004 untersuchten Münchner Rechtsmediziner die DNS vom Speichel auf Briefumschlägen, die Frau Neumann zugeklebt hatte, und verglichen sie mit dem getrockneten Blut aus den Stigmata. Der Vergleich führte zu einer eindeutigen Übereinstimmung.

Das bezeugt zumindest, dass das Blut von den Verletzungen am Körper von Terese Neumann selbst stammte.

Bisher haben wir drei Beispiele von Stigmata grob beschrieben, jetzt möchte ich zu dem vielleicht berühmtesten Stigmata-Fall der Geschichte kommen.

Es handelt sich um den italienischen Mönch Padre Pio, geboren am 25. Mai 1887 in Pietrelcina in der Nähe von Neapel.

Sein bürgerlicher Name war Francesco Forgione, er war der Sohn eines Bauern und wurde 1910 in Benevent zum Priester geweiht.

In Sommer 1916, nach vielen überstandenen Krankheiten, aber immer noch bei labiler Gesundheit, wurde er in das Franziskanerkloster nach San Giovanni Rotondo gesandt, wo er bis an sein Lebensende blieb.

Am 20. September 1918, als Padre Pio stundenlang im Chor seiner Kirche betete, erschien ihm eine himmlische Gestalt, die ihm mit einer feurigen Lanze Stigmata an Händen und Füßen erteilte.

Einen Monat vorher war Padre Pio schon die gleiche Gestalt erschienen, dabei bekam er ein Stigma im Brustbereich.

Als Padre Pio die Stigmata an Händen und Füßen erhielt, bluteten diese sofort sehr stark. Ein Bruder, der mit Padre Pio betete, bemerkte dies und fragte ihn, ob er sich verletzt habe.

Darauf antwortete Padre Pio, er möge sich um seine Sachen kümmern, und ging sofort zurück in seine Zelle.

Der Bruder, der das beobachten konnte und die nicht so schöne Antwort auf sein Hilfsangebot bekam, war Bruder Archangelo.

Archangelo berichtete seinem Vorgesetzten (im Klosterleben Guardian genannt) von dem Vorfall. Beide gingen in Padre Pios

Zelle und trafen diesen mit starken Schmerzen und blutend auf dem Boden liegend an.

Zu den Stigmata kamen noch sehr viele andere Gebrechen und Krankheiten, die Padre Pio im Laufe seines Leben ertragen musste, die er jedoch auf göttlichen Willen zurückführte.

Nicht selten wurde zum Fiebermessen bei Padre Pio ein Badthermometer verwendet, da seine Körpertemperatur bis auf 48 Grad Celsius ansteigen konnte, was normalerweise schon längst zum Tode führen müsste.

Die Nachricht über einen stigmatisierten Mönch verbreitete sich wie ein Lauffeuer und kam in kurzer Zeit bis nach Rom.

Die Kirche nahm eine eher ablehnende Haltung zu den Wunden von Padre Pio ein und verordnete eine medizinische Untersuchung.

Als erster untersuchender Arzt kam in Mai 1919 Prof. Romanelli, Chefarzt des Krankenhauses von Barletta, nach San Giovanni Rotondo. Ihm folgte im Juli des gleichen Jahres Prof. Bignami von der Universität in Rom und im Oktober 1919 kam noch Dr. Festa aus Rom.

Alle Ärzte untersuchten Padre Pio und seine Stigmata, ohne eine Erklärung dafür liefern zu können.

Prof. Bignami nannte als Ursache für die Stigmata Autosuggestion und psychisch-nervöse Gründe. Er war auch der Meinung, wenn man die Stigmata unter einem verplombten Verband heilen ließe, verschwänden diese von alleine.

Das versuchte Herr Prof. Bignami auch, indem er acht Tage lang einen von ihm verplombten Verband überwachte.

Nach der Zeit, als Prof. Bignami den Verband in Gegenwart von Zeugen wieder abnahm, bluteten die Wunden wie am ersten Tag und eine Heilung war nicht erkennbar.

Dr. Festa berichtete über Hohlräume und Vertiefungen unter der Haut der Handflächen und an den Füßen, doch eine plausible Erklärung hatte er dazu nicht.

Die Wunden trug Padre Pio über 50 Jahre lang, ohne eine Entzündung oder Eiterung der Wunden zu erleiden.

Von den Stigmata und dem austretenden Blut verbreitete sich ein sehr einnehmender Duft, der von vielen Passanten und Beobachtern wahrgenommen wurde.

Herr Dr. Festa nahm einmal ein Stück blutgetränkten Stoff aus Pios Verband mit nach Rom, um es zu untersuchen.

Während der Heimreise wurde er mehrfach von Mitreisenden wegen des Duftes angesprochen, mit der Frage, was für ein Parfüm er in seinem Gepäck mitbefördere.

Obwohl die zahlreichen Untersuchungen, die über mehrere Jahre andauerten, weder Betrug noch Manipulationen ergaben, nahm die Kirche eine sehr ablehnende Stellung zum „Fall Padre Pio" ein.

So wurde Padre Pio zeitweise verboten, öffentlich Messen abzuhalten oder auch Schriftverkehr zu unterhalten.

Padre Pio selbst war nicht nur etwas Besonderes wegen seiner Stigmata, sondern auch (oder überwiegend) wegen seiner Gaben.

In Verbindung mit Padre Pio wird über Heilungen, Bilokation, Hellsichtigkeit, Seelen lesen, Prophetie und vieles mehr berichtet.

Ich möchte hier noch ein paar Beispiele von Padre Pios unerklärlichen Fähigkeiten und Taten vorbringen.

Einer der bekanntesten Fälle ist der des polnischen Priesters Karol Wojtyla, des späteren Papstes Johannes Paul II.

Karol Wojtyla studierte 1947 in Rom Theologie und hörte vom stigmatisierten Mönch im Kloster San Giovanni Rotondo, unweit von Foggia.

Er beschloss, den Franziskanermönch aufzusuchen und kennenzulernen.

Padre Pio nahm sich lange Zeit, Gespräche mit dem jungen Priester aus Polen zu führen. Es verband die beiden, wie sich später herausstellte, große Sympathie.

Bei einem Spaziergang durch den Klostergarten sagt der 27-jährige Karol Wojtyla zu dem 60-jährigen Padre Pio: „Vater, segnen Sie mich bitte." Da erwiderte Padre Pio ihm: „Wieso segnest du mich nicht, heiliger Vater?"

Der erst vor acht Monaten zum Priester geweihte Karol verstand die Worte Padre Pios nicht, da fügte Padre Pio noch hinzu: „Die heilige Mutter hat dich zur Führung von Millionen auserwählt, aber an deiner Kutte sehe ich Blut."

Karol Wojtyla war schockiert, reagierte jedoch ungläubig auf die Worte Padre Pios, doch schließlich wurde er zum Bischof, Kardinal und 1978 zum Papst Johannes Paul II. gewählt.

Bei einem Anschlag auf dem Petersplatz in Rom 1981 wurde seine weiße Papstkutte mit Blut getränkt, so wie es Padre Pio 1947 vorhergesagt hatte.

Doch das ist noch nicht alles, was die Beziehung der beiden Männer betrifft.

Wojtyla verlor im sehr jungen Alter seine Eltern und seinen Bruder, war somit ziemlich alleine auf der Welt, sehr nah standen ihm jedoch seine engen Feunde Andrzej und Wanda Poltawska aus Krakau, sie waren seine Familie.

Doch 1962 wurde bei Wanda Poltawska Kehlkopfkrebs festgestellt, die Ärzte rieten zu einer Operation, jedoch ohne große Aussicht auf erfolgreiche Heilung.

Da schrieb, damals schon als Bischof von Krakau, Karol Wojtyla zum Padre Pio mit der Bitte um Gebet und Heilung für seine Freundin.

Mehrere Mitbrüder von Padre Pio erinnerten sich, wie Padre Pio sagte: „Dazu kann man nicht nein sagen", nachdem Bruder Battisti ihm den Brief von Wojtyla vorgelesen hatte.

Nach einiger Zeit traf ein zweiter Brief von Wojtyla in San Giovanni Rotondo ein, in welchem er sich für die Heilung seiner Freundin Wanda Poltawska ohne jeglichen operativen Eingriff bedankte.

Padre Pio sagte damals zu seinem Bruder: „Verstecke die Briefe gut, die werden noch sehr wertvoll."

1967 wurde es Wanda ermöglicht, nach San Giovanni Rotondo zu fahren und an einer Messe von Padre Pio teilzunehmen.

Nach der Messe ging Padre Pio durch die Menschenmenge und blieb bei Wanda stehen, strich ihr mit seiner Hand über die Haare, sagte: „Allora, via bene (doch alles gut)", und ging weiter.

Woher kannte Padre Pio eine Frau, die er vorher noch nie gesehen hatte, wie erkannte er diese unter Hunderten von Menschen?

Dieser Bericht enthält Prophezeiungen, Heilungen und Hellsichtigkeit von Padre Pio, die in einem Bezug zu einer sehr berühmten Person, dem späteren Papst, stehen.

Die Beweislage, dass es sich grade so zugetragen hat, ist durchaus belegbar, es existieren noch heute die Briefe von Wojtyla an Padre Pio, und durch die Aussagen von betroffenen Personen und Beobachtern steht fest, dass Wojtyla 1947 Padre Pio besucht hat.

Es steht auch fest, dass der Tumor bei Wanda von alleine verschwand, ohne einen medizinischen Eingriff, was nicht gerade krankheitstypisch ist.

Schauen wir uns den nächsten Fall an, die Heilung der Gemma di Giorgi, eines Mädchens, das ohne Pupillen im Auge geboren wurde.

Mehrere Mediziner konnten nichts für das Mädchen tun, da es sich um eine starke Missbildung des Auges handelte.

Schulmedizinisch sowie biologisch ist es einfach nicht möglich, ohne Pupillen in den Augen zu sehen.

Ohne Pupillen können wir keine Licht- und Bildsignale an das Gehirn senden, damit unser Gehirn die Umwelt wahrnehmen und die Bilder verarbeiten kann.

Die Oma von Gemma erkannte, dass nur ein Wunder dem kleinen Mädchen helfen konnte.

Medizinisch bestand keine Hoffnung auf eine Heilung oder auch nur auf minimales Erlangen der Sehkraft.

Da bat die Oma von Gemma eine befreundete Ordensschwester um Hilfe, sie sollte den Kontakt zu Padre Pio herstellen. Die Ordensschwester schrieb einen Brief an Padre Pio, jedoch ohne eine Antwort zu bekommen.

Unbeeindruckt davon fuhr die Oma mit ihrer Enkelin zu Padre Pio nach San Giovanni Rotondo.

Angeblich konnte Gemma schon auf der Hinreise leichte Schatten erkennen, als sie im Zug saß.

In San Giovanni Rotondo nahm Gemma an einer Messe teil und beichtete; anschließend segnete Padre Pio das Mädchen.

Nach der ganzen Prozedur konnte Gemma immer schärfer die Konturen von Menschen und Gegenständen erkennen, doch traute sie sich noch nicht, etwas zu sagen, denn schon im Zug auf der Hinreise hatte die Oma ihrer Enkelin nicht geglaubt.

Doch auf der Heimreise konnte die siebenjährige Gemma immer besser sehen und sagte es anschließend ihrer Oma.

Die zuerst sehr negativ eingestellte Oma stellte fest, dass alle von dem Mädchen gesehenen und beschriebenen Bilder genau der Umgebung entsprachen.

Auch der anschließende Test bei mehreren Ärzten bestätigte das unerklärliche Phänomen: Gemma konnte sehen!

Gemma di Giorgi lebt und sieht bis heute, und bis heute kann kein Arzt oder Wissenschaftler das Wunder erklären.

Hat Padre Pio geholfen, oder, wie er immer sagte, „Ich kann nur um Hilfe bitten, die Hilfe kommt vom Gott"?

Padre Pio wurde oft mit Aussagen konfrontiert wie: „Padre, nur du kannst noch helfen, hilf bitte!"

Darauf antwortete der Padre: „Ihr denkt alle, ich kann immer helfen, aber ich bin so schlecht und helfe nicht. Doch ich kann gar nichts, nur beten um Hilfe von Gott."

Padre Pio stellt sich selbst nur als ein Werkzeug in Gottes Hand dar und erinnert uns an Worte aus der Bibel: „Bittet so wird dir gegeben."

Ich möchte noch kurz zwei Beispiele für Bilokation und Voraussehen in die Zukunft von Padre Pio erwähnen.

Ein Bischof namens Damiani aus Uruguay verehrte Padre Pio sehr und wollte unbedingt in seiner Nähe sterben. So kam er 1937 nach San Giovanni Rotondo, um da zu sterben.

Nach ein paar Tagen Aufenthalt in San G. Rotondo hatte er einen Herzanfall und ließ schnell Padre Pio rufen, der unten in der Kirche die Beichte abnahm.

Doch Padre Pio kam nicht sofort; erst nach einer sehr langen Zeit kam er zu Damiani, dem es mittlerweile schon wieder besser ging. Der Herzanfall erwies sich nicht als tödlich.

Der Bischof aus Südamerika beschwerte sich bei Padre Pio, wieso er nicht sofort gekommen sei, er könne doch schon gestorben sein.

Da erwiderte Padre Pio: „Ich wusste, dass heute nicht dein letzter Tag ist, du wirst noch zurück in deine Heimat gehen und noch lange als Bischof arbeiten, und wenn es so weit wird, dann werde ich bei dir sein."

So ist es auch geschehen, Bischof Damiani ging zurück nach Uruguay und arbeitete noch bis zum 11. September 1941 weiter in seiner Diözese.

In der Nacht vom 11. auf den 12. September 1941 klopfte ein unbekannter Mönch an die Tür eines anderen Bischofs namens Barbieri und bat ihn, sofort in das Zimmer von Bischof Damiani zu gehen.

Bischof Barbieri weckte noch andere Brüder und eilte in die Schlafräume von Damiani, doch der war schon tot. Neben ihm lag ein Zettel mit der Aufschrift: „Padre Pio war hier – Damiani."

Alle Brüder suchten nach dem unbekannten Mönch, kontrollierten Fenster und Türen, doch alles war verschlossen.

Hatte Padre Pio sein Versprechen eingelöst und war in der Todesstunde bei Bischof Damiani?

Ist Bilokation (gleichzeitig an zwei Orten sein) überhaupt möglich?

Es liegen sehr viele Berichte über die Bilokation von Padre Pio vor, leider gibt es jeweils nur eine Person oder nur eine sehr kleine Gruppe von Personen, die das bezeugen kann.

Das bietet natürlich jedem Skeptiker genug Grund, diese Phänomene abzulehnen.

Tatsache ist jedoch, dass Padre Pio Stigmata trug und für zahlreiche unerklärliche Sachverhalte (Heilungen, Vorahnung, Hellsichtigkeit usw.) zuständig war.

Doch wer berühmt wird, bekommt automatisch auch Feinde, und das bekam Padre Pio zu Beginn seine Wundertätigkeiten ganz deutlich aus Rom zu spüren.

Papst Pius XI. verbot Padre Pio, die Messe in der Öffentlichkeit abzuhalten sowie die Beichte abzunehmen.

Es folgten ein Schriftverkehrsverbot und diverse Untersuchungen mit verschiedenen Unterstellungen.

Auch verschiedene Ärzte versuchten, Front gegen Padre Pio zu machen, so zum Beispiel Dr. Riccardi, der, um Padre Pio als Lügner zu entlarven, extra nach San G. Rotondo kam und eine ärztliche Praxis eröffnete.

Er schrieb verschiedene negative Berichte über Padre Pio für mehrere Zeitungen, bis er selbst an Magenkrebs erkrankte.

Der Krebs bei Dr. Riccardi wurde erst im fortgeschrittenen Stadium festgestellt, sodass eine Operation nicht mehr möglich war.

Doch der sture Doktor lehnte jede Art von Hilfe ab, bis Padre Pio sich selbst auf den Weg zu Dr. Riccardi machte und ihn in seinem Haus besuchte.

Padre Pio nach der Exhumierung 2008, kaum verwest

Im Sterben liegend sprach Riccardi lange mit Padre Pio, entschuldigte sich für jahrelange Schikanen gegenüber dem Padre und legte sogar eine Beichte ab.

Nach ein paar Tagen ging es Dr. Riccardi besser, der Krebs verschwand und nach vollständiger Heilung konnte er noch lange als Arzt und Padre Pios Freund praktizieren.

Man könnte weitere Beispiele vom Wirken Padre Pios vortragen, doch ich denke, nicht die Menge der Wunder, sondern ihre Qualität ist maßgebend, um sich eine Meinung über Padre Pio zu bilden.

Heute gibt es weitere Menschen, die die Außergewöhnlichkeit Padre Pios infrage stellen.

Von Skeptikern wird heute behauptet, dass Padre Pio sich die Wunden selbst mit Säure zugefügt hat.

Doch ist es möglich, 50 Jahre lang seinen Körper mit Säure zu behandeln, ohne ernsthafte Nebenerscheinungen wie Entzündungen, Vergiftungen oder Zerfall der inneren Nachbarorgane zu erleiden?

Sind mehrere hoch angesehene Ärzte nicht imstande, Wunden von Verätzungen zu unterscheiden?

Kann ein Arzt eine Schnittwunde (wie in der Brust von Padre Pio) nicht von einer Einbrennung unterscheiden?

Ich behaupte einfach, dass es nicht möglich wäre, 50 Jahre lang einen Körper ohne erkennbare Folgen mit Säure zu behandeln.

Auch die Art der Verletzung (Wunden) würden durch einen Arzt sofort erkannt und entsprechend interpretiert werden.

Der nächste Punkt ist der: Wie entsteht überhaupt ein Stigma, wenn es nicht von höherer Macht erteilt wird?

Autosuggestion heißt das Zauberwort der Skeptiker, d.h., man redet sich so lange etwas ein, bis es Wirklichkeit wird.

Da, muss ich sagen, haben die Skeptiker wirklich aufmerksam die Bibel studiert, da steht nämlich geschrieben: „Bittet so wird dir gegeben."

Doch können wir wirklich mit Autosuggestion das Phänomen Stigmata erklären?

Das bezweifle ich stark und es ist für mich persönlich nicht nachvollziehbar, wie es funktionieren soll.

Wieso sollten nur ein paar auserwählte Menschen über so eine Fähigkeit verfügen und andere, sehr fromme und gläubige Menschen nicht?

Gegen Autosuggestion sprechen auch zwei aktuelle Fälle von Stigmatisation. Der erste betrifft einen schottischen Stahlarbeiter aus Glasgow, der Anfang 1986 zur Osterzeit das erste Mal Stigmata bekam.

Der Schotte ist zwar ein Katholik, geht aber nur selten am Sonntag zur Kirche, lebt mit seiner Lebensgefährtin unverheiratet zusammen und betrachtet die Stigmata eher als Strafe und nicht als Segen.

In diesem Fall kann man wohl nicht von extremer Religiosität oder einer göttlichen Besessenheit sprechen, die zu diesem Phänomen führt.

Ein anderer Fall ist der eines kleinen Mädchens namens Audrey Marie Santo aus den USA. Sie fiel im Alter von drei Jahren in einen Swimmingpool. Als dies nach längerer Zeit bemerkt wurde, lag Maries Körper leblos am Grund des Pools.

Das Mädchen kann zwar wiederbelebt werden, aber seitdem liegt sie in einer Art Koma bewegungslos im Bett.

Auch dieses Mädchen bekam Stigmata, obwohl seine Gehirnaktivitäten sehr eingeschränkt waren und sein Körper praktisch nicht funktionsfähig war.

Es wird in diesem Fall unterstellt, dass die Familie des Mädchens bei der Stigmatisation nachgeholfen hat; ob es wirklich so war, kann ich an dieser Stelle nicht sagen.

Doch bei jeder Stigmatisation wird als Erstes Selbstverstümmelung (Selbstverletzung) unterstellt, bevor dies nach gründlichen Untersuchungen ausgeschlossen werden kann.

Es ist aber eine Tatsache, dass Marie über 17 Jahre im Koma lag und stigmatisiert war. Handelte es sich um echte Stigmata, könnten diese nicht auf Autosuggestion zurückgeführt werden.

Wurden die Wunden aber von Familienmitgliedern dem Mädchen zugefügt, sollten diese sich nach so langer Zeit entzünden oder eitern.

Doch Audrey Marie Santo ist im Jahr 2007 leider schon verstorben und nahm die Antworten mit ins Grab.

Experimente mit Probanden, die hypnotisiert worden sind, haben gezeigt, dass man einen gewissen Grad der Beeinflussung des eigenen Körpers erreichen kann.

Unter Hypnose können Rötungen der Haut hervorgerufen werden oder andere leichte körperliche Veränderungen, die aber keineswegs dauerhaft sind.

Doch durchgehende Wunden, z.B. durch die Gesamtdicke der Hand, sind in meinen Augen nicht erzielbar und meines Wissens noch nie bei einem Suggestionsversuch erzielt worden.

Wie stark müsste der Wille eine Person sein, um solche Ergebnisse zu erzeugen?

Können wir da nicht auf zwei Sätze aus der Bibel zurückgreifen, die besagen: „Bitte und dir wird gegeben" und „Klopfe an und dir wird geöffnet"?

Nur: Wollte Padre Pio die Stigmata überhaupt?

Er schreibt in einem Brief an seinen Beichtvater, dass er das alles ertragen werde, auch die Schmerzen und Demütigungen, doch er wünsche sich unsichtbare Wunden (Stigmata).

Die Kirche stand den Stigmata von Padre Pio am Anfang sehr ablehnend gegenüber, auch manche Priester und Brüder unterstellten Padre Pio Unehrlichkeit und Wichtigtuerei.

Ihm wurde seitens seiner Vorgesetzten verboten, Messen öffentlich abzuhalten, Beichten abzunehmen, und überhaupt alles, was ihm als Priester wichtig war.

Spätestens an diesem Punkt hätte Padre Pio, wenn er sich die Stigmata selbst beigefügt hätte, erkennen müssen, dass die Auswirkungen der Stigmatisation eher kontraproduktiv waren.

In meinen Augen sind auch nicht die Stigmata selbst das Wichtigste, sondern die vielen Wunder und unerklärlichen Ereignisse im Umfeld Padre Pios, die ich vorher schon kurz beschrieben habe.

Wenn man alle Stigmata-Fälle betrachtet, handelt es sich bestimmt bei 65 % um Fälschungen und selbst zugefügte Wunden, 25 % der Fälle könnten auf psychische Ursachen hindeuten und 10 % sind nicht erklärbar. Bei den 10 % der unerklärlichen Fälle handelt es sich meistens nicht nur um Stigmata selbst, sondern auch um andere paranormale Phänomene, die selbst auch nicht erklärbar sind: Gedankenlesen, Levitation, Heilungen usw.

Es ist sehr schade, dass manche Leute, um sich ins Rampenlicht zu stellen, zum Betrug greifen und somit das gesamte Forschungsbild der paranormalen Forschung und der Religion verfälschen.

Von heute ca. 25 weltweit lebenden Stigmatisierten ist es schwer, ein paar Fälle als echt anzuerkennen.

Der glaubwürdigste aktuelle Fall ist der von Julia Kim aus Naju in Korea, den ich schon kurz im Kapitel Marienerscheinungen beschrieben habe.

Bei Julia Kim handelt es sich nicht nur um Stigmata, sondern auch um andere Wunder und Marienerscheinungen.

Der überzeugendste Beweis war das Hostien-Wunder während einer Privatmesse im Vatikan, als Papst Johannes Paul II. Julia in Gegenwart mehrerer Personen eine Hostie gab, die sich in Fleisch und Blut verwandelte, was nicht das erste Mal in Gegenwart von Julia Kim passierte.

Die anwesenden Fotografen konnten die Situation fotografieren, dieses Foto wurde weltweit in vielen Zeitungen veröffentlicht.

Dass es viele Hinweise auf außergewöhnliche Vorfälle im Zusammenhang mit Stigmatisationen gibt, steht für mich außer Frage.

Bestimmt ist es sinnvoll, auch auf diesem Gebiet weitere Recherchen zu betreiben, um eine plausible Antwort auf das Phänomen der Stigmatisation zu bekommen.

Leicht und einfach wird es nicht, da weltweit nur ganz selten von ernsthaften Fällen der Stigmatisation berichtet wird, die einer Untersuchung überhaupt würdig sind.

Mir sind zurzeit nur drei solcher Fälle bekannt, deren Entwicklung ich auch weiter intensiv verfolgen werde.

Nahtoderfahrungen (NTE)

Nahtoderfahrungen sind Berichte vn Menschen, die an der Schwelle des Todes standen und wieder zurück ins Leben geholt wurden.

Tagtäglich sterben ca. 180 000 Menschen weltweit und es ist unbestritten, dass jeder von uns irgendwann sterben muss, der Tod gehört so untrennbar zum Leben wie die Luft zum Atmen.

Jeden Tag, jede Sekunde gehen wir dem Tod entgegen, seit unserer Geburt läuft für uns die Zeit ab, bis dann der Tag X kommt, der unsere Existenz auf dieser Welt beendet.

Doch wann ist man tot, kann man als Toter überhaupt noch etwas wahrnehmen?

Mediziner sprechen vom Tod, wenn der Herzkreislauf und das zentrale Nervensystem (Gehirn) ihre Funktionen einstellen und ein EEG (Gehirn-Aktivitäten-Messung) eine gerade Linie aufzeigt, d. h. keine elektrischen Impulse im Gehirn mehr messen kann.

Erst wenn alle diese Faktoren eingetreten sind, sieht das deutsche Recht die Möglichkeit zur Entnahme von Spenderorganen vor, da der Tod als eingetreten gilt.

Wenn das Herz nicht mehr in der Lage ist, lebenswichtige Organe mit Sauerstoff zu versorgen, sterben Nervenzellen ab und das Gehirn stellt seine Arbeit ein; man ist tot.

Etwa sieben Sekunden nach dem Herzstillstand beginnt die Reaktion des Gehirns auf die verminderte Sauerstoffzufuhr, nach ca. 16 Sekunden erscheint das EEG als flache Linie.

An dieser Stelle würde die Schulmedizin sagen: Das ist das Ende des materiellen Daseins.

Doch Nahtodforscher sagen „Nein", das ist nicht das Ende, an dieser Stelle trennt sich lediglich die Materie vom Geist bzw. der Körper vom Astralkörper (Energie).

Um das zu erforschen, entstand eine neue „Wissenschaft", die sich Nahtodforschung nennt, die jedoch noch in den Kinderschuhen steckt.

Als Pionier der Sterbeforschung gilt die in der Schweiz geborene Amerikanerin Elisabeth Kübler-Ross, die 1969 eine Arbeit über Sterbeforschung veröffentlicht hat.

Sie hat jahrelang sehr intensiv Sterbensforschung betrieben und todkranke Menschen ins Sterben begleitet.

Was passiert genau an der Schwelle des Todes, wenn alle Körperfunktionen ihre Arbeit einstellen?

Der Astralkörper löst sich vom materiellen Körper und fängt an zu schweben, er geht in die astrale (oder Energie-) Ebene über.

Die meisten Menschen, die so eine NTE hatten, berichten über unbegrenztes Liebesgefühl, warmes und helles Licht, Licht am Ende eines schwarzen Tunnels, Lebensrückblick im Schnelldurchlauf, verstorbene Verwandte und Bekannte werden angetroffen und eine Gottesgestalt (egal in welcher Form, religionsabhängig) wird ab und zu auch wahrgenommen.

Da aber bei NTE der Zeitpunkt des endgültigen Sterbens anscheinend noch nicht gekommen ist, werden die betroffenen Personen wieder zurück auf die Erde in ihren menschlichen Körper geschickt.

Dazu kommen noch Mitteilungen aus dem Licht wie „Es ist noch nicht so weit für dich" oder „Geh zurück, deine Zeit ist noch nicht da", die die Betroffenen hören, wenn sie in ihren materiellen Körper zurückmüssen.

Fast alle Betroffene, die in ihren zurückgelassenen Körper zurückmüssen, tun es mit Unwohlsein und einem gewissen Grad an Ablehnung für ihr eigenes materielles Dasein.

Als sie wieder in ihrem Körper waren, hatten sie das Gefühl, gefangen zu sein, und fühlten sich unwohl.

Das Glücksgefühl, wenn man den materiellen Körper verlassen hat, ist bei allen Betroffenen unbeschreiblich groß.

Doch wie verläuft ein typisches Nahtoderlebnis?

Ein Mensch gerät in eine Situation, die ihn an den Rand des Sterbens bringt (Unfall, Herzversagen, Krankheit usw.).

Nach anfänglicher Panik, eventuell auch Schmerzen, überkommt ihn eine tiefe Ruhe, Frieden und Glücksgefühl.

Auf einmal erfährt er auch eine unendliche Liebe, ein starkes Gefühl, geliebt zu werden.

Der nächste Punkt wäre das Verlassen des materiellen Körpers. Man betrachtet sich (d. h. den materiellen Körper) von oben. Viele Menschen verstehen nicht, wieso die Ärzte oder Helfer versuchen, den Körper wiederzubeleben; es gehe dem Astralkörper doch sehr gut und er möchte gar nicht zurück.

Dazu berichten viele Nahtod-Patienten (NT-Patienten) von einer Art Lebensfilm, der abläuft; man sieht das ganze Leben im Schnelldurchlauf, manche Szenen besonders ausgeprägt, man sieht die Auswirkungen unserer Handlungen auf andere Personen.

Man sieht nicht die angeblich wichtigen Ereignisse wie Beförderungen, Schulabschlüsse oder finanzielle Bereicherungen, sondern Kleinigkeiten, die anderen Menschen Freude bereitet oder sie traurig gestimmt haben.

Handlungen, die persönlich und gefühlvoll waren, sowie Handlungen, die auf zwischenmenschlichen Beziehungen basieren, sind sehr stark vertreten.

Danach kommt ein Tunnelerlebnis, d. h. ein schwarzer Tunnel und am Ende des Tunnels ein warmes, helles Licht.

Durch den Tunnel schwebt man mit hoher Geschwindigkeit in Richtung des Lichtes, man trifft oder sieht verstorbene Verwandte oder Bekannte.

Manche berichten auch von Schutzgeistern, Engeln oder der Stimme Gottes, die ihnen dann sagt: „Es ist noch nicht so weit, du musst zurück, deine Zeit ist noch nicht gekommen."

Ganz selten kommt es zu sogenannten Höllenerlebnissen, der Sterbende sieht Dämonen, Dunkelheit und erlebt Ängste. Diese NTE passieren aber im Verhältnis 2:10, d. h., auf zehn positive Erlebnisse kommen zwei negative Berichte.

Doch halten wir mal fest: NTE sind einzelne Erlebnisse, die nur die betroffene Person selbst erlebt.

Es ist schwer, die Erlebnisse wissenschaftlich zu bewerten oder zu wiederholen; man glaubt der Aussage der betroffenen Person – oder auch nicht.

Die nächste Frage wäre: Gibt es besondere Erlebnisse während der NTE, die bezeugen könnten, dass es sich tatsächlich um Jenseitserlebnisse handeln könnte?

Dazu möchte ich ein paar Beispiele nennen.

Ein Mann erlitt einen Herzanfall mit Herzstillstand, ist klinisch tot, in dieser Situation erlebt er NTE mit allem, was dazugehört. Er sieht seinen Körper unten liegen und viele Menschen um seinen Körper versammelt, manche versuchen ihn wiederzubeleben.

Er selbst hat aber kein Interesse, wieder in seinen materiellen Körper zu gelangen.

Doch nachdem er ein Tunnelerlebnis gehabt hat, trifft er im „Jenseits" einen jungen Mann, den er vorher noch nie gesehen hat.

Der junge Mann beklagt sich bei ihm: „Du hast uns allein gelassen, mich und meine Mutter." Diese Bemerkung wiederholt er mehrmals.

Dann wird der Mann wiederbelebt und kehrt in seinen Körper zurück. Nach seiner vollkommenen Genesung überlegt er: Was wollte der junge Mann im „Jenseits" ihm damit sagen?

Er beschließt, seine Jugendliebe zu finden und mit ihr darüber zu sprechen; das gelingt ihm auch sehr bald.

Seine damalige Freundin, die er später verlassen hat, erzählt ihm, dass sie damals schwanger von ihm war und einen Sohn bekam, der allerdings im Jugendalter bei einem Motorradunfall tödlich verunglückte.

Die Frau zeigte einige Fotos von ihrem (d. h. dem gemeinsamen) Sohn. Der Mann erkannte sofort den jungen Mann, den er im „Jenseits" getroffen hatte.

Wenn dieser Bericht der Wahrheit entspricht, könnte er als ein Beweis für ein Leben nach dem Tod gelten.

Der Mann wusste sein Leben lang nicht, dass er einen Sohn hatte, somit kommt keine natürliche Erklärung in Betracht.

Gedankenübertragung ist auch auszuschließen, da der Sohn schon lange vor dem Vorfall tot war, somit war auf natürliche Weise keine Gedankenübertragung mehr möglich.

In diesem Fall können wir es glauben oder auch nicht, eine Überprüfung oder Wiederholung ist unmöglich.

Ein ähnlicher Fall trug sich in den USA zu. Eine junge Frau hat während einer schweren Krankheit eine NTE.

Sie trifft nach dem Übergang ins Licht einen kleinen Jungen, der sagt: „Ich bin dein Bruder." Die Frau erwiderte: „Ich habe keinen Bruder."

Darauf sagte er ihr: „Merke dir mich, ich bin dein Bruder, du gehst aber zurück auf die Erde."

Als sie wieder gesund war, vergaß sie teilweise dieses Erlebnis und dachte, es wäre ein Traum oder Einbildung.

Doch eines Tages sprach sie mit ihrer Mutter über ihre NTE und erwähnte den Vorfall mit ihrem „Bruder".

Die Mutter fing an zu weinen und erzählte der Tochter, dass sie doch einen Bruder hatte, der aber kurze Zeit nach der Geburt gestorben war. Außer ihr, ihrem Mann und einem Arzt wusste niemand von der Existenz des Kindes.

Wie können wir dieses Erlebnis erklären?

Das Einzige, was mir einfallen würde, ist Gedankenübertragung (Telepathie), doch da müsste die übertragende Person (die Mutter oder der Vater) intensiv daran gedacht und die Signale an die Tochter gesendet haben.

Dass es gerade in diesem Fall und zu diesem Zeitpunkt so sein sollte, wage ich stark zu bezweifeln.

Zwei starke NTE, die sehr hohe Aussagekraft besitzen, wenn sie wirklich in dieser Form so geschehen sind.

Für einen Skeptiker sind es nur schöne Geschichten, jedoch ohne jegliche Beweiskraft.

Doch wie können wir NTE (Endwort: Erfahrung, d. h. etwas Erfahrenes, etwas Erlebtes, etwas, das wir kennengelernt haben) beweisen?

Wir können Erfahrungen weitergeben, sie können angenommen werden oder auch nicht, man berichtet nur über das Erlebte.

Wie das Wort „Erfahrungen" schon sagt, ist es eine Mitteilung von schon Erlebtem und das Erlebte bedarf weiterer Forschungen und einer sachlichen Verarbeitung.

Dazu möchte ich über ein paar weitere Erlebnisse (Erfahrungen) berichten.

Ein Arzt aus Südamerika arbeitet als Assistenzarzt in einer Krebsklinik in Deutschland, nach Dienstschluss geht er in seine Wohnung, zieht sich um in seinen Bademantel und setzt sich an seinen Schreibtisch, um einen Brief an seine Mutter in seiner Heimat zu schreiben.

Den Brief schreibt der junge Arzt in seiner Muttersprache Spanisch und verfasste den Inhalt sehr gefühlvoll, da er zu seiner Mutter ein sehr enges Verhältnis pflegt.

Am nächsten Tag während einer täglichen Visite an den Stationen erzählt ihm eine ältere krebskranke Dame: „Sie haben gestern einen sehr schönen Brief an Ihre Mutter geschrieben." Der Arzt wusste nicht, wie er auf die Bemerkung reagieren sollte.

Da er noch in Begleitung von anderen Ärzten und Schwestern war, wollte er nicht weiter auf dieses Gespräch eingehen und erwiderte nur, er komme später noch mal vorbei.

Das tat er auch und fragte die Dame, woher sie das wisse. Sie antwortete ihm, sie sei gestern über seinem Kopf geschwebt, während er diesen Brief schrieb.

Sie könne zwar kein Spanisch, aber sie habe die Gefühle wahrnehmen und Gedanken lesen können.

Sie konnte auch ganz genau das Zimmer des Arztes beschreiben, den Bademantel und die Anordnung der Sachen auf dem Schreibtisch.

Der junge Arzt war schockiert und konnte nicht verstehen, wie das möglich sein sollte.

Am nächsten Tag wollte er die Dame noch mal besuchen, doch da erfuhr er, dass die Frau in der Nacht verstorben war.

Nicht nur bei NTE, sondern auch bei den anderen paranormalen Phänomenen wird über die Fähigkeit berichtet, Gedanken zu lesen oder Gedanken zu fühlen.

Das bedeutet, wenn wir unseren materiellen Körper verlassen und als „Energie-Körper" weiterexistieren, können wir uns ohne Worte verständigen und Gedanken telepathisch wahrnehmen.

Das ist nur möglich, weil wir nach dem Tod als ein Energieteilchen Teil der Gesamtenergie werden und „jetzt und hier, überall und immer" sind.

Das heißt, es gelten keine Naturgesetze mehr für uns, es gibt keine Zeit und keinen Raum, wir sind überall und jetzt, und das für immer.

Das nächste Beispiel erzählt über einen Fall aus den USA, in dem ein kleines Mädchen von einer Schlange gebissen wurde.

Ein 8-jähriges Mädchen wird auf einem Feld von einer giftigen Schlange gebissen, es verliert das Bewusstsein und bleibt dort regungslos liegen.

Zufällig wird es von einem Bauern gefunden und ins Krankenhaus gebracht; das Mädchen ist klinisch tot und erlebt eine NTE.

Doch als es am Ende des Tunnels in das schöne, warme Licht möchte, wird es von einer Stimme zurückgeschickt: „Du bist noch nicht so weit, du hast eine Aufgabe zu erfüllen."

Das Mädchen wird gesund, kann aber nach dieser NTE Gedanken und Schmerzen anderer Menschen hören.

Dieser Zustand belastet das heranwachsende Mädchen sehr und keiner kann ihm helfen, davon loszukommen.

Schließlich unternimmt die junge Frau mit 17 Jahren einen Selbstmordversuch, der ihr nicht gelingt, aber wieder eine NTE mit sich bringt.

Wieder wird sie von einer Stimme zurückgeschickt: „Du hast deine Aufgabe noch nicht erfühlt, geh zurück."

Nach diesem Erlebnis wird sie wieder gesund und lernt, mit dem „Hören der Gedanken" zu leben.

Seitdem begleitet sie sterbende Menschen psychologisch in den Tod; damit hat sie ihre Lebensaufgabe gefunden.

Anhand dieses Erlebnisses kann man sehen, dass jeder Mensch eine Aufgabe auf der Erde zu erfüllen hat.

Man erwartet von uns einen bestimmten Durchlauf (durchleben) der uns gestellten Lebenssituationen und die Qualität unserer Entscheidungen bestimmt unser geistiges Dasein.

Die Summe der Entscheidungen, die wir in unserem Leben anhäufen, schafft schon auf der Erde unser eigenes „Ich" und unsere eigene Welt, die wir in die astrale Welt mit übertragen können.

Wenn wir immer rein mit unserem Gewissen sind und keinem anderen Menschen das antun, von dem wir nicht wünschen, dass es uns angetan wird, werden wir eine positive Energie um uns herum aufbauen.

Dieser Aufbau der positiven oder auch negativen Energie prägt schon zu Lebzeiten unser Dasein entscheidend.

Gedanken „hören" oder „lesen" ist ein oft genanntes Phänomen von Menschen, die NTE hatten.

Doch wie kann es funktionieren, dass ich die Gedanken eines anderen hören kann?

In der Astral- oder Energiewelt finden keine akustischen Gespräche statt, die Energie hat keine Stimmbänder, Münder oder Zungen.

Die Verständigung erfolgt nur über Gedankenübertragung und Energieschwingungen und wir sind ein Teil der Energie, somit auch ein Teil der Gedanken.

In der astralen Welt sind die Gedanken gleich wie Taten in der materiellen Welt, sie sind die Realität.

Somit können Geister oder Patienten während einer NTE die Gedanken anderer Menschen lesen und Menschen beobachten, ohne selbst wahrgenommen zu werden.

Oft wird am Anfang einer NTE von einer Art Brummen berichtet; es passiert genau dann, wenn sich der astrale (Energie-)Körper vom materiellen Körper löst; Gleiches wird auch manchmal während einer Hypnosesitzung berichtet, wenn ein Patient eine „Außer-Körper-Erfahrung (AKE) macht.

AKE heißt, dass der Hypnotisierte seinen Körper kurzzeitig verlassen kann (z. B. Bilokation, Astralreisen) und nach dem Erlebnis wieder in den Körper zurückkann, so ähnlich wie es bei Nahtoderfahrungen auch der Fall sein soll.

Doch bei einer Astralreise erlebt der Betroffene nur selten ähnliche Phänomene wie bei eine NTE, die Erfahrungen während einer Astralreise sind nicht so stark und intensiv.

Versuchen wir jetzt, die NTE rational zu erklären und die Wahrscheinlichkeiten der Erklärungen zu analysieren.

Wie erklären wir das Verlassen des Körpers bei NTE? Durch Hypnose eher nicht, da sie zu lange dauert und dafür ein Hypnotiseur gebraucht wird. Es kann aber sein, dass wir über ein Sterbevorbereitungsprogramm in unserem Gehirn verfügen, das uns vor dem Sterben beruhigt und eine drogenähnliche Wirkung hat.

Leider wurde bisher kein Nachweis für so ein Programm im Gehirn erbracht. Selbst wenn es so ein Programm gäbe, müsste jeder Sterbende eine NTE haben, doch das ist bestimmt nicht der Fall.

In verschiedenen Studien wurden Menschen, die klinisch tot waren, befragt, ob sie eine NTE hatten. Nur 11–18 % aller Befragten konnten über eine NTE berichten.

Oft wird die Einnahme von Medikamenten als Ursache für NTE vermutet, doch die meisten Vorfälle, die jemanden in die Nähe des Todes bringen, geschehen unerwartet und ohne Einwirkung von Medikamenten, wie z. B. Unfälle, Herzinfarkte oder Schlaganfälle.

Anders ist es, wenn jemand stationär behandelt und mit verschiedenen Medikamenten oder Schmerz- und Narkosemitteln konfrontiert wird, doch selbst da konnte bisher kein Zusammenhang festgestellt werden.

Bei Einnahme verschiedener Medikamente kann es durchaus zu vereinzelten Phänomenen von NTE kommen (z. B. Farben oder Lichter sehen, Schwebegefühl), aber auf keinem Fall zu allem, so wie es bei echten NTE der Fall ist.

Skeptiker vermuten, dass während der NTE körpereigene Rezeptoren ausgeschüttet werden, die wie ein Narkotikum wirken (z. B. LSD) und ein Gefühl des Schwebens verursachen könnten.

Auch das Schmerz- und Narkosemittel Ketamin wird für NTE verantwortlich gemacht, doch dessen Wirkung ist eher nicht so harmonisch und schön, wie bei den NTE berichtet wird.

Durch Einnahme verschiedenartiger Drogen kann man auch einzelne Phänomene ähnlich denen einer NTE erreichen, z. B. Tunnelgefühl oder helles Licht, jedoch nie alle Phänomene zusammen, so wie es bei den meisten Nahtoderlebnissen der Fall ist.

Auch beim körpereigenen Hormon Endorphin, das schmerzstillend wirkt, suchen die Skeptiker nach möglichen Erklärungen der Nahtoderfahrungen.

Endorphin kann auch sehr stimmungsaufhellend wirken und ein Glücksgefühl vermitteln.

Doch nichts kann bisher den Zustand der NTE vernünftig erklären, auch nicht Spekulationen über einen Sauerstoffmangel im Gehirn, der solche Phänomene angeblich auch auslösen könnte.

Viele betroffene Personen, die eine NTE hatten, verfügten während des Erlebnisses nachweislich über genug Sauerstoff im Gehirn und erlebten trotzdem alle Faktoren einer Nahtoderfahrung.

Doch egal, wie man es darstellt, ob es sich um Halluzinationen, Wunschbilder, Drogen oder körpereigene Substanzen handelt, die zu einer NTE führen sollen, möglich wäre es jedenfalls nur bei einem funktionsfähigen Gehirn.

Doch was passiert, wenn die EEG-Linie gerade ist und somit keine Hirnaktivitäten mehr feststellbar sind?

Wenn wir keine elektrischen Impulse im Hirn mehr messen können, arbeitet unser Gehirn nicht mehr, somit können wir auch nichts mehr wahrnehmen.

Unsere Sinnes- und Wahrnehmungsorgane sind alle außer Betrieb, wir sind tot und unser Hirn auch, somit können keine Vorgänge in unserem Gehirn in Gang gesetzt werden.

Doch auch dann berichten Menschen über Wahrnehmungen; sie gehen durch einen Tunnel auf das Licht zu, sie treffen verstorbene Menschen oder Lichtwesen, sehen alles, was um sie herum passiert, und vieles mehr.

Wie ist es möglich, wenn das Gehirn nicht mehr arbeitet, somit auch keine Vorgänge und Bilder formen kann?

Ist es das Bewusstsein oder die Seele, die den Tod überlebt?

Ist das Gehirn nur ein Empfänger und Verarbeiter der Informationen des Bewusstseins?

Hierzu möchte ich noch ein weltberühmtes und bestens dokumentiertes Beispiel einer NTE aus den USA vortragen.

Eine Frau namens Pam Reynolds musste sich 1991 wegen einer Fehlbildung im Gehirn einer riskanten und schwierigen Hirnoperation unterziehen.

Die Operation war dermaßen kompliziert, dass die Frau während der Operation praktisch kontrolliert sterben musste, d. h., Blut wurde abgelassen, die Körpertemperatur auf 15,5 Grad Celsius heruntergekühlt und die Hirnaktivität auf Null heruntergefahren.

Das EEG konnte keine elektrischen Impulse im Gehirn messen; Pam war praktisch tot.

Die Operation ist gut verlaufen, die Fehlbildung im Gehirn konnten die Ärzte gut entfernen und die Patientin auch nach mehreren Stunden wieder ins Leben zurückbringen.

Als es Pam wieder einigermaßen gut ging, erzählte sie über ihre NTE. Sie verließ ihren Körper, schwebte unter der Decke des Operationssaals und konnte beobachten, was die Ärzte mit ihrem Körper veranstalteten.

Danach ging sie durch einen Tunnel ins Licht und traf ihre tote Großmutter, die jedoch noch jung und gut aussah, nicht alt und geschwächt wie bei ihrem Tode.

Sie spürte diese vollkommene Liebe und Glückseligkeit, empfing unendliche Ruhe und war begeistert von der vollkommenen Umgebung.

Sie konnte mit anderen Lichtwesen kommunizieren, die Kommunikation geschah jedoch nur über Gedankenaustausch; sie konnte die Gedanken von anderen hören.

Das Interessante war jedoch, dass Pam genau die Werkzeuge, die die Ärzte bei der Operation benutzten, beschreiben konnte und genau das hörte, was die Ärzte während der Operation sprachen.

Sie beschrieb die Schädelsäge als ein elektrozahnbürstenähnliches Werkzeug, was laienhaft ausgedrückt der Wahrheit entsprach, und konnte auch den „Werkzeugkasten" der Chirurgen ziemlich genau beschreiben.

Sie hörte auch die Gespräche zwischen den Ärzten, die sich darüber unterhielten, dass Pams Venen zu eng waren und sie von beiden Seiten an die Venen der Patientin heranmussten.

Als Pam im Jenseits gesagt wurde, dass sie in ihren Körper zurückmüsse, und sie den leblosen Körper unten liegen sah, weigerte sie sich, zurückzugehen, doch sie wurde einfach in den Körper zurückgeworfen.

Der Fall von Pam Reynolds ist der bestdokumentierte und -überwachte Fall der NTE weltweit.

Es ist unbestritten, dass bei Pam die EEG-Linie auf Null war, damit konnten keine Vorgänge im Gehirn mehr stattfinden, somit auch keine Bilder erzeugt werden.

Wie konnte jedoch Pam Reynolds das alles sehen oder wahrnehmen? Welche rationale Erklärung können wir dazu präsentieren?

Ein sehr interessanter Fall, bei dem nicht nur eine Aussage zur Verfügung steht, sondern der komplette Vorgang wissenschaftlich überwacht wurde.

NTE passieren nicht nur Erwachsenen, sondern auch vielen Kindern, und diese Berichte werden sehr natürlich und glaubhaft wiedergegeben, manchmal auch in Form gemalter Bildern oder Zeichnungen.

Die Kinder malen dann ein großes Licht und verschiedene Gestalten oder auch weiße Engel und manchmal sogar Gott.

Interessant sind auch die Äußerungen von Kindern nach einem kritischen Erlebnis, zum Beispiel: „Wo ist der Mann aus dem Licht hingegangen" oder „Ich habe mit Oma gesprochen" (die natürlich schon tot war) usw.

Manchmal sehen Kinder längere Zeit nach einer NTE alte Familienfotos an und erkennen jemanden, der bereits verstorben ist. Dabei berichten sie: „Den habe ich im Licht gesehen, Mami."

Einen mir persönlich sehr gut bekannten Fall möchte ich noch erwähnen, dabei handelt es sich um die Abholung von Sterbenden durch eine Bezugsperson oder ein Lichtwesen.

Ein junger Mann lag mit einer fortgeschrittenen Krebserkrankung im Sterben; er wurde von seiner Familie und seiner Freundin begleitet.

An seinem Todestag und auch schon einen Tag davor sah er ein helles Licht in seinem Zimmer. Zuerst konnte er keine bestimmte Person in dem Licht erkennen, doch kurz vor seinem Tod erkannte er einen Jungen aus dem Nachbardorf, der vor ein paar Jahren Selbstmord begangen hatte, den er aber nur flüchtig gekannt hatte.

Der tote Junge aus dem Licht sagte dem Sterbenden, er möge seine trauernden Eltern beruhigen; es gehe ihm gut und seine Eltern sollen sich keine Sorgen machen und nicht mehr um ihn trauern.

Seine Schwester überbrachte die Nachricht den Eltern des verstorbenen Jungen, die sehr erfreut und erleichtert reagierten.

Doch am gleichen Tag ging auch der krebskranke junge Mann mit seiner Begleitung ins Licht.

Ich persönlich sehe in den NTE und in den Ereignissen um das Sterben Hinweise auf eine Existenz nach dem Tod.

Ob wir es Leben nach dem Tod nennen können, vermag ich nicht zu beurteilen, aber eine Existenz des energetischen Bewusstseins sehe ich als gegeben.

In allen Kulturkreisen wird über ähnliche Sterbeerfahrungen berichtet; ob es sich um das tibetanische Totenbuch, altägyptische Kulturen, schamanische Visionen oder griechische Mythologie handelt, überall wird vom Übergang zum Licht berichtet und von einer Trennung von Körper und Geist.

Heutige NTE sind auch vollkommen religions- und kulturkreisunabhängig: Egal ob Moslem, Christen oder auch Menschen ohne Glauben (Atheisten), alle berichten über das gleiche Muster an Sterbevorgängen.

Es gibt auch viele Berichte von Atheisten, die nach einer NTE plötzlich an Gott und an das Leben nach dem Tod glauben und ihr ganzes Leben ändern.

Sie verlieren Interesse an materiellen Dingen und persönlicher Karriere und widmen sich spiritueller und geistiger Entwicklung.

Doch die Nahtodforschung und damit verbundene psychologische Untersuchungen stecken immer noch in den Kinderschuhen der Wissenschaft.

Viele Institutionen oder Menschen, die bei der Erforschung der NTE erheblich helfen könnten, stehen den Phänomenen abweisend gegenüber und zeigen kaum Bereitschaft, das zu ändern.

Man könnte Patienten, die klinisch tot waren, schon in den Kliniken nach einer NTE befragen oder zumindest auf eine Forschergruppe, die sich mit Nahtod beschäftigt, hinweisen.

NTE-Berichte passen auch ganz gut zu den quantenphysikalischen Phänomenen der gegenseitigen Wechselwirkung.

Das würde heißen, dass unser Bewusstsein, Seele oder Geist in einer Verbindung zu Parallelwelten oder dem Jenseits steht, wo ein zweites „Ich" aus reiner Energie existiert, und dass sich im Moment des Todes beide vereinen.

Oder es kann sein, dass unsere Energie aus dem sterbenden materiellen Körper entweicht und sich in eine Energie-Schöpfer-Ebene begibt, wo keine Zeit und kein Raum existieren.

Diese Energiewanderung oder Umwandlung könnte bei Befruchtung einer neuen Zelle wieder zum Beginn eines neuen Lebens eingesetzt werden, indem ein noch ungeborenes Kind eigene Energie oder Bewusstsein bekommt.

Das sind Spekulationen, die nur als ein Gedankenspiel anzusehen sind, doch dass eine Art Energie den Tod überlebt und weiterexistiert, ist für mich offensichtlich.

Hochinteressant sind auch Berichte von blinden Menschen, die während der NTE sehen konnten, das heißt, sie konnten Farben beschreiben, was für einen blinden Menschen unmöglich ist.

Ein blinder Mensch weißt nicht, was grün oder blau ist, und das nach einer NTE zu beschreiben ist sehr beeindruckend.

Zweifelsohne sind NTE ein wertvoller Puzzlestein in der paranormalen und spirituellen Forschung und eine Vertiefung der Forschung wird uns bestimmt auf der Suche nach dem „Woher und Wohin" helfen.

Reinkarnation

Was heißt eigentlich Reinkarnation, wie soll sie funktionieren und gibt es sie überhaupt?

Reinkarnation bedeutet Wiedergeburt. Dabei wird eine verstorbene Seele in einem neuen Körper wiedergeboren, man kann es auch als eine Art Seelenwanderung betrachten.

Der Begriff kommt aus dem Lateinischen und heißt so viel wie Wiederfleischwerdung oder Wiederverkörperung.

Der Glaube an die Reinkarnation wird überwiegend in der buddhistischen und hinduistischen Religion gepflegt und ist deren fester Bestandteil, das soll aber nicht bedeuten, dass nur in diesen Kulturkreisen Fälle von Wiedergeburten beobachtet werden.

Weltweit in allen Kultur- und Glaubenskreisen wird über Fälle von Wiedergeburt berichtet. Vielleicht wird diesen Berichten im asiatischen Raum die meiste Beachtung geschenkt, da die Wiedergeburt mit den fernöstlichen Glaubensrichtungen harmoniert.

Es ist auch kein Geheimnis, dass der buddhistische Lama immer wieder neu geboren wird; das heißt, nach dem Tod des alten Lama wird aufgrund von Hinweisen ein Kind gesucht, welches die Wiedergeburt des Lama sein soll, und dieses Kind wird nach dem Auffinden zum neuen Lama erklärt.

Dazu sage ich später noch mehr, doch betrachten wir erst mal die Reinkarnation als Ganzes.

In Europa wurde die Wiedergeburt erst mit der spirituellen Bewegung des 19. Jahrhunderts so richtig salonfähig.

Der französische Spiritist Allan Kardec benutzte 1875 als Erster die Bezeichnung Reinkarnation in seinem „Buch der Geister", davor sprach man meistens von Metempsychose oder Wiederverkörperung.

Heute glauben ca. 1,7 Milliarden Menschen weltweit an die Wiedergeburt. Es handelt sich nicht nur um Hindus oder Buddhisten, sondern auch um viele Menschen in der westlichen Welt, die dem Phänomen Wiedergeburt offen gegenüberstehen.

Im deutschsprachigen Raum glauben ca. 25 % der Bevölkerung an die Wiedergeburt. Anders ist es in Brasilien, wo der Spiritismus weit verbreitet ist, dort glauben sogar 45 % der Bevölkerung an die Reinkarnation.

Im Hindu-Glauben ist die Reinkarnation selbstverständlich.

Um überhaupt über eine Wiedergeburt sprechen zu können, müssen wir davon ausgehen, dass die Seele, Geist oder das Bewusstsein, egal, wie man es nennen möchte, den Tod überdauert und weiter existiert.

Weiters müsste es einen Kreislauf geben, ähnlich dem in der Natur, dass alles, was stirbt, wieder neu geboren wird.

Das entspricht dem hinduistischen Glauben an den Kreislauf der Wiedergeburten, der besagt, dass man aufgrund seiner Taten (Karma) zu Lebzeiten entsprechend wiedergeboren wird. Bei schlechtem Karma besteht sogar die Gefahr, als Tier wiedergeboren zu werden.

Der buddhistische Glaube predigt auch den Kreislauf der Wiedergeburten, nur mit dem Unterschied, dass man durch Erleuchtung (Nirwana) aus dem Kreislauf der Wiedergeburten ausbrechen kann und nicht mehr als Mensch leiden muss.

Doch kommen wir jetzt zur eigentlichen Thematik der Reinkarnation aus der Sicht des westlichen Kulturkreises.

Der bisher bedeutendste Forscher auf dem Gebiet der Reinkarnation ist der in Kanada geborene Amerikaner Ian Stevenson, der an der University of Virginia eine Professur hatte und dort auch forschte.

Er begann, sich in den 60er-Jahren sehr intensiv mit der Problematik der Wiedergeburten auseinanderzusetzen und sammelte weltweit mehr als 2 600 Fälle von angeblichen Wiedergeburten.

Ihm folgten weltweit noch sehr viele andere Forscher, die sich diesem Thema widmeten, keiner erlangte jedoch den gleichen Forschungsstand wie Stevenson.

An dieser Stelle möchte ich einige Beispiele von Reinkarnationsfällen erwähnen, bevor man abschließend in die Analyse der Phänomene übergeht.

Der vielleicht bekannteste Fall einer Wiedergeburt ist der eines indischen Mädchens namens Shanti Devi, das in Delhi lebte und im Alter von drei Jahren begann, über sein früheres Leben zu berichten.

Das Mädchen behauptete, es habe in Muttra gelebt, einer Stadt, die ca. 150 km von Delhi entfernt liegt, wäre mit einem Mann namens Chaubey verheiratet, der ein Stoffhändler war, und sie hätten einen gemeinsamen Sohn.

Keiner schenkte den Berichten Bedeutung, alle betrachteten sie als Spiel und sinnloses Erzählen eines Kindes, bis ein Familienmitglied (Onkel) neugierig wurde und beschloss, den Wahrheitsgehalt der Erzählungen des kleinen Mädchens zu überprüfen.

Der Onkel reiste nach Muttra und suchte nach Örtlichkeiten und Personen, die der Beschreibung des Mädchens entsprachen.

Tatsächlich fand er einen Stoffhändler namens Kedar Nath Choubey, der in einer Gegend wohnte, die der Beschreibung von Shanti Devi glich.

Der Mann war wieder neu verheiratet und der Sohn (aus der ersten Ehe) war schon zehn Jahre alt.

1935 kam es zur Begegnung der beiden Familien und Shanti durfte endlich auch in ihr früheres Haus nach Muttra reisen; dort erkannte sie die vielen Veränderungen, die nach ihrem Tod stattgefunden hatten.

Sie fand auch einen Brunnen, den sie damals genutzt hatte und der jetzt zugeschüttet und mit einem großen Stein abgedeckt war.

In ihrem früheren Zimmer suchte sie eine Stelle auf, wo ihr Schatz (Wertsachen) versteckt war; leider war nur noch der Behälter da, aber keine Wertsachen mehr.

Ihr damaliger Mann gab später zu, die Wertsachen selbst entfernt zu haben.

Der Fall wurde durch verschiedene indische Wissenschaftler untersucht, sogar Parlamentsabgeordnete schalteten sich ein, um ihn aufzuklären. Dazu kam noch der amerikanische Forscher Ian Stevenson, der sich ebenfalls ausführlich mit dem Fall beschäftigte.

Eine natürliche Erklärung wurde nicht gefunden, die Familien kannten sich nicht vor dem Fall und auch die Örtlichkeiten der Stadt Muttra waren dem Mädchen nicht vertraut.

Man könnte sagen, es handle sich eindeutig um einen Fall der Wiedergeburt, alle Indizien zeigen in diese Richtung.

Eine einzige andere Möglichkeit wäre arrangierter Betrug, doch welche Gründe würden zu einem Betrug verleiten?

Stärkung oder Bestätigung des Glaubens oder gesellschaftliches Ansehen?

Gedankenübertragung (Telepathie) schließe ich aus, da der potenzielle Sender (tote Frau des Stoffhändlers) nicht mehr vorhanden war und der Stoffhändler selbst wohl schon andere Gedanken pflegte.

Es könnte sein, dass man bewusst eine Täuschung einleitete, doch dazu müsste die ganze Familie mitgespielt und einen Grund dafür gehabt haben, der aber nicht ersichtlich scheint.

Nehmen wir noch einen Fall aus Indien, der sich in den 1990er-Jahren ereignet hat.

Ein Junge berichtet Folgendes: Er lebte in seinem früheren Leben in einem Dorf namens Chakkchela, sein Vater hieß Jeet Singh und er wurde im September 1992 auf dem Weg zur Schule von einem Motorradfahrer überfahren.

Bei dem Zusammenstoß (er fuhr mit dem Fahrrad) erlitt er schwere Kopfverletzungen, durch die er auch verstarb.

Als sich der Unfall ereignete, hatte er zwei Bücher und 30 Rupien bei sich, die durch sein Blut ganz rot gefärbt wurden.

Sein Vater erkundigte sich in Chakkchela im Bezirk Sangrur, ob jemand den Jungen kannte oder von dem Unfall gehört hatte.

Leider fand er keine Personen, die so etwas bestätigen konnten, doch einer machte den Vater darauf aufmerksam, dass es auch im Bezirk Jalandhar ein Dorf namens Chakkchela gibt.

Der Mann fuhr dorthin und fragte den Dorflehrer, ob er von einem solchen Unfall gehört habe oder einen solchen Jungen kenne.

Der Dorflehrer erinnerte sich sofort an den Unfall seines Ex-Schülers und fuhr mit dem jetzigen Vater des Jungen zu dessen damaliger Familie.

Als der Vater der damaligen Mutter alles erzählte, brach diese weinend zusammen und zeigte ihm die von dem „wiedergeborenen" Jungen erwähnten Bücher und das Geld.

Zwei Bücher und 30 Rupien, beides blutdurchtränkt, die sie als Andenken an ihren Jungen aufgehoben hatte.

Der Fall erlangte schnell großes Aufsehen; Zeitungen berichteten, Wissenschaftler wurden eingeschaltet und der Junge wurde in sein altes Dorf gebracht.

Der Dorfladenbesitzer sagte dem Jungen, dass er noch einen Tag vor seinem Tod ein Heft für drei Rupien bei ihm auf Kredit gekauft habe, er möge ihm das Geld jetzt zurückgeben.

Der Junge erwiderte, dass das Heft nur zwei Rupien gekostet habe und nicht drei, so wie der Ladenbesitze behauptete; darauf antwortete der Verkäufer, er wollte nur testen, ob er sich daran erinnern könne; das Heft kostete tatsächlich nur zwei Rupien.

Die Handschrift des Jungen wurde auch von Kriminalbeamten auf Übereinstimmungen mit der Handschrift des verunglückten Jungen geprüft und als absolut gleich bestätigt.

Die Handschrift in den blutdurchnässten Heften und die jetzige Handschrift des Jungen wurden als die Handschrift der gleichen Person identifiziert.

Auch diesen Fall kann man nur schwer bewerten. Liegt keine gewollte Täuschung vor, ist es unmöglich, den Fall auf natürlicher Weise zu erklären.

Es soll aber nicht darauf hinweisen, dass die Menschen in Indien unbedingt den Beweis der Wiedergeburt erbringen möchten, um ihren eigenen Glauben zu bestärken. Bei der ländlichen Bevölkerung gilt sogar der Glaube, wer sich an sein früheres Leben erinnern kann, sterbe früher, deswegen geht man vorsichtig mit solchen Geschichten um.

Somit würde in dieser Hinsicht die Motivation zur Manipulation von solchen Erlebnissen schwer vorstellbar sein, jedoch nicht ganz ausgeschlossen.

Doch nehmen wir mal ein Beispiel aus einem anderen Kulturkreis und einem ganz anderen Umfeld, das nicht religiös belastet ist.

In Iowa, USA, wird 1977 ein Mädchen namens Romy Crees geboren. Beide Eltern sind gläubige Katholiken und halten nicht viel von Wiedergeburt oder anderen nicht christlichen Begriffen.

Doch sobald das Mädchen sprechen kann, berichtet es immer wieder über Einzelheiten aus ihrem vorigen Leben, in dem sie angeblich Joe Williams (ein Mann) hieß.

Sie sagt auch, dass sie in Charles City (300 km vom jetzigen Wohnort entfernt) in einem Haus aus roten Ziegeln gelebt habe und mit einer Frau namens Sheila verheiratet war.

Die beiden hatten drei Kinder und starben bei einem Motorradunfall, deren Hergang sie sehr gut beschreiben konnte.

Sie sagte, Joes Mutter hieße Louise und habe sich bei einem Brand, den er (Joe) verursacht habe, die Hand verbrannt.

Das kleine Mädchen sagte auch öfter: „Mutter hat sich am Bein verletzt – hier", und zeigte an eine Stelle am Bein.

Die Eltern versuchten, dem Mädchen das alles auszureden und als Einbildung einzustufen, doch diese Taktik brachte keinen Erfolg.

Im Winter 1981 beschlossen die Eltern, doch einen Wissenschaftler zurate zu ziehen, der auch prompt in Begleitung zweier Journalisten kam.

Alle beschlossen, nach Charles City zu fahren und die Angaben vor Ort zu überprüfen.

Alls sie schon in der Stadt angekommen waren, sagte das Mädchen: „Wir müssen noch blaue Blumen für Mama Louise kaufen" und „Wir sollen nicht durch den Vordereingang gehen, sondern den Eingang an der Seite des Hauses benutzen."

Nach kurzen Recherchen stand die ganze Equipe vor Louise Williams' Haus, und tatsächlich hing an der Haustür ein Schild: „Bitte den Seiteneingang benutzen."

Doch das Haus war nicht aus roten Ziegeln, sondern weiß gestrichen.

Frau Williams bat die Besucher herein und erschrak, als sie die blauen Blumen erblickte. Sie meinte: „Mein Sohn hat mir kurz vor seinem Tod auch blaue Blumen geschenkt."

Als sie dann noch weitere Geschichten hörte, staunte sie und bestätigte deren Korrektheit.

Ihr Sohn Joe war tatsächlich mit einer Frau, die Sheila hieß, verheiratet gewesen und hatte drei Kinder.

Beide verunglückten 1975 bei einem Motorradunfall und wohnten bis 1971 in einem aus roten Ziegeln gebauten Haus, das aber bei einem Wirbelsturm in der Zeit zerstört wurde.

Auch Fotos und persönliche Gegenstände erkannte das Mädchen wieder, die davor Joe Williams gehört hatten.

Die jetzigen Eltern des Mädchens (Eheleute Crees) waren sehr beeindruckt und sprachlos vom Ergebnis der Gegenüberstellung, doch weigerten sie sich, die Situation in dieser Form anzuerkennen.

Dieser Fall ereignete sich in einem Kulturkreis und sozialen Umfeld, das in keiner Weise an Wiedergeburtentheorie interessiert war; mehr noch, die Betroffenen waren mit dem Sachverhalt überfordert.

Zu der katholisch gläubigen Familie Crees passt ein Wiedergeburten-Phänomen überhaupt nicht und stellt diese vor große innere Konflikte.

Was in diesem Fall besonders auffällt, ist die neue Wiedergeburt als Frau aus einer vorigen Existenz als Mann. Über einen Geschlechterwechsel im neuen Leben wird nur in ca. 15 % der Fälle berichtet.

Wie können wir diesen Fall erklären?

Meiner Meinung nach kommen wieder nur zwei Theorien in Betracht, gewollte Täuschung oder Übernatürliches.

Doch in allen Fällen handelt es sich um kleine Kinder, die sonderbare Sachverhalte zutage bringen. Kann man ein kleines Kind so beeinflussen, dass das Kind dauerhaft und beständig die Unwahrheit sagt?

Es ist bekannt, dass Kinder die Wahrheit sagen, und wenn sie lügen, kann man dem schnell auf die Spur kommen.

Wenn hoch angesehene Psychologen und Wissenschaftler in den Gesprächen mit den Kindern keine Unstimmigkeiten oder Manipulationen feststellen können, muss man sich fragen, ob die Kinder in der Lage sind, so gut zu lügen.

Ein anderer Fall ist der von W. Barnes, der sich als eine Reinkarnation von Titanic-Konstrukteur Thomas Andrews sieht.

Er malte im Alter von vier Jahren Schiffe (die der Titanic ähnlich waren) und sagte seiner Mutter, dass er auf so einem Schiff gestorben wäre. Dazu nannte er verschiedene Namen, die die Mutter nicht zuordnen konnte.

Wie sich jedoch später herausstellte, handelte es sich um Namen von Familienangehörigen des Konstrukteurs der Titanic.

In der Schule erlebte er einmal, wie auf einem zugefrorenen See das Eis brach; da ergriff ihn Panik und er schrie um Hilfe.

Im Erwachsenenalter berichtete er unter Hypnose über Baumängel und Pfusch beim Bau der Titanic aus Kostengründen, die zum schnellen Sinken des Schiffes beitrugen.

Diese Angaben wurden von Experten in einem Labor für Schiffsbau überprüft und für vollkommen richtig erklärt.

Eine sehr interessante Geschichte, die auch schnell ihren Weg in die Medien fand.

Hierzu möchte ich noch über einen weiteren Fall berichten, der gar nicht so lange zurückliegt.

Den Ende der 1990er-Jahre geborenen Jungen James Leininger plagten fast jede Nacht Albträume. Als er sprechen konnte, sprach er im Schlaf: „Flugzeug stürzt ab, kleiner Mann kann nicht raus."

Mit der Zeit wurden die Albträume immer weniger, dafür berichtete James immer öfter über sein vorheriges Leben als Kampfpilot im II. Weltkrieg, der angeblich im Pazifik abgeschossen wurde.

Er spielte am liebsten mit Flugzeugen und konnte sie auch ganz gut technisch zuordnen.

Als seine Mutter ihm ein Modellflugzeug kaufte und meinte, dass es Bomben an den Seiten habe, erwiderte der Junge, das seien keine Bomben, sondern abwerfbare Zusatztanks, was sich als korrekt herausstellte.

Später wurden die Angaben immer detaillierter. So berichtete James, er wäre ein Kampfpilot auf einem Flugzeugträger namens „Natoma" gewesen und sein guter Freund hieße Jack Larson.

Doch auf die Frage, wie er selbst hieß, antwortete James immer mit „James"; seine selbst gemalten Bilder von Flugzeugen und Kampfhandlungen unterschrieb der Knirps immer mit „James 3".

Als er ein Buch über einen Luftkampf im II. Weltkrieg im Pazifik sah, sagte er zu seinem Vater: „Da wurde ich abgeschossen, Treffer genau in den Motor, kleiner Mann kam nicht mehr raus", und zeigte auf die Insel Iwo Jima.

Bei der Überprüfung von James' Angaben stellte sich heraus, dass es tatsächlich einen Flugzeugträger im Pazifik namens „Natoma Bay" gab und beim Einsatz auf Iwo Jima nur ein Flugzeug verloren gegangen war, dessen Pilot James Houston jr. hieß.

Weitere Nachforschungen ergaben, dass der beste Freund von James Houston jr. tatsächlich der noch lebende Jack Larson war, und ein Kampfpilot-Kollege, der bei dem Einsatz auf Iwo Jima mit in der Flugzeugstaffel war, hatte den Motortreffer an James' Flugzeug gesehen.

Jack Larson sprach mit dem kleinen Jungen, bestätigte dessen Angaben und stellte mit Erstaunen fest, dass es sich wohl wirklich um eine Wiedergeburt seines damaligen Freundes James Houston jr. handle.

Man könnte mit solchen Berichten ein ganzes Buch füllen, doch ich möchte nur ein Gefühl für die Wiedergeburtsfälle vermitteln und zur eigenen Beurteilung anregen.

Eine oft genannte Erklärung für die angeblichen Wiedergeburtsfälle heißt Kryptomnesie, d.h., Menschen erinnern sich an Dinge, die sie schon längst vergessen haben (gelesene Bücher, Filme, die man gesehen hat, oder Gespräche).

Viele Informationen, die wir tagtäglich wahrnehmen, werden im Unterbewusstsein gespeichert und manchmal lebenslang nicht mehr abgerufen; durch verschiedene Faktoren können die Informationen wieder in unserem Bewusstsein auftauchen.

Doch bei den Berichten kleiner Kinder halte ich so einen Sachverhalt eher für unwahrscheinlich, da die dafür nötige Informationsmenge und -qualität noch nicht gegeben ist.

Bei Erwachsenen, die unter Hypnose eine Rückführung in ein früheres Leben erleben, ist es eher wahrscheinlich.

Anhand eines anderen Falls aus Indien möchte ich zeigen, dass es auch materielle oder physikalische Spuren einer Wiedergeburt geben soll.

Ein Junge namens Titu wurde im Dezember 1983 geboren. Als er ca. vier Jahre alt war, behauptete er, sein Name sei Suresh Verma und er besitze ein Radiogeschäft in der Nachbarstadt Agra.

Weiter erzähler er, dass er mit einer Frau namens Uma verheiratet war und zwei Söhne hatte.

Er wurde im August 1983 vor seinem Haus im Auto von zwei Männern erschossen, die Kugel traf ihn am Kopf und er war sofort tot.

Bei der Überprüfung der Angaben stellte sich heraus, dass es das Radiogeschäft in Agra wirklich gab und der Besitzer Suresh hieß und tatsächlich vor seinem Haus erschossen wurde.

Die Familie des Geschäftsmannes besuchte den Jungen im Nachbardorf, und als sie dort angekommen waren, fragte der Junge, wieso sie nicht mit seinem Fiat (das Auto, in dem er erschossen wurde) gekommen wären.

Er erkannte sofort seine Frau und andere Familienmitglieder; seine Frau Uma (aus dem vorherigen Leben) antwortete, dass sie den Fiat gleich nach dem Mord verkauft habe.

Das alles möchte ich hier gar nicht so hervorheben, was aber in diesem Fall wichtig ist, sind die zwei Narben an Titus Kopf.

Wie Stevenson (durch Polizeiberichte und den Totenschein) herausfand, hatte der Junge genau an den Stellen Narben, wo die

Kugel in den Kopf des Radiohändlers eingedrungen und wieder ausgetreten war.

Der Junge Titu war auch in seiner Persönlichkeit dem aggressiven, launischen und unberechenbaren Radiohändler aus Agra sehr ähnlich.

Wie können wir uns die Narben genau an diesen Stellen am Kopf des Jungen erklären?

Das ist nicht der einzige Fall, bei dem von Narben, Missbildungen und selbst Verkrüppelungen berichtet wird.

An diese Stelle möchte ich ganz kurz ein paar erwähnen.

Ein Mädchen in Indien erinnert sich an ihr früheres Leben als eine Frau, die durch Messerschnitte am Hals (ihr wurde die Kehle durchgeschnitten) ums Leben kam.

Sie selbst hat eine lange Narbe am Hals, die wie ein Messerschnitt aussieht, ein natürlicher Grund für die Narbe ist bis heute nicht bekannt.

Ein Polizist in den USA wird bei einem Einsatz erschossen, er wurde mehrmals an Herz und Lunge getroffen.

Nach der Tat wird sein Enkel geboren, der dem Opa sehr ähnlich ist, er kennt Opas Gewohnheiten und Geheimnisse, benimmt sich wie Opa und berichtet von Dingen, die vor seine Geburt passiert sind.

Er hält sich für eine Wiedergeburt seines erschossenen Opas und hat ernsthafte Lungenprobleme (Geburtsfehler der Lungenarterie) sowie mehrere Narben im Brustbereich.

In der Türkei wird ein landesweit bekannter Krimineller von der Polizei erschossen; ein Junge, der ein paar Tage nach diesem Vorfall geboren wird, erzählt später, dass er die Wiedergeburt des Kriminellen sei.

Er kann viele Einzelheiten aus dem Leben des Schwerverbrechers vortragen und hat starke Muttermale an den Stellen, wo der Verbrecher von den Kugeln getroffen worden ist.

Ein Mädchen in Thailand erinnert sich an das Leben einer Frau, die mit drei Axtschlägen in den Rücken getötet worden ist.

Auf ihrem Rücken befinden sich seit der Geburt an den gleichen Stellen wie bei der getöteten Frau drei Narben, die unerklärlichen Ursprungs sind.

Man könnte auch diese Beispiele weiter so vortragen, doch es dient nicht meinem Ziel, die Menge der Fälle zu beschreiben, sondern nur die Art, um den Lesern ein Bild zu verschaffen.

Sind das alles nur Zufälle oder steckt wirklich etwas Größeres dahinter?

Eine andere Art von Reinkarnationsfällen ist das Vorhandensein von unerklärlichem Wissen und Fähigkeiten wie z. B. bei einem Mädchen in Indien, das eine Sprache spricht, die schon fast ausgestorben ist und die sie nie gelernt hat.

Ein anderes Mädchen führt Tänze vor, die schon seit Jahrhunderten vergessen worden sind, und zitierte Texte in einer bengalischen Sprache, die sie selbst nicht kennt.

Ein Junge in Kanada betrachtet sich als die Wiedergeburt eines bekannten Indianerfischers und Seemanns.

Im Alter von vier Jahren repariert er schon Bootsmotoren und fährt raus auf die See zum Fischfang.

Er kennt die besten Fischgründe und steuert ein Boot wie ein Erwachsener.

Ein 14-jähriger Amerikaner, der sich als Reinkarnation des kubanischen Schachweltmeisters Capablanca sieht, wird überraschend Schachmeister der USA.

Sein Benehmen, Charakter und seine Spielart entsprechen genau dem des einen Tag vor seiner Geburt verstorbenen Kubaners.

Viele der sogenannten „Wunderkinder" könnten ihre Fähigkeiten aus dem Vorleben mitgebracht haben, so wie auch Wolfgang Amadeus Mozart, der schon mit fünf Jahren seine ersten Musikstücke schrieb und mit elf seine erste Oper komponierte.

Es gibt bis heute Wunderkinder, die schon im Kindesalter erhebliche geistige Leistungen erbringen, die ungewöhnlich sind.

Doch sehen wir weiter, was es noch für Reinkarnationsarten und Beispiele gibt.

So z. B. Reinkarnationsfälle bei Erwachsenen, die unter Hypnose erzielt werden.

Durch Hypnosesitzungen werden oft Ängste, Phobien, Depressionen, Allergien und andere Problemfälle behandelt.

Der Hypnotiseur versucht, die Ursache für das Leiden zu finden. Das geschieht oft durch Rückführungen in die Kindheit des Patienten oder sogar noch weiter, bis in das frühere Leben zurück.

Der „berühmteste" Fall von Reinkarnation unter Hypnose ist der aus den 1950er-Jahren bekannte Fall der „Bridey Murphy" aus den USA.

Eine Frau erinnerte sich unter Hypnose an ihr angebliches Leben in Irland im 18./19. Jahrhundert.

Sie beschreibt eine kleine Ortschaft in Irland und die damalige Lebensweise der Menschen und sogar einzelne Vorfälle aus ihrem ehemaligen Leben dort.

Doch nach der Überprüfung der unter Hypnose gewonnenen Angaben stellte sich heraus, dass die meisten Angaben nicht stimmten oder zeitlich nicht dokumentiert wurden.

Ich selbst betrachte den Fall „Murphy" sehr skeptisch und wenig aussagekräftig, da es sich in meinen Augen ganz deutlich um Kryptomnesie (Informationen aus dem Unterbewusstsein) handelt.

Es könnte sein, dass sie ein Buch über Irland gelesen oder Fernsehsendungen gesehen hat, die sie schon längst vergessen hat, die aber im Unterbewussten noch gespeichert waren und unter Hypnose abgerufen wurden.

Nehmen wir jedoch andere Beispiele von Reinkarnationsrückführungen unter die Lupe.

Eine Frau leidet unter Albträumen, Schlaflosigkeit, Panikattacken und Ängsten, lässt sich hypnotisieren und erhofft sich dadurch eine Linderung ihrer Beschwerden.

Unter Hypnose und durch schriftlich festgehaltene Traumerlebnisse berichtet die Frau über ein Leben im 12./13. Jahrhundert in Frankreich als Mitglied einer christlichen Sekte der Katharer.

Die Katharer wurden von der Inquisition verfolgt und als Ketzer oder Hexen auf dem Scheiterhaufen verbrannt.

Das gleiche Schicksal erlitt die junge Frau in ihrem früheren Leben und konnte genau über alle Einzelheiten der Massaker berichten.

So berichtete sie unter anderem, dass die Kleider der Inquisition dunkelblau waren und nicht, wie bis dahin angenommen, schwarz.

Diese Angabe hat sich erst 1966 nach neuen Forschungen historisch bestätigt und wurde dementsprechend korrigiert.

Die Traumberichte wurden im mittelalterlichen Französisch verfasst; eine Sprache, die heute nicht mehr gebraucht wird.

Auch andere von der Frau berichtete Einzelheiten entsprachen den historischen Tatsachen aus dem 13. Jahrhundert in der Stadt Toulouse in Südfrankreich.

Handelt es sich hier um einen Fall von Wiedergeburt oder um Kryptomnesie (Erinnerung an frühere Informationen, die man schon vergessen hat)? Es könnte sein, dass die Dame einen historischen Film gesehen oder ein Buch gelesen hat, in dem die Katharer vorkamen, und es im Unterbewusstsein gespeichert hat.

Solche schon längst vergessenen, aber im Unterbewusstsein gespeicherten Informationen können durch ein Schlüsselerlebnis wie Trauma, Schock, Drogen, Stress oder Hypnose wieder abgerufen werden.

Doch wie erklärt man die auf Altfranzösisch verfassten schriftlichen Traumberichte?

Wurden die schriftlichen Berichte bewusst manipuliert?

Doch sehen wir uns noch ein anderes Phänomen an, das bei den Wiedergeburtsfällen oft auftritt, die Xenoglossie, d. h., eine fremde Sprache zu sprechen, ohne jegliche Vorkenntnisse der Sprache zu haben.

Dieses Phänomen tritt manchmal auch bei stigmatisierten Personen unter Trance-Zuständen, Hypnose sowie nach Koma-Erlebnissen und bei medialen Sitzungen auf.

Zum Beispiel spricht eine englische Frau unter Hypnose altägyptisch, eine Sprache aus der Pharaonenzeit, die schon längst in Vergessenheit geraten ist.

Eine andere Frau in den USA spricht eine fast ausgestorbene orientalische Sprache.

In Indien spricht eine Lehrerin nach einer Meditation perfekt Bengali, eine Sprache, die sie nie gelernt hat.

Die Frau spricht normal nur Hindi und etwas Englisch; woher kann sie auf einmal Bengali?

Ein relativ ungebildeter Mann in Italien schreibt unter Hypnose in 28 Sprachen, die er gar nicht kennt.

Wie ist so was zu erklären?

Können diese Menschen auf frühere Leben zurückgreifen oder steckt etwas anderes dahinter?

Ein ganz aktueller Fall ereignete sich in Kroatien, wo ein 13-jähriges Mädchen ins Koma fällt und nach fast zwei Monaten wieder aufwacht und nur Deutsch spricht, nicht Kroatisch.

Das Mädchen lernte bereits vor diesem Vorfall Deutsch, aber ihre Kenntnisse waren eher bescheiden.

Nach dem Aufwachen aus dem Koma spricht sie fast perfekt und akzentfrei Deutsch, doch diese Gabe verschwindet wieder nach zwei Tagen und das Mädchen spricht wieder Kroatisch und wie gehabt etwas Deutsch.

Der bestuntersuchte Fall von Xenoglossie ist der der stigmatisierten bayrischen Bauernmagd Therese Neumann. Sie spricht in Trance Aramäisch, eine Sprache, die zu Lebzeiten Jesus' und in Palästina Alltagssprache war, außerdem noch Hebräisch und Portugiesisch sowie teilweise auch andere Sprachen.

Eine Sprachausbildung genoss die relativ einfache Frau nie, doch die Sprachen beherrschte sie fließend, wie verschiedene Sprachwissenschaftler festgestellt haben.

Vor allem Aramäisch ist eine Sprache, die heute kaum noch jemand sprechen kann. Wie kommt ein Bauernmädchen zu diesen Kenntnissen?

Ein anderer interessanter Fall der Rückführung in ein früheres Leben unter Hypnose ist der des Journalisten Ray Bryant.

Unter Hypnose berichtet Ray, er sei ein Bauer in der Grafschaft Essex in England Ende des 19. Jahrhunderts. Der Hypnotiseur bittet ihn, zum Datum 22. 04. 1884 zurückzugehen, und er solle ihm berichten, was er sieht.

Der Hypnotisierte wird unruhig und sagt: „Das Haus wackelt, Teller zerbrechen, alles fällt herunter von Schränken, Panik."

Der Hypnotiseur hat bewusst das Datum gewählt, weil er wusste, dass es an diesem Tag ein Erdbeben in Südostengland gegeben hatte. Er wollte die Glaubwürdigkeit der Rückführung testen.

Abschließend möchte ich noch einen letzten Fall von Wiedergeburt vortragen, der etwas Besonderes an sich hat.

Im Alter von 3,5 Jahren stirbt ein Junge namens Jasbir in Indien an Pocken.

Sein Vater bereitet schon die Bestattung vor, als er merkt, dass sein Sohn sich noch bewegt.

Jasbir kommt zu sich und wird wieder gesund, doch sein Benehmen wird sehr seltsam.

Er behauptet, er sei Sobha Ram, ein Brahmane aus einer höheren Kaste, verabscheut das einfache Essen und ist sehr unzufrieden mit seinem Dasein.

Schließlich wird die frühere Familie von Sobha Ram gefunden und der jetzige Jasbir wird der Familie vorgestellt; er benimmt sich sehr intelligent und erkennt auch alle Familienmitglieder wieder.

Doch wie sich herausstellte, starb Sobha Ram vor ca. drei Jahren bei einem Autounfall, also zu einem Zeitpunkt, zu dem auch Jasbir schon lebte.

Die Eigenschaften oder die Seele von Sobha Ram bekam Jasbir erst nach seinem Beinahe-Tod im Alter von 3,5 Jahren.

In diesem Fall können wir also nicht von Wiedergeburt sprechen, sondern von Besetzung.

Ein Körper wird durch eine fremde Seele, einen fremden Geist, oder wie wir es nennen wollen, besetzt.

Ist so was möglich oder handelt es sich um fantasievolle Spekulationen?

Wie erklären wir all diese Vorfälle, gibt es eine natürliche Erklärung für die Wiedergeburt, oder gibt es die Wiedergeburt überhaupt?

Wenn es eine Wiedergeburt gibt, wo bleibt da noch Platz für eine individuelle eigene Persönlichkeit, die von uns auch nach dem Tode so erhofft wird?

Das vonseiten der Religionen versprochene „ewige Leben" wird zu einem Gemeinschaftserlebnis und nicht zum Existenz des Individuum.

Der Trost könnte heißen, dass nicht alle Menschen wiedergeboren werden; wie wir anhand der Fälle sehen können, handelt es sich bei den Reinkarnationen überwiegend um wiedergeborene Todesfälle, die eines unnatürlichen Todes gestorben sind.

Es könnte bei diesen Fällen dann heißen: Deine Aufgabe ist noch nicht erfüllt, du musst noch weitermachen, deine Zeit ist noch nicht um.

Doch das Leben könnte auch eine Art Strafe sein für die Seelen, die noch nicht gut genug sind für das Leben in einer höheren Sphäre (Himmel, Paradies) und durch die Wiedergeburt die Chance bekommen, sich positiv zu entwickeln.

Mir ist aufgefallen, dass die meisten Fälle entfernungstechnisch nicht sehr weit voneinander lagen. Das heißt, 60 bis 500 km betrachte ich heute als nicht viel; ich fand selten Fälle, die tausende von Kilometern voneinander entfernt waren oder auf unterschiedlichen Kontinenten lagen.

Das bringt mir den bösen Gedanken nah, dass es sich bei vielen Fällen um gewollte oder ungewollte Manipulationen handeln könnte.

Des Weiteren fanden die Wiedergeburtsfälle meistens im selben Kulturkreis oder in Kreisen mit gleicher Weltanschauung statt.

Oft wurden Unstimmigkeiten in den Berichten und den historischen Tatsachen gefunden, die wieder passend umgestaltet worden sind, um die Ganzheit der Geschichte nicht zu gefährden.

Von vielen Wissenschaftlern genannte Erklärungen wie außersinnliche Wahrnehmung, Telepathie oder eine sogenannte Super-PSI halte ich für ziemlich abwegig und unbegründet.

Außersinnlicher Wahrnehmung (ASW) oder Telepathie sind meiner Meinung nach sender- und empfängerbezogen, d. h., wenn ich von jemandem (den ich überhaupt nicht kenne) Informationen empfangen soll, muss der Sender die Informationen senden können. Wie soll das gehen, wenn der Sender tot ist?

Personen mit Wiedergeburtenhintergrund weisen keine besonderen paranormalen Fähigkeiten auf und sind auch sonst nicht besonders auffällig.

Auch wenn noch lebende Personen Informationen über eine schon verstorbene Person senden würden, wieso sollten die Informationen von vollkommen unbeteiligten kleinen Kindern empfangen werden?

Überlegenswert ist noch die Möglichkeit, dass die Eltern so lange mit ihrer Geschichte auf die Kinder psychisch einwirken, bis die Kinder (und schließlich auch die Eltern) selbst dran glauben und eine Geschichte zur Wirklichkeit wird.

Doch man sagt immer, „Kinder sagen die Wahrheit und lügen nicht"; ob das so zutrifft, soll jeder für sich selbst entscheiden.

Heute wird viel über das sogenannte „kollektive Bewusstsein" gesprochen, das heißt, dass alle und alles miteinander verbunden ist.

Das könnte bedeuten, dass unser Bewusstsein nur ein kleines Teilchen des Weltbewusstseins ist, so wie ein Tropfen Wasser ein Teil des Ozeans.

Dazu könnte unser Bewusstsein, das eventuell nur einen Empfänger darstellt für die große Sendung des Weltbewusstseins, auch unbewusst immer auf die Informationen des Weltbewusstseins zurückgreifen.

Dieses Modell würde viele Phänomene erklären und mehr Licht in die paranormale Forschung bringen.

Doch auch dieses Modell beinhaltet nicht das Überleben des einzelnen Individuums, sondern ein kollektives Dasein.

Angeblich lautet die originale Übersetzung der Worte Jesus' aus dem Altgriechischen nicht „Du sollst den anderen lieben wie dich selbst", sondern „Du sollst den anderen lieben, weil du bist er selbst."

Bitte entscheiden Sie selbst, so wie ich schon selbst entschieden habe.

Noch eine Möglichkeit wäre eine vorübergehende oder dauerhafte Körperbesetzung durch eine schon verstorbene Energie/Seele und somit eine Weitergabe von Informationen.

Es sind auch Fälle von Besessenheit von Menschen durch böse Geister bekannt; vielleicht ist die Reinkarnation nur eine harmlose Kurzzeit-Besessenheit des Individuums?

Besondere Körperzustände – Wunder, Fluch oder Psychologie?

Es wird angenommen, dass es sich bei den Wiedergeburtsfällen eventuell um eine zeitlich begrenzte Besetzung des Körpers durch eine andere Seele handeln könnte. Was heißt das eigentlich?

So ein Sachverhalt würde voraussetzen, dass eine Seele den Tod überdauert und dass sich ebendiese unsterbliche Seele einen fremden (eventuell neugeborenen) Körper aneignet, um in die Welt der Menschen zurückzukommen.

Wissenschaftlich gesehen entwickelt sich das Leben des Menschen seit der Befruchtung der Eizelle, ab diesem Zeitpunkt spricht man von Leben.

Doch wann entwickelt sich das Bewusstsein oder die Seele des Menschen? Gibt es die Seele überhaupt oder entwickelt sich das Bewusstsein des Menschen gleichzeitig mit dem Wachstum des Gehirns, ohne eine Seele?

Kann das Bewusstsein ohne einen Körper existieren oder ist das Bewusstsein nur ein chemisches Produkt des Gehirns?

Ich persönlich sehe das Bewusstsein als ein Produkt der Materie, das heißt des Gehirns, aber die Seele (oder wie immer ich sie bezeichne – die Energie) steuert unsere Abläufe und ist unzerstörbar.

Es funktioniert ähnlich wie mit einem Computer. Der Computer selbst stellt unseren Körper dar, doch der Körper muss gesteuert werden. Das passiert durch unser Bewusstsein, so wie die Software den Computer steuert, doch ohne Strom (Energie) ist alles nutzlos und tot.

Diese Energie ist die Lebensenergie, die in jedem von uns existiert und oft auch als Seele bezeichnet wird.

Aber kommen wir zurück zu den Körperbesetzungen.

Es kommt vor, dass eine verstorbene Seele unbedingt den Kontakt zum lebenden Menschen sucht, um eine unerledigte Sache zu regeln.

Dadurch bedient sich die Seele (oder Energie) des Körpers eines lebenden, sensiblen und empfänglichen Menschen. Diese Menschen werden auch als Medien bezeichnet.

Das kann in Form von zeitlich begrenzten Kindesbesetzungen (siehe Reinkarnation), späteren Besetzungen eines Menschen oder sogar negativer Besessenheit vorkommen.

Häufig können medial veranlagte Menschen in Trancezuständen zeitweilig die Seele eines Verstorbenen in sich aufnehmen und mit dieser kommunizieren.

Diese kurze Besitznahme eines Körpers durch eine fremde Seele (Energie) geschieht nur für die Dauer des Trance-Zustandes und ist nicht besonders gefährlich.

Was aber sehr gefährlich ist, sind die Fälle von Besessenheit, bei denen ein Körper dauerhaft von bösen und aggressiven Energien oder Seelen besetzt wird, die den Körper nachhaltig schädigen.

Von Besessenheit spricht man, wenn ein Mensch von angeblich fremder Energie (Teufel, Geist, Dämon) besetzt wird und diese Energie oder dieser Geist die Herrschaft über den Körper übernimmt.

Besessenheit kann sich in leichter Form durch merkwürdiges Benehmen, unehrliche Lebensführung, Stimmungsschwankungen usw. darstellen, aber in schweren Fällen kann es zu Selbstverletzungen und Verletzungen anderer Personen, extremer Aggressivität und Vulgarität kommen.

Die aufgezählten Faktoren sind jedoch keine hundertprozentigen Anzeichen für eine Besessenheit; um ganz sicher von einer Besessenheit zu sprechen, muss der Betroffene noch über andere außergewöhnliche Symptome verfügen.

Zum Beispiel: Er spricht zeitweilig in fremden, ihm unbekannten Sprachen, die Entwicklung von übermenschlichen Kräften, Wissen von Ereignissen, die erst eintreten werden oder eingetreten sind, jedoch dem Betroffenen unbekannt waren, oder extreme Wut auf alles Heilige.

Vielleicht denken Sie jetzt: Was soll das Ganze mit dem Exorzismus im 21. Jahrhundert, wenn wir über Quantenphysik und Zeitreisen sprechen?

Doch da irren wir; die Zahl der Exorzismen steigt weltweit dramatisch. So waren Ende der 1980er-Jahre ungefähr 12 Exorzisten in Italien offiziell tätig, heute sind es mehr als 300.

In Polen, unweit der deutschen Grenze, werden Exorzisten in einer speziellen Einrichtung ausgebildet und landesweit eingesetzt. Der Bedarf an ausgebildeten Exorzisten ist hoch, bis zu 3 000 Exorzisten werden jährlich gebraucht.

In Frankreich finden allein im Großraum Paris jährlich mehr als 1 500 Exorzismen statt und in Deutschland, obwohl es offiziell nicht erlaubt ist, ohne Rücksprache und Anwesenheit von Ärzten sowie Psychologen einen Exorzismus durchzuführen, passiert dies mehr als 400 Mal im Jahr.

Sind wir immer noch im Mittelalter oder ist wirklich etwas Wahres an den angeblichen Besetzungen und Besessenheiten?

In der Internationalen Klassifikation von Krankheiten (ICD-10) findet man unter der Krankheitsbeschreibung F44.3 Trance- und Besessenheitszustände.

Diese Zustände beschreiben Intoxikation (Vergiftung), Schädel-Hirn-Trauma, Persönlichkeitsstörungen sowie Schizophrenie.

Sind multiple oder gespaltene Persönlichkeiten als normale Krankheiten anzusehen oder deutet die Diagnose zwangsläufig auf Besetzung des Körpers durch einen „Geist" hin?

Wenn angenommen wird, dass der Tod nicht das Ende unserer Existenz ist, könnte es sein, dass die Seele (Energie) tatsächlich einen fremden Körper übernimmt, um sich zu präsentieren.

Heute versuchen immer mehr Geisterheiler, mediale Personen oder Psychologen, einen sachlichen Dialog zum „Besetzer" (Geist) aufzubauen und diesen sanft in das ewige Licht zu führen.

Oft wissen die verstorbenen Seelen gar nicht, dass sie tot sind, oder fürchten sich, in das Licht zu gehen.

Meistens hängen die Seelen jedoch an irdischen Dingen und können nicht loslassen, aber auch übertriebener Hass, Neid, Rache oder sogar Liebe hindern sie, von hier wegzugehen.

Ein Exorzismus ist eine drastische und radikale Maßnahme, die arme Seele in das ewige Licht zu schicken. Eine schonende und wenig spektakuläre Alternative ist, über ein Medium ein mediales Gespräch mit der verlorenen Seele zu führen.

Doch ist das wirklich so, gibt es derartige Kontakte, kann man mit einer fremden Seele sprechen?

Bei Persönlichkeitsspaltung (PS) konnten die Forscher sehr interessante Sachverhalte beobachten. So bekamen Frauen, die unter PS litten, mehrfach (2–3 Mal) in Monat Menstruationsblutungen und manche Personen reagierten allergisch auf bestimmte Stoffe, doch in dem Zustand, wo sie angeblich in der anderen Person waren, reagierten sie nicht mehr allergisch auf die gleichen Stoffe.

Auch das EEG (Gehirnstrom-Messgerät) reagierte unterschiedlich bei Wechsel der Persönlichkeit; jede Persönlichkeit hatte eine eigene EEG-Linie.

Ob es sich um Krankheiten oder Besessenheit handelt, ist bei näherer Betrachtung zweitrangig.

Heute erkennen immer mehr Ärzte die Wirkung des Geistes (Seele) auf den Körper; so ist es unbestritten, dass dauerhaft negative Lebensgestaltung, Unzufriedenheit, Stress, Hass oder Erfolglosigkeit zu ernsthaften Krankheiten beitragen kann.

Das zeigt auch, dass das Zusammenspiel zwischen dem Körper und der Seele oder, anders gesagt, zwischen Energie und Materie sehr wichtig für unser Wohlbefinden ist.

Können schlechte Eigenschaften, die uns bewusst oder unbewusst belasten (z. B. Hass, Neid, Faulheit) als eine Art schlechte Energie oder Besessenheit betrachtet werden?

Bei genauer Analyse aller schlechten Eigenschaften und unter Berücksichtigung der menschlichen Gesamtheit, nicht des Individuums, könnte man diese Frage bejahen.

Doch werfen wir noch einen Blick auf das „Rituale Romanum", das liturgische Buch von 1614, das unter anderem die Vorgehensweise bei Teufels- oder Geisteraustreibung beschreibt.

Der sogenannte Exorzismus wird schon in der Bibel beschrieben, z. B. im Markus-Evangelium: „Jesus ging durch das Land und vertrieb die Dämonen", dabei sind auch ganz konkrete Beispiele genannt.

Doch viele Exorzismen sind nicht gerade harmlos und verlaufen manchmal sehr tragisch, so wie der, der 1976 in Klingenberg am Main abgehalten wurde.

Ein Mädchen namens Anneliese Michel hört seit ihrem 16. Lebensjahr Stimmen in ihrem Kopf und fühlt sich von den Bösem verfolgt.

Die Ärzte konnten angeblich Epilepsie feststellen und behandelten sie mit Medikamenten gegen Krampfanfälle.

Doch das half nicht, die Abnormitäten blieben bestehen. Die strenggläubige Familie bat die Kirche um Exorzismus. So wurden 67 Exorzismen durchgeführt, die sehr gut dokumentiert sind.

Das Mädchen sprach mit Männerstimmen, beschimpfte die Priester aufs Übelste, entwickelte übermenschliche Kräfte und berichtete über Ereignisse, die ihr nicht bekannt sein konnten.

Sie schaffte 600 Kniebeugen am Stück und biss sich ihre eigenen Schneidezähne an der Wand heraus.

Am Ende wog sie nur noch 31 kg und starb an den Folgen von Unterernährung und Entkräftung.

Bei der Obduktion wurde nur Lungenentzündung festgestellt, keine Anzeichen der Schädigung des Gehirns, wie es bei einem Epileptiker der Fall sein sollte.

Den Exorzisten und den Eltern des Mädchens wurde 1978 ein Prozess wegen fahrlässiger Tötung gemacht; beide Parteien wurden mit je sechs Monaten Haft auf Bewährung bestraft.

War es wirklich eine „fahrlässige Tötung" oder hat einfach das Böse gewonnen? Das werden wir nie erfahren, da sich in diesem Fall die zwei größten Widersacher gegenüberstanden, die Kirche und die Wissenschaft.

Auch wenn ein Exorzismus sinnlos sein sollte, es war ein Versuch, gegen das Unbekannte anzukämpfen, doch die Medizin konnte nichts bei dem Mädchen feststellen; mehrfach wurde EEG gemacht, ohne jemals etwas herauszufinden.

Was kann die Medizin in so einem schweren Fall überhaupt machen? Den Patienten mit Medikamenten ruhigstellen, mit Elektroschocks behandeln oder für immer in die Psychiatrie einsperren?

Ich denke, in Zukunft wird sich die Medizin immer mehr mit den energetischen/geistigen Zuständen des Menschen befassen müssen, um noch erfolgreicher zu sein und eventuell auch neue Wege zu gehen.

Ich möchte hier nicht zum Ausdruck bringen, dass es sich um eine echte Teufelsbesessenheit gehandelt habe, doch unser Wissen ist heute sehr begrenzt; wir können das meiste aus den Grenzbereichen nicht erklären und wir sollten wirklich zulassen, dass es eventuell etwas gibt, das wir nicht verstehen.

Exorzismus an sich klingt sehr altmodisch und überholt, dazu kommen immer wieder Berichte über fehlgeschlagene, brutale und fanatische Exorzismen, die durch unsachkundige Menschen durchgeführt worden sind.

So wie 2005 in Rumänien, wo eine 23-jährige Nonne von einem orthodoxen Priester und vier Mitschwestern zu Tode exorziert wurde. Sie wurde ans Kreuz gebunden und misshandelt, da sie angeblich vom Teufel besessen war, bis sie starb.

Der Priester wurde zu 14 Jahren Haft verurteilt und die vier helfenden Nonnen auch zu 4 Jahren. Wie sich später herausstellte, war die Nonne psychisch krank und nicht besessen.

Man könnte noch andere Fälle von misslungenen Austreibungsversuchen von Geistern aus Südamerika oder ganz stark aus Afrika vortragen, doch ist es nicht mein Ziel, an dieser Stelle den Eindruck zu erwecken, dass es sich bei Exorzismen um eine verbrecherische Vorgehensweise handelt.

In einem anderen aktuellen Fall aus den USA berichten ein Arzt und Psychiater sowie ein Dozent, der an zwei Universitäten in den USA unterrichtet und sich auf Untersuchungen von Exorzismen und Besessenheitszuständen spezialisiert hat, über eine Frau, die angeblich besessen sein sollte.

Während der Untersuchungen schwebte die Frau fast 30 Minuten lang ca. 20 cm über dem Boden, dabei flogen Gegenstände von den Möbeln herunter und sie fluchte aufs Übelste über alles Religiöse.

Sie berichtete von Krankheiten, Todesfällen und Ereignissen, die die Teammitglieder der Untersuchungskommission betrafen, die sie vorher jedoch noch nie gesehen hatte, womit sie unmöglich über diese Informationen verfügen konnte.

Die Untersuchungskommission bestand aus Ärzten, Psychologen, Priestern und Wissenschaftlern, war also keine Ansammlung von Fanatikern, sondern eine ausgeglichene und sachlich beobachtende Gruppe.

Nach den Vorfällen, bei denen auch die Raumtemperatur extrem absank, erinnerte sich die Frau an nichts mehr und wirkte total normal.

Ob es sich bei Besessenheit um eine Krankheit handelt oder um etwas Übernatürliches, erfasste ganz treffend der italienische Exorzist Pater Saroglio. Er meinte, dass es sich nur bei 2 bis 3 % aller Fälle um etwas Übernatürliches handle, der Rest seien reine Krankheiten.

Doch wenn man bedenkt, dass der bekannteste und größte Exorzist in Europa, der italienische Pater Amorth, täglich bis zu 15 Exorzismen durchführt, ergibt das im Jahr über 5 000 Exorzismen, und 2 % davon sind ca. 100 Besessene im Jahr – bei einem einzigen Exorzisten!

Noch ein Fall von eventueller Besessenheit, der sich 1993 in Italien ereignete:

Ein Doktor der Psychiatrie und ein Atheist (glaubt nicht an etwas Übernatürliches) bekommt eine gut aussehende Frau als Patientin. Sobald die Frau das Sprechzimmer des Doktors betrat, überfiel ihn panische Angst.

Er dachtet nur: „Schnell ein Rezept ausfüllen, damit die Frau wieder verschwindet", doch was dann passierte, überstieg seine Vorstellungskraft.

Die Hände der Frau verlängerten sich und packten den Arzt am Hals; dabei wurde er aus dem Stuhl gehoben.

Mit tiefer Männerstimme sagte die Frau zum Arzt: „Den Scheiß brauche ich nicht", und zerriss den ganzen Rezeptblock.

Anschließend lief der Mann verwirrt und schreiend aus seiner Praxis und suchte nach Hilfe. Das alles bestätigte der Arzt unter Eid vor einer Untersuchungskommission in Rom.

Dieser auf den ersten Blick etwas amüsante Fall zeigt aber ganz deutlich, was für Möglichkeiten und Kräfte hinter eine Besessenheit stecken können.

Könnte man diesen Vorfall auch auf eine Krankheit zurückzuführen? Wenn ja, auf welche?

Noch ein kurzer Fall aus Italien, der von Pater Amorth untersucht wurde und gut bezeugt ist.

In einer Autowerkstatt arbeitet ein junger Mann an einem Auto. Auf einmal hört er, wie sich etwas Schweres über den Boden schleppt.

Er und im Nebenraum wartende Kunden sehen, wie sich ein schwerer Werkzeugschrank von alleine über den Boden in Richtung des Mechanikers schiebt; in diesem Moment dreht sich auch das gerade reparierte Auto um die eigene Achse und blockiert den Eingang zur Werkstatt.

Der junge Mann flüchtet in den Nebenraum vor dem immer näher rückenden Werkzeugschrank und verschließt die Tür.

Die Menschen, die den Vorfall beobachteten, riefen sofort die Polizei, die auch sogleich kam. Auch die Polizisten konnten noch den wandernden Werkzeugschrank beobachten, doch eine Erklärung gab es dafür nicht.

Handelt es sich in diesem Fall um eine Massensuggestion, kollektives Lügen oder um etwas Übernatürliches?

Kann ein Mensch Kräfte entwickeln, die seine normalen Möglichkeiten übersteigen oder mit Gedankenkraft unbewusst Ereignisse bewirken; sind unsere psychischen Möglichkeiten überhaupt schon gut genug erforscht?

Bisher haben wir nur von Menschen, die von irgendeiner Energie/Macht besetzt sein sollten, gelesen, doch gibt es auch Orte, die besetzt zu sein scheinen, Häuser, Betriebe oder sogar einzelne Gegenstände.

Zum Beispiel wird über einen Fall aus Kambodscha berichtet, wo drei chinesische Facharbeiter kurze Zeit in einem angeblich „belasteten" Hotelzimmer übernachteten und einer davon noch am gleichen Tag viermal von einem Geist besetzt worden sein soll.

Er fiel in Ohnmacht, sprach mit einer Frauenstimme und einmal bat er mit fremder Stimme um Kontakt mit ihm unbekannten Personen, die er aber beim Namen nannte und die ortsbekannt waren.

Ein anderes Beispiel aus Thailand zeigt uns, wie ernst manchmal mit Unbekanntem umgegangen wird. Beim Bau des neuen Flughafens von Bangkok beobachteten mehrere Bauarbeiter mehrmals Geistererscheinungen.

Darauf entschlossen sich die Bauleitung und der zukünftige Betreiber des Flughafens, einen Exorzismus abzuhalten, um alle böse Geister zu vertreiben bzw. freundlich zu stimmen.

Anhand dieses Beispiels kann man sehen, dass der Glaube an Übernatürliches manchmal auch in höchste Kreise wie Wirtschaft und Politik wandert.

Es wird insgesamt ziemlich oft von ortsgebundenen Exorzismen berichtet, dadurch sollen Plätze mit negativer Energie bereinigt werden.

Auch mehrere Pop- und Rockstars ließen in ihren Häusern Exorzismen oder mediale Reinigungssitzungen durchführen, da sie angeblich durch Geister oder böse Kräfte belästigt worden seien.

Ob es sich aber wirklich um etwas Paranormales handelte oder die Stars nur zu berauscht waren, bleibt offen.

Befreiung von bösen oder negativen Geistern wird in jeder Glaubensart betrieben, so werden bei jeder christlichen Messe

Gebete gesprochen und Rituale abgehalten, um das Böse von den Gläubigen fernzuhalten.

Beim schamanischen Glauben oder bei Voodoo-Gläubigen gibt es bestimmte Gegenstände und Sprachformen, die die bösen Geister vertreiben bzw. von vornherein fernhalten sollen.

Steckt hinter dem wirklich eine magische Kraft oder wirken die angewandten Vorgänge und Gegenstände nur psychisch beruhigend und aufbauend auf unsere Persönlichkeit?

Natürlich ist es immer beruhigend, einen starken Partner an seiner Seite zu haben, ganz besonders einen, der alles bestimmen und regeln kann, wenn er möchte.

Das Wissen, dass etwas Übersinnliches uns beschützt, verleiht uns Stärke und Hoffnung und beruhigt unser Unterbewusstsein.

Doch wie erklären wir uns, dass manche Menschen fremde Sprachen sprechen, die sie nicht kennen, übermenschliche Kräfte entwickeln oder während einer Besetzung in der Luft schweben (Levitation)?

Es gibt eine Wissenschaft, die sich mit solchen und ähnlichen Phänomenen beschäftigt und kurz „PSI" oder Parapsychologie genannt wird.

Hierzu möchte ich noch ein paar Worte verlieren und dem Leser die PSI-Forschung etwas näherbringen.

Das Wort Parapsychologie kommt aus dem Griechischen: Para = neben und Psychologia = Seelenkunde, d.h., es werden die psychischen Möglichkeiten und Fähigkeiten des Menschen erforscht.

Was kann das menschliche Gehirn, was kann der Mensch selbst und was können die menschliche Seele oder das menschliche Bewusstsein?

Hauptgebiete der PSI-Forschung sind:
– Telekinese oder Psychokinese, d.h. durch Gedankenkraft Objekte bewegen oder beeinflussen.
– Hellsehen ist eine Fähigkeit, Dinge zu sehen oder zu wissen, ohne vorher davon Kenntnis gehabt zu haben, oder auch Ereignisse, die erst eintreten werden, schon im Voraus zu wissen.

– Telepathie ist eine Möglichkeit, per Gedankenkraft Informationen von einem Lebewesen zum anderen zu übertragen oder die Gedanken anderer zu lesen.
– Präkognition ist ähnlich dem Hellsehen, betrifft jedoch ausschließlich das Wissen von Ereignissen die erst in der Zukunft eintreten werden, eine Art „Vorwissen".

Andere Phänomene, mit denen sich die Parapsychologie beschäftigt, sind Spukfälle, Geistererscheinungen, Reinkarnation oder neumoderne Fernwahrnehmung (Remote Viewing).

Die Begriffe (nur Deutung) und Phänomene sind schon sehr alt, so wurden in der Antike „Orakel" nach den zukünftigen Ereignissen befragt oder angeblich die Zukunft aus Opfergaben abgeleitet.

Die wissenschaftliche Untersuchung der paranormalen Phänomene begann 1862 in England mit der Gründung des „Ghost Club", der es sich zu Aufgabe machte, die Geistererscheinungen zu erforschen.

Zwanzig Jahre später wurde die „Society for Psychical Research" (SPR) in London gegründet, die die besten Wissenschaftler auf diesem Gebiet vereinigte.

Zu der sehr angesehenen und bis heute existierenden Gesellschaft gehören Philosophen, Physiker, Mediziner, Pädagogen, Psychologen und Politiker.

Doch richtige praktische Forschung auf diesen Gebieten betrieben erst Anfang der 1930er-Jahre die Nazis.

Der größte deutsche Parapsychologe, Hans Bender, wurde aus der esoterischen Nazi-Bewegung geboren und leistete auch nach dem Krieg noch sehr gute paranormale Aufklärungsarbeit.

Zur gleichen Zeit beschäftigten sich die Russen mit ähnlichen Themen, um diese eventuell militärisch nutzbar zu machen.

Die Nazis versuchten, über Telepathie Kontakte zu getauchten U-Booten herzustellen, da eine Funkverbindung nicht möglich war, oder versuchten, Bewegungen des Feindes durch Hellsehen zu verfolgen.

Doch die Erfolge der Nazi Experimente waren eher enttäuschend und wurden zwangsläufig mit Ende der Naziherrschaft beendet.

Danach erkannten die Amerikaner und die Russen den großen Nutzen von Parapsychologie (falls sie funktionieren sollte) und verstärkten die Forschungen auf diesem Gebiet.

Mit Beginn des „Kalten Krieges" wurden in den USA sowie in Russland Millionen von Dollar in die paranormale Forschung investiert.

Es entstanden diverse Institute und Forschungsstellen, die alle durch das Militär oder den Geheimdienst finanziert wurden.

Zu den großen Stars der paranormalen Forschung in den USA wurden der Russe Igor Swann und der Israeli Uri Geller, der später durch seine Fähigkeit Löffel zu verbiegen und hellzusehen weltberühmt wurde.

Es gab viele Erfolge der Geheimdienste und der Spionage, die auf paranormalem Vorwissen basierten. Das ermutigte die Regierungen, weiter Forschungen auf diesen Gebieten zu betreiben.

So sah 1979 ein „Seher", dass die Russen ein paar Hundert Meter vom Meer entfernt in einer großen Halle ein Riesen-U-Boot mit ca. 20 Raketen und besonderem Antrieb bauten.

Doch der Geheimdienst wollte es nicht glauben, weil keiner sich vorstellen konnte, wie so ein großes U-Boot auf dem Landweg zu Wasser kommt.

Nur ein Jahr später stellte sich heraus, dass die Russen extra einen Kanal für das Boot bauten, um es ins Meer zu bringen. Es handelte sich um ein atombetriebenes Riesen-U-Boot der „Typhoon"-Klasse, das mit Atomraketen bestückt war.

Ähnliche hellseherische Erfolge konnte ein Medium nachweisen, als ein amerikanisches Flugzeug in Zaire/Afrika abstürzte. Das Medium konnte die Koordinaten festlegen und korrekt die Absturzstelle beschreiben.

Haben alle Menschen solche oder ähnliche Fähigkeiten? Wenn nicht, wieso haben manche Menschen übersinnliche Gaben und andere nicht?

Vielleicht können sich manche Leser bei entsprechenden Ereignissen an folgende oder ähnliche Redewendungen erinnern: „Dabei hatte ich ein ganz schlechtes Gefühl" oder „Ich sah es so kommen" usw.

Es könnte sich um eine Art Vorahnung, Fernwahrnehmung oder Hellsichtigkeit handeln, die in jedem von uns steckt, aber von uns nicht genutzt wird.

Einerseits, weil wir an so etwas nicht glauben, und anderseits, weil bei unserem täglichen Rennen um Macht und Geld keine Zeit dafür bleibt.

Damit möchte ich nicht sagen, dass jeder paranormale Fähigkeiten aufbauen kann, aber durch Training kann jeder sein Bewusstsein erweitern und es besser steuern.

Nicht nur die Geheimdienste oder das Militär beschäftigen sich mit Paranormalem, sondern auch die Polizei setzt gezielt Medien ein bei der Suche nach vermissten Personen.

Heute entsteht ein richtiger Markt mit parapsychologischen Fähigkeiten, es gibt Ausbildungsseminare für Hellsehen, Fernwahrnehmung oder für die psychologische Beeinflussung von Menschen.

Diese Ausbildungsmaßnahem werden den Interessenten für relativ viel Geld angeboten und in den meisten Fällen bleiben die Schulungen erfolglos.

Von ca. 100 sogenannten Medien haben ca. drei Personen wirklich eine besondere paranormale Gabe, alle anderen Medien denken nur ans Geldverdienen.

Ein seriöses Medium erkennt man daran, dass es seine Dienste kostenlos oder für wenig Geld anbietet und keine Überprüfung der Arbeit scheut.

Hierzu möchte ich noch ein anderes Phänomen kurz erörtern – die Levitation.

Levitation heißt, Objekte oder Personen in die Luft zu heben oder ohne jegliche Hilfsmittel durch die Luft zu gleiten. Um so einen Zustand wirklich zu erreichen, müsste man die Gravitationskräfte ausschalten, somit einem festen physikalischen Gesetz widersprechen. Ist so was überhaupt möglich?

Es gibt einige Beispiele für angebliche Levitation von Personen. So soll Franz von Assisi mehrfach gesehen worden sein, wie er durch die Lüfte schwebte, ebenso ein Franziskanermönch namens Joseph Copertino.

Ein nicht so lange zurückliegender Fall von mehrfacher Levitation stammt aus den Jahren 1870–1873 und wurde mehrfach von Zeugen beobachtet und sogar wissenschaftlich untersucht.

Daniel Dunglas Home war ein Medium und Spiritist, er konnte bis zu zwei Meter hoch in der Luft schweben und wurde dabei von diversen Menschen beobachtet.

Home präsentierte seine Fähigkeiten auf dem Hof Napoleons III. und des russischen Zaren Alexander II., wurde nie als Betrüger entlarvt und mehrmals durch verschiedene Wissenschaftler untersucht.

Bei einer spirituellen Sitzung ließ Home einen Tisch in der Luft schweben. Ungläubig sprang der Fürst Metternich, der an diese Sitzung teilnahm, unter den Tisch und suchte nach versteckten Mechanismen, die diesen Tisch bewegen sollten, doch er fand nichts.

Home konnte glühende Kohle aus dem Kamin in die Hand nehmen und mehrere Minuten lang festhalten.

Manchmal versuchten skeptische Beobachter das Gleiche und machten dabei sehr schmerzvolle Erfahrungen.

Bei einer weiteren Sitzung schwebte er aus einem geöffneten Fenster hinaus und kam durch ein anderes Fenster wieder herein, das alles in ca. zehn Meter Höhe.

Ein anderes Phänomen, das Home öfter vorführte, war das Spielen eines Akkordeons nur durch die Gedankenkraft (ohne das Akkordeon zu berühren).

Ein Wissenschaftler sperrte bei einer Sitzung das Akkordeon in einen Käfig, um einen Betrug auszuschließen, doch es spielte trotzdem, als sich Home darauf konzentrierte.

Man könnte über Home viel mehr schreiben, doch ist es nicht mein Ziel, mich über ihn auszulassen. Es ist wichtig, dass der Leser alle Faktoren und Ereignisse zur Kenntnis nimmt und für sich auswertet.

Home war in jedem Fall ein außergewöhnlicher Mensch, der nie bei Betrug erwischt worden ist und für seine Sitzungen kein Geld annahm.

An dieser Stelle möchte ich noch kurz über eine andere besondere Person sprechen, die Russin Nina Kulagina.

Kulagina wirkte nicht so spektakulär und umfangreich wie Home, doch sie konnte allein durch ihre Gedankenkraft Objekte bewegen und beeinflussen.

Es existieren Videoaufnahmen (siehe Youtube), in denen Kulagina verschiedene Gegenstände (auch nichtmetallische) unter wissenschaftlicher Aufsicht allein durch Gedankenkraft bewegt.

In einem Krankenhaus wurde ein Versuch gestartet, in dem Kulagina durch Gedankenkraft das Herz einer Versuchsperson zum Stillstand bringen sollte, was ihr auch gelang.

Das machte den KGB auf Kulagina aufmerksam, der sie ab dann überprüfte und ständig beobachtete.

Menschen mit besonderen Fähigkeiten haben es nicht immer leicht, sie werden öfter als Lügner und Betrüger beschimpft, dazu noch durch verschiedene Organisationen sehr kritisch und manchmal auch unfair beobachtet und untersucht.

Nicht selten werden auch Ergebnisse von Untersuchungen durch hartnäckige Skeptiker sehr unehrenhaft infrage gestellt oder untergraben.

Das alles ist einem 83-jährigen indischen Yogi ziemlich egal: Sadhu Prahlad Jani hat seit 70 Jahren keine Nahrung und kein Wasser zu sich genommen.

Er stellt sich jeder Untersuchung, wird seit 14 Jahren durch Ärzte und Wissenschaftler beobachtet und vom indischen Militär untersucht.

Man findet keine Erklärung, wie der Mensch leben kann. Wenn man das herausfinden könnte, könnte es eine große Hilfe für Soldaten, Kosmonauten und andere Menschen in Extremsituationen sein.

Doch alle Untersuchungen blieben bisher erfolglos, Yogi Jani gibt keinen Urin und keinen Stuhl ab, aber er lebt und es geht ihm gut.

Auch in diesem Jahr (2010) wurde er wieder zwei Wochen lang von 25 Ärzten und Wissenschaftlern rund um die Uhr beobachtet und untersucht.

Wie schon bei den vorhergehenden Untersuchungen brachten diese Untersuchungen keine Erklärung für die Nahrungslosigkeit des Yogi.

Kann ein Mensch seinen Körper so beherrschen, dass er ohne Nahrung auskommt? Normalerweise nicht.

Ohne Nahrung und überhaupt ohne Wasser kann ein normaler Mensch nicht mehr als 3 bis 5 Tage überleben.

Doch der indische Yogi beweist das Gegenteil, er kann überleben, nicht nur drei oder fünf Tage, sondern 70 Jahre.

Noch ein Beispiel von Körperbeherrschung kommt aus Tibet. Mönche, die nur mit einem Lappen umhüllt waren, gingen bei minus 25 Grad Celsius in die Berge und übernachteten im Freien.

Am nächsten Tag kamen sie zurück, ohne irgendwelche gesundheitlichen Schäden erlitten zu haben.

Ein normaler Mensch würde die Nacht unter diesen Umständen nicht überleben.

Man könnte ein ganzes Buch schreiben über außergewöhnliche Menschen wie z. B. den Holländer „Mirin Dajo", der mehrmals mit Degen durchbohrt wurde, wobei kein Blut floss und er den Stich unverletzt überstand (es wurden sogar Röntgenaufnahmen vom Degen in seinem Körper gemacht), doch die Anzahl der Vorfälle würde die Aussagekraft nicht ändern.

Nutzen wir Menschen unseren Geist ausreichend oder erhalten wir den nur am Leben und existieren unter unseren Möglichkeiten?

Wenn es zweifellos Menschen gibt, die Unmögliches leisten, wieso kann es nicht jeder?

Im Alltag denken wir nur an alltäglichen Sachen, nicht an spirituelle oder geistige Entwicklung, da wir vom Materiellen geblendet und bei unserem Rennen durchs Leben blind sind.

Doch wenn wir jetzt denken, „andere können das, ich nicht", dann werden wir wachgerüttelt.

Wir alle sind eine große Gesamtheit, wir sind alle miteinander verbunden, das ist kein Witz.

Das, was jetzt kommt, wird vielleicht nicht jedem vertraut oder verständlich sein, doch am Ende des Buches kommen wir noch mal ausführlich darauf zurück.

Das Zauberwort heißt „kollektives Bewusstsein" oder „globales Bewusstsein", es basiert auf Quantenphysik und besagt, dass alles miteinander verbunden ist und alles aufeinander wirkt.

In der Esoterik-Szene würde man vielleicht dazu „Akasha-Chronik" sagen, woanders auch „morphisches Feld", doch egal, wie man es nennt, es handelt sich um ein kollektives, globales (oder sogar noch größeres) Zusammengehörigkeitsphänomen.

Wenn wir von unserem berühmten „Urknall" oder einem ähnlichen Anfang des Universums ausgehen sollten, würde sich die Theorie von alleine anbieten, dass alles in seinem Ursprung eins war.

Auch eine Schöpfung ist von einem Anfang ausgegangen oder von einem Zustand, der uns Menschen nicht begreiflich ist.

Alles, was wir kennen, besteht aus Atomen; somit wäre da wieder ein Zusammenhang der Gesamtheit zu erkennen.

Doch ich würde nicht in diese Richtung gehen, wenn es mittlerweile nicht ausführliche Studien und Beobachtungen gäbe, die eine globale Zusammengehörigkeit der Lebewesen belegen.

Es existieren zweifelsfrei uns noch unbekannte Energiefelder (oder auch globale Energiefelder), die uns alle verbinden.

Diese Energiefelder übertragen, speichern und verteilen eventuell auch Informationen; so könnten Telepathie, Fernwahrnehmung, Fernheilung und viele andere Phänomene funktionieren.

Ob es nur eine Annahme ist oder mehr dahintersteckt, beweisen durchgeführte und noch laufende Untersuchungen.

So verabredeten sich 1993 ca. 4 000 Menschen in Washington zum gemeinsamen Meditieren (Projekt Name „Washington Studie"), um die Kriminalitätsrate im Bezirk Columbia zu senken.

Die geführte und organisierte Meditation dauerte fast zwei Monate (natürlich nicht durchgehend) und wurde durch 27 unabhängige Beobachter überwacht.

Nach Auswertung der Daten der „Washington-Studie", stellte sich heraus, dass die Kriminalität im Bezirk Columbia in dem Zeitraum tatsächlich um 16 bis 28 % zurückging.

Mit den Ergebnissen der Studie beschäftigten sich auch das FBI und andere ranghohe Stellen, nicht nur in den USA.

Ein anderes schönes Beispiel für das „globale Bewusstsein" ist ein noch laufender Versuch der Princeton Universität: „Global Scaling".

Dieses Projekt wertet die Daten von über 70 Zufallsgeneratoren, die auf der ganzen Welt verteilt sind, aus.

Wenn in der Welt nichts Bewegendes passiert, werfen die Generatoren „Nullen und Einsen" im Verhältnis 50:50 aus, doch wenn ein gravierendes Ereignis die Welt bewegt, schlagen die Generatoren ganz wild aus.

So passierte es auch am 11. September 2001. Was daran besonders interessant war: Die Generatoren brachten bereits zwei Stunden, bevor das erste Flugzeug in das WTC flog, wilde Bewegungen hervor.

Leider ist die Menge der Daten, die die Generatoren liefern, unheimlich groß, sodass nur ein kleiner Teil der Daten bis heute genau analysiert wurde.

Doch die großen Ausschläge der Generatoren während weltbewegender Ereignisse wie bei Lady Dianas Tod oder beim Erdbeben auf Haiti sind unschwer zu erkennen.

Beweist das, dass wir alle abhängig voneinander sind und unsere Energien miteinander in Verbindung treten können?

Versuche haben auch gezeigt, dass Menschen, die sich aufrichtig nahestehen, ganz besondere Fähigkeiten entwickeln, um unbewusst geistig miteinander zu kommunizieren.

Zum Beispiel: Eheleute fühlen unbewusst, wenn dem Partner etwas Schlechtes passiert, oder eine Mutter fühlt, wenn dem Kind etwas zustößt.

Eine gewisse Vorahnung begegnet uns bei manchen Ereignissen und unser Gefühl steuert manche unserer Entscheidungen.

Doch dieses Gefühl kann auch eine unbewusste Wahrnehmung von uns gesendeten Energien sein.

Das heißt, jemand sendet uns eine Energie-Botschaft/-Signal und wir empfinden sie als Gefühl und reagieren darauf.

Auch ganz spontane Entscheidungen und Handlungen unsererseits können auf dem unbewussten Empfang von Informationen basieren.

Wir können heute nicht erklären, wieso eine Zelle weiß, wann sie z. B. in einem Embryo die Hand des Kindes bilden soll und wann die Nase.

Unsere DNA beinhaltet nicht nur Informationen, sondern empfängt auch Informationen, die unser zukünftiges Leben beeinflussen und gestalten.

So kann es passieren, dass, wenn wir mit Problemen, Blockaden, Unzufriedenheit, Stress usw. leben, diese negativen Faktoren ein negatives Umfeld um uns schaffen und uns negativ beeinflussen.

Das kann zu Veränderung des Zellteilungsverhaltens führen und zur Entstehung von ernsthaften Krankheiten.

Es ist wissenschaftlich erwiesen, dass Krebs und andere ernsthafte Krankheiten moderne Zivilisationskrankheiten sind und durch unseren Lebensstil und unsere Umwelt verursacht werden.

Doch auf das Thema Krankheiten und Heilungen werde ich im nächsten Kapitel des Buches ausführlich zurückkommen.

Um dieses Kapitel abschließend zusammenzufassen, möchte ich nur betonen, dass alles Lebende miteinander verbunden ist und sich aus der gleichen schöpferischen Energie ernährt.

Auch Tiere verfügen über eine Fähigkeit, Signale aus der Gesamtheitsenergie zu empfangen und darauf zu reagieren.

In England bemerkte ein Hund, der zu Hause eingesperrt war, wann sein Frauchen die Entscheidung getroffen hatte, nach Hause zu fahren. In diesem Moment setzte sich der Hund an die Haustür und schaute aus dem Fenster, bis Frauchen nach Hause kam.

Die Entfernung, in der sich Frauchen befand, und der Zeitpunkt, in dem Frauchen die Rückkehrentscheidung traf, waren unerheblich − ihr Hund reagierte darauf.

Das Verhalten des Hundes wurde durch Wissenschaftler in 46 Versuchen kontrolliert und in 42 Versuchen reagierte der Hund positiv auf Frauchens Rückkehrentscheidung.

Ähnlich verhalten sich auch andere Tiere als Reaktion auf das menschliche Bewusstsein, z. B. verhalten sich Fliegen, wenn wir mit der Fliegenklatsche auf deren Anwesenheit reagieren, als ob sie schon wüssten, was wir denken.

Durch diese gemeinsame Energie wäre es möglich, auch andere Phänomene zu erklären; dazu kommen wir jedoch am Ende des Buches noch mal.

Wunderheilungen und andere unerklärliche Phänomene

In diesem Kapitel möchte ich mich mit Wunder- oder Spontanheilungen sowie mit anderen vergleichbaren unerklärlichen Phänomenen beschäftigen.

Ich werde versuchen, anhand von Beispielen von Heilungen jeglicher Art die Wirkungsweise oder die Hintergründe der Vorfälle zu erforschen.

Anschließend möchte ich noch ein paar unerklärliche Phänomene nennen, die ich auch sehr interessant finde.

Beginnen wir mit den Heilungen und Heilern.

Wir werden als Menschen immer älter, leider aber auch immer kränker.

Durch die medizinische Forschung und technologische Entwicklung steigt die Lebenserwartung in den Industrieländern erheblich.

Der Preis für die Entwicklung der Lebensqualität und Lebenserwartung bringt hektische und stressige Lebensweisen sowie eine erhebliche Umweltbelastung mit sich.

Wir werden jeden Tag mit Negativ-Faktoren konfrontiert, die unsere Gesundheit beeinflussen, so z. B. Stress, schlechte Nahrung, wenig Bewegung, Umweltgifte und Strahlungen jeglicher Art; all das wirkt sich schädigend auf unseren Körper aus.

Die Häufigkeit der Krankheiten in der Bevölkerung steigt rapide, Krebs, psychische Erkrankungen, Autoimmunerkrankungen sowie andere schwere Krankheiten sind auf dem Vormarsch.

Die Wissenschaftler behaupten, dass durch das steigende Lebensalter und das hohe Alter der Menschheit auch die Zahlen der Erkrankten und die Anzahl der Krankheiten steigen.

Doch man beobachtet auch, dass immer mehr junge Menschen ernsthafte Krankheiten wie z. B. Krebs bekommen.

Mir blieb das Ergebnis einer Studie in Erinnerung, die über 300 Mumien (ca. 1 500–3 500 Jahre alt) weltweit nach Spuren von Krebserkrankungen untersucht hat. In nur einer Mumie aus dem unteren Nildelta wurden Spuren einer Krebserkrankung festgestellt, in allen anderen nicht.

Das Ergebnis dieser Studie könnte nahelegen, dass die Krebserkrankungen sich erst in den letzten 150–250 Jahren vermehrt haben.

Noch gravierender würde wahrscheinlich die Entwicklung der psychischen Störungen und Nervenkrankheiten aussehen, deren Zahlen in unserer Leistungsgesellschaft explodieren.

Die Gesundheitskosten in den Industriestaaten steigen ins Unermessliche, die ernsthaften Krankheiten treffen immer jüngere Menschen; wie soll es weitergehen mit der modernen Gesellschaft?

Jeder von uns möchte möglichst lange und auch gesund leben, doch dazu braucht man immer mehr finanzielle Mittel. Das wiederum bewirkt einen erhöhten beruflichen Einsatz, der mit mehr Leistungsdruck verbunden ist.

Diese Hektik des Alltags und das berufliche „Mehr-erreichen-Wollen" fordern ihren Tribut in Form von Krankheiten.

Doch ich möchte hier nicht über die Entstehung von Krankheiten sprechen, sondern von unerklärlichen Heilungen von Krankheiten und deren Ursachen.

Wann spricht man jedoch von einer Spontan- oder Wunderheilung (wissenschaftlicher Begriff: Spontanremission), wie wird eine solche festgestellt und wie werden solche Heilungen erforscht?

Über Wunderheilungen spricht man, wenn eine Heilung geschieht, die aus der Sicht der Schulmedizin unerklärbar ist.

Es kann sein, dass eine Krebserkrankung plötzlich verschwindet, blinde Menschen wieder sehen (siehe Padre Pio) oder andere unheilbare Krankheiten von alleine dauerhaft heilen.

Wenn wir von unerklärlichen Heilungen sprechen wollen, fällt mir als Erstes sofort Lourdes (siehe auch Kapitel „Marienerscheinungen") in Frankreich ein.

Dort erschien 1858 die heilige Mutter Maria einem Mädchen und seitdem geschehen dort immer wieder unerklärliche Heilungen.

In Lourdes wurden mittlerweile mehr als 7 000 gemeldete Heilungen registriert, davon sind aber heute nur 67 als Wunderheilung kirchlich anerkannt.

Die Kirche lässt sich sehr viel Zeit mit der Anerkennung von Wunderheilungen, teilweise bis zu 50 Jahre.

Vielleicht ist die lange Untersuchungsdauer nicht unbedingt falsch, da viele Heilungen aufgrund von positiven psychischen Aspekten nur von kurzer Dauer sind, und wenn die positive Wirkung nachlässt, brechen die Krankheiten erst richtig schlimm aus.

Doch kommen wir zu den Heilungen selbst. Die ersten Heilungen ereigneten sich schon während der Erscheinungszeit 1858.

Sehschwächen, Lähmungen und andere Gebrechen betender Menschen verschwanden dauerhaft.

Die Erscheinungsgrotte in Lourdes

Im ersten Erscheinungsjahr registrierte man sieben Wunderheilungen, das heißt Heilungen, die durch die Kirche anerkannt worden sind.

In den folgenden 17 Jahren erkannte die Kirche keine weiteren Heilungen mehr an. Das heißt nicht, dass es keine Heilungen mehr gab, es gab welche, doch die wurden nicht als unerklärlich angesehen.

Ich möchte jedoch Heilungen neueren Datums betrachten, da sie besser dokumentiert und untersucht worden sind.

Wenn man sich die 67 anerkannten Heilungen ansieht, findet man fast alle Arten von ernsthaften Krankheiten, die auf unerklärliche Weise verschwanden.

Sehr oft wurden Fälle von Tuberkulose geheilt. Tuberkulose galt im 19. Jahrhundert und bis Mitte des 20. Jahrhunderts als eine sehr häufige und meist tödliche Krankheit.

Bis heute zählt Tuberkulose zu den Krankheiten mit einer weltweit sehr hohen Sterblichkeitsrate.

Doch auch Krebs, Hirnhautentzündung und multiple Sklerose wurden oft auf unerklärliche Weise geheilt.

Ein paar Fälle möchte ich hier näher betrachten, so zum Beispiel Wunderheilung Nr. 66: Ein Franzose namens Bely, geboren 1936, Krankenpfleger von Beruf, erkrankte 1972 an multipler Sklerose (MS).

MS ist bis heute unheilbar und zeichnet sich durch verschiedene Verlaufsformen der Krankheit aus. Es gibt leichte Verlaufsformen mit wenigen Beeinträchtigungen, aber auch sehr aggressive Abläufe, die den Kranken an Bett und Rollstuhl fesseln.

MS zerstört irreversibel die Nervenverbindungen im Körper und somit die Funktion der Muskeln und die Motorik des Menschen.

Herr Bely erlitt eine mittelaggressive Form der MS, die ihm aber trotzdem 1987 zum 100 %-Invaliden mit Pflegeanspruch machte; er kann nicht mehr gehen und ist bettlägerig.

Im gleichen Jahr unternimmt er eine Pilgerfahrt nach Lourdes, er betet dort und nimmt ein Bad in der Heilquelle, bis ihm eine innere Stimme sagt: „Stehe auf."

Er steht auf und kann wieder gehen, alle Körperfunktionen funktionieren wieder (am Anfang schwach, aber es wird immer besser).

Er kehrt vollkommen gesund wieder nach Hause zurück, kann wieder arbeiten und ein normales Leben führen.

Nach der Heilung wurde Herr Bely mehrmals von verschiedenen Ärzten untersucht, die jedoch keine Erklärung für diese Heilung fanden.

Können sich dauerhaft zerstörte Nervenzellen so schnell wieder heilen und die MS besiegen, was bis heute wissenschaftlich nicht möglich ist?

Sehen wir uns noch die Heilung Nr. 63 an – ein 1940 geborener Italiener, Soldat (Gebirgsjäger), der 1962 mit Schmerzen und Beschwerden in das Militärkrankenhaus in Verona eingeliefert wird.

Bei mehreren Untersuchungen wurde festgestellt, dass er unter einem Tumor (bösartige Neubildung) in der Beckengegend leidet sowie unter Knochenschwund in diesem Bereich.

Nach einer anfänglichen Behandlung wurde der Soldat Micheli in ein anderes Militärkrankenhaus nach Trient gebracht, wo er die Beweglichkeit des linken Beines ganz verlor.

In Mai 1963 reist Micheli nach Lourdes. Obwohl er noch halb in Gips eingepackt ist, nimmt er Bäder in der Heilquelle und betet in der Grotte.

Zuerst vermerkt er noch keine Besserung, doch als er wieder in Italien ist, verschwinden alle Schmerzen und sein Appetit kommt wieder.

Er lässt sich seinen Gips entfernen und kann wieder gehen, fühlt sich fast normal.

Nach einer Untersuchung im Krankenhaus in Trient stellen die Ärzte einen Neuaufbau der Knochen und eine vollkommene Genesung des Patienten fest.

Er kann wieder arbeiten und unternimmt sogar lange Bergtouren in seinen geliebten Bergen.

In diesem Fall verschwand eine Tumorerkrankung und es kam sogar zur Neubildung von Knochen und Gewebe, und das dauerhaft. Wie ist so etwas zu erklären?

Die Heilung von Herr Micheli wurde erst 1976 kirchlich anerkannt und als Heilung Nr. 63 in Lourdes registriert.

Kurz möchte ich noch über eine Krebsheilung berichten, die unter Nr. 54 in Lourdes vermerkt ist.

Ein Landwirt erkrankt mit 33 Jahren an Lymphdrüsenkrebs, sein Zustand verschlechtert sich zusehends. Er kann nichts mehr selbst machen; seine Überlebenschancen sind sehr schlecht.

Er reist 1950 im Liegen nach Lourdes und übersteht die Reisestrapazen nur ganz knapp; die Mitreisenden haben schon während der Fahrt mit dem Schlimmsten gerechnet.

Nachdem er in der Heilquelle gebadet und in der Grotte gebetet hat, geht es ihm wieder besser, er kann aufstehen und selbst gehen.

Drei Tage später geht es ihm so gut, dass er selbst den Kranken beim Baden in den Heilquellen hilft; er schiebt die Rollstühle und stützt die Kranken beim Gehen.

Zurück zu Hause kann er wieder den ganzen Bauernhof betreiben und kräftig arbeiten.

Bis 1955 wurde der Landwirt mehrmals von verschiedenen Ärzten untersucht. Sie alle konnten keine Hinweise auf eine Krankheit finden; er galt als „auf unerklärliche Weise" geheilt.

Bei dem Bauern aus Italien könnte man sagen, vom Tod in die Normalität zurück – doch wieso und wie?

Das werden wir wohl nie erfahren, doch als Tatsache müssen wir es anerkennen.

Wie schon gesagt, es sind 67 Fälle von „Wunderheilungen" in Lourdes kirchlich anerkannt, 7 000 Berichte von Heilungen jeglicher Art liegen der Ärztekommission in Lourdes vor und man spricht von ca. 30 000 Heilungen insgesamt.

Ich selbst sah an den Wänden der Kirchen in Lourdes Tausende Tafeln mit Danksagungen in verschiedenen Sprachen für besondere Heilungen.

Kurz vor der Erscheinungsgrotte und auch dahinter hängen an den Felsen und stehen auf dem Boden Tausende Krücken, Prothesen, Rollstühle und andere nicht mehr gebrauchte Hilfsmittel die auf eine Heilung hinweisen sollen.

Wenn man denkt, das war früher, jetzt geschehen solche Heilungen nicht mehr, dann irrt man.

Ein fast aktueller Fall von 2009: Eine Italienerin erkrankt an ALS (Amyotrophe Lateralsklerose), eine unheilbare Nervenkrankheit, die innerhalb von ca. fünf Jahren zum Tode führt, meistens durch Lähmung der Atemmuskulatur oder durch Lungenentzündung.

Sie reist schon ernsthaft erkrankt und gefangen in einem Rollstuhl nach Lourdes, nimmt Bäder in der Heilquelle und betet.

Danach kann sie wieder gehen und es geht ihr so gut, als ob sie nie krank gewesen wäre.

Die Frau aus Süditalien wird bei einem Spezialisten in Turin untersucht, der sie seit vier Jahren kennt und vorher schon behandelte.

Unzählige „Danksagungstafeln" für Heilungen in Lourdes

Der Arzt kann sich die Heilung nicht erklären und wirkt sehr schockiert. Normalerweise ist die Krankheit nicht heilbar und die organischen Störungen sind nicht mehr reparabel.

Was zeigt uns Lourdes? Ist es wirklich ein heiliger und heilender Ort?

Wieso werden manche Menschen geheilt und manche nicht?

Mehr als 7 000 Heilungen in 150 Jahren, vielleicht sogar 30 000 Heilungen – das klingt auf den ersten Blick sehr viel, doch wenn man beachtet, dass in der Zeit ca. 180 Millionen Menschen Lourdes besucht haben, erscheint die Zahl dann doch eher klein.

Wieso werden aber Menschen geheilt oder wie können Menschen, die ihre Körperfunktionen verloren haben (z. B. Multiple-Sklerose-Nervenschäden) spontan die Funktionen wiedererlangen, was jeglichen schulmedizinischen Vorstellungen widerspricht?

Dazu bietet die Schulmedizin eine einfache Erklärung, sie behauptet nämlich, dass unsere Psyche solche Heilungen aufgrund eines Schlüsselerlebnisses (extremes Erlebnis) und eigener Einbildung selbst verursachen kann.

Das würde heißen, dass alleine durch die Anwesenheit der Menschen in Lourdes und die besondere Erwartungshaltung, die mit diesem Ort verbunden ist, die Psyche des Menschen so bewegt werden könnte, dass eine Spontanheilung eintritt.

Doch ich bezweifle, dass unter den 180 Millionen Besuchern nur 30 000 Menschen wirklich daran geglaubt haben, ich schätze, dass mindestens 40 % der Besucher mit Glauben und Hoffnung nach Lourdes gereist sind, doch die Heilungen blieben sehr oft aus.

Ein häufig auftretendes Phänomen ist eine angebliche Besserung der Symptome einer Krankheit und eine kurzzeitige vermeintliche Heilung.

Dieses Phänomen ist jedoch nicht dauerhaft und nach dieser kurzen Heilung kommt die Krankheit meistens verstärkt zurück. Dieses Verhaltensmuster ist eindeutig psychisch bedingt und auch oft in der Schulmedizin zu beobachten.

Nach diesem Prinzip arbeiten auch viele selbst ernannten und sehr zweifelhaften Alternativheiler.

Nicht nur in Lourdes kommt es zu „Wunderheilungen", fast an allen spirituellen Orten wird mehr oder weniger von Heilungen berichtetet, und das nicht nur im christlichen Glauben.

So möchte ich vom gut dokumentierten und gut bezeugten Fall einer sehr seltenen Doppelheilung aus Polen berichten: Eine junge Frau erkrankte schon ein Jahr nach der Hochzeit (mit 20 Jahren) an multipler Sklerose. Sie gebar trotzdem noch zwei gesunde Kinder, die sie fast alleine (der Mann trank sehr viel Alkohol) großziehen musste.

Mit 29 Jahren ist die Frau sehr stark geh- und handlungsbehindert und kann nicht mehr den Haushalt führen.

In der Nacht hat sie einen Traum, in dem sie eine große Kirche sieht und mitten in der Kirche ein helles Licht leuchtet.

Das helle Licht wird immer deutlicher und die junge Frau erkennt darin die heilige Maria, die zu ihr sagt: „Komm zu mir, komm nach Jasna Gora."

Jasna Gora ist ein Wallfahrtsort in Tschenstochau/Polen, wo schon seit Jahrhunderten ein Bild der „schwarzen Madonna" verehrt wird.

Die Frau reist mit ihrer 6-jährigen Tochter nach Tschenstochau, dort angekommen geht sie in die große Kirche in Jasna Gora (übersetzt „Heller Berg") und sieht tatsächlich ein helles Licht in der Kapelle, in der das heilige Bild aufbewahrt wird.

Schockiert stürzt sie vermeintlich auf den Boden, doch anstatt auf dem Boden zu liegen, merkt sie, dass sie stehen und später auch gehen kann.

Dann legt sie ihre Gehhilfen weg und fühlt sich wie neugeboren, alle Beschwerden sind wie weggeblasen.

Das war 1979, der Fall wurde sehr gut untersucht und dokumentiert, trotzdem fanden die Ärzte und Wissenschaftler keine rationale Erklärung für diese Heilung.

Wie so viele unerklärliche Fälle wird auch dieser Fall dann zu den Akten gelegt.

Im Jahr 2005 erlitt die Frau bei einem Autounfall Gehirnquetschung; infolge dessen verlor sie das Augenlicht.

Die Ärzte machen der Frau keine Hoffnungen, jemals wieder sehen zu können.

Sie unternimmt noch mal mit ihrer schon erwachsenen Tochter eine Pilgerfahrt nach Tschenstochau und es passiert das nächste „Wunder". Nachdem sie in der „Bildkapelle" gebetet hat, kann sie wieder sehen.

Das zweite Wunder ereignete sich schon drei Monate nach dem Autounfall und wäre deswegen vielleicht nicht so hoch anzurechnen und so spekulativ zu betrachten wie die dauerhafte Heilung der multiplen Sklerose, doch es ist auch sehr beeindruckend.

Es besteht die Möglichkeit, dass sich die Ärzte bei der Diagnose nach dem Autounfall geirrt haben, oder es handelt sich um eine ganz normale fortschreitende Heilung – es ist schwer zu beurteilen.

Tatsache ist jedoch, dass MS nicht heilbar ist und die erste Heilung dauerhaft war.

Egal ob Lourdes, Tschenstochau oder auch Garabandal (Erscheinungsort der heiligen Maria in Spanien), von überall wird von unerklärlichen Heilungen berichtet, doch die Qualität und Seriosität der Heilungsberichte aus Lourdes wird nirgends übertroffen.

So sollen sich auch Heilungen in Garabandal ereignet haben, z. B. wurden 2002 zwei belgische Frauen spontan geheilt, eine von Rheuma und die andere von Lungenkrebs.

Als die Frauen zurück nach Belgien kamen, wurden sie gründlich von Ärzten untersucht, doch es wurden keine Spuren einer Krankheit gefunden.

Für die Mediziner war der Fall von Spontanremission (Spontanheilung) von Lungenkrebs besonders interessant, da die Krankheit schon weit fortgeschritten und gut dokumentiert war.

Aus schulmedizinischer Sicht ist so eine Heilung unmöglich.

Wie schon in Kapitel 8 („Stigmata") beschrieben, bewirken auch Heilige oder andere spirituelle Personen Heilungswunder, egal ob zu Lebzeiten oder nach ihrem Tode.

So wie zum Beispiel der spektakuläre Fall der blinden Frau di Giorgi, die nicht mal Augenpupillen besitzt und trotzdem heute sehen kann, angeblich weil sie durch Padre Pio geheilt worden ist.

Ein anderer Fall, der sich nach dem Tod Padre Pios ereignet hat, berichtet von einer Frau aus Rom, die nach einer Hirnblutung für tot erklärt und in die Leichenhalle eingeliefert wurde.

Ihr Mann ging traurig nach Hause und bereitete in Gedanken die Beerdigung seiner Frau vor. Zu Hause angekommen betete er sehr intensiv zu Padre Pio für seine verstorbene Frau.

In der Nacht bemerkte eine der Schwestern, dass Geräusche aus der Leichenhalle kamen. Als sie in Begleitung von Kollegen nachsehen wollte, woher die Geräusche wirklich kamen, erkannten sie, dass die angeblich tote Frau gar nicht tot war.

Die Frau wurde wieder zurück auf die Station gebracht und von Ärzten anschließend durch eine komplizierte Operation gerettet.

Sie wurde vollkommen gesund und trug keine bleibenden Schäden von der Hirnblutung davon.

Natürlich kann es sich hierbei um eine Fehldiagnose handeln, es wäre bestimmt nicht das erste Mal, dass so etwas passiert.

Doch anderes gedacht – kann es im 21. Jahrhundert mit allen medizinischen Apparaturen und technischen Hilfsmitteln zu so einer schwerwiegenden Fehleinschätzung kommen?

Man könnte ein ganzes Buch füllen mit solchen oder ähnlichen Beispielen, doch wie aussagekräftig die Fälle sind, muss jeder für sich selbst entscheiden.

Ein anderes Beispiel ist jenes von einem Priesterseminaristen aus Sambia, der an Aids erkrankt war und im Sterben lag.

Die Diagnose Aids wurde mehrmals durch verschiedene Untersuchungen bestätigt und es liegen entsprechende Dokumente vor.

Der junge Mann berichtet, dass ihm in der Nacht der italienische Priester Scrosoppi erschienen sei (der allerdings schon seit 1884 tot ist) und ihn geheilt habe.

Tatsächlich konnte der junge Mann am nächsten Tag wieder aus dem Bett aufstehen und war vollkommen geheilt.

Bei den medizinischen Nachuntersuchungen konnte man kein HIV mehr feststellen.

Dass hier eine Fehldiagnose vorliegt, bezweifle ich, da die Diagnose von mehreren Ärzten bestätigt wurde und der Verlauf der Krankheit typisch für HIV war.

Wie kann Aids verschwinden? Das ist medizinisch unmöglich und unerklärlich. Aids gilt doch als unheilbar, oder?

Kommen wir zu den letzten kirchlich bedingten Heilungen, den Heilungen des letzten Papstes Johannes Paul II.

Dem 2005 verstorbenen Papst werden auch mehrere wundersame Heilungen zugeschrieben, deswegen soll er aufgrund des großen Druckes der Gläubigen so schnell wie möglich seliggesprochen werden. Doch dazu benötigt man mindestens ein gut bezeugtes Heilungswunder.

Das heißt, es muss nachgewiesen werden, dass die ernannte Person zu Lebzeiten oder auch nach dem Tod Wunder vollbracht hat, die unerklärbar sind.

Im gleichen Jahr, als Johannes Paul II. starb, berichtete eine französische Nonne aus Cambrai, die wie der Papst selbst unter der Parkinson-Krankheit litt, von ihrer spontanen Heilung.

Die Krankheit der Nonne war schon sehr fortgeschritten, sodass ein normales Leben nicht mehr möglich war.

Im Sommer 2005, nach mehrmaligen Gebeten zu dem erst kürzlich verstorbenen Papst, wurde die Nonne plötzlich gesund, was aus medizinischer Sicht unerklärbar ist.

Eine medizinische Kommission hat sich gründlich mit dem Fall auseinandergesetzt und kam zu dem Ergebnis, dass die Heilung der Nonne aus wissenschaftlicher Sicht nicht zu erklären ist.

Kurz vor Seligsprechung des Papstes verschwand die Nonne jedoch aus der Öffentlichkeit und schon behaupteten die Skeptiker, dass die Krankheit zurückgekommen und die Nonne gar nicht geheilt worden sei.

Doch es stellte sich heraus, dass das nicht der Fall ist und die Nonne dauerhaft geheilt ist; so war sie bei der Seligsprechung des Papstes 2011 in Rom vollkommen gesund anwesend.

Dem Papst aus Polen werden noch mehr Wunderheilungen zugeschrieben. Z.B. soll er 1986 bei einem Zwischenstopp auf der Karibikinsel Saint Lucia einen 18 Monate alten, seit der Geburt behinderten Jungen durch Segnung und Handauflegen geheilt haben.

Die Ärzte auf Saint Lucia bezeugen den Vorfall und erklärten, dass die Behinderung aus medizinischer Sicht nicht heilbar war.

Der Junge ist inzwischen erwachsen, erfreut sich bester Gesundheit und lebt immer noch auf der Insel.

Ein anderer Fall wird aus Kanada berichtet, wo 2002 beim Jugendtag im Toronto der Papst ein krebskrankes Mädchen segnete und seine Hand auf seinen Kopf auflegte.

Das Mädchen wurde dauerhaft vom Knochenmarkskrebs geheilt, was schulmedizinisch unerklärbar ist.

Handelt es sich hier um ein Wunder oder um eine Spontanheilung, die manchmal von selbst auftreten kann?

Wirkt hier der eigene Glaube als eine starke Wunderwaffe, die die Krankheit besiegen kann?

Es liegen noch andere Heilungsberichte vor, die in Verbindung mit dem verstorbenen Papst Johannes Paul II. stehen, doch die möchte ich nicht weiter vortragen, sondern zum nächsten Punkt wechseln.

Was sagt die Wissenschaft zu solchen Spontanheilungen und gibt es diese nur in der Kirche oder geschehen sie überall?

Es wird mittlerweile intensiv nach den Ursachen für Spontanremissionen geforscht, da man deren Existenz nicht leugnen kann.

In Deutschland untersuchten die Uni Heidelberg und die Uni Nürnberg ganz gezielt Fälle von unerklärlichen Krebsheilungen.

Festgestellt wurde, dass es bei ca. 70 000 Krebserkrankungen nur eine Spontanremission gibt, die auch noch von der Krebsart abhängig ist.

Bei manchen Krebsarten kommt es öfter zu einer Spontanheilung und bei anderen so gut wie gar nicht.

Skeptiker behaupten, dass die Wunderheilungen in der Kirche auf psychologischen Aspekten beruhen, doch die wissenschaftlichen Studien können keinen Zusammenhang zwischen Psyche und Heilung feststellen.

So reicht es nicht, an die Heilung oder an Gott zu glauben beziehungsweise positiv zu denken, um geheilt zu werden.

Wie eine Wunderheilung zustande kommt, kann heute keiner erklären, doch solche Heilungen geschehen auch bei Atheisten und in allen Kultur- und Glaubenskreisen.

Sehen wir uns die Personen an, die angeblich eine Gabe haben, Kranke zu heilen oder Krankheiten zu sehen.

So z. B. Krassimira Dimova aus Bulgarien, die durch einen Zufall auf ihre heilenden Kräfte aufmerksam wurde.

Sie renovierte gerade ihr Badezimmer, als sie einen Stromschlag bekam und ohnmächtig wurde. Als sie wieder aufwachte, saß neben ihr ein Arzt auf ihrem Bett, der selbst eine verletzte Hand hatte.

Frau Dimova fasste nichts ahnend die verletzte Hand des Arztes an, der dabei zusammenzuckte und Wärme verspürte.

Die Schmerzen verschwanden sofort und der Arzt fühlte sich geheilt.

So begann die Heilerlaufbahn von Frau Dimova, die davor Germanistik und Literatur studiert und nichts mit paranormalen Phänomenen zu tun gehabt hatte.

Ihrer Heilerqualitäten wurden 1990 wissenschaftlich in einer Klinik untersucht; sie durfte 146 Patienten mit Handauflegen und mit Senden „positiver Energie" behandeln. Bei 144 Patienten wurde eine Heilung oder zumindest eine Besserung der Symptome festgestellt, nur zwei Fälle blieben unverändert.

Später wurden ähnliche Untersuchungen mit Frau Dimova in einem Militärkrankenhaus durchgeführt. Sie konnte schwerste chronische Beschwerden erfolgreich behandeln und auch Diagnosen stellen – ohne jegliche Hilfsmittel.

Frau Dimovas heilende Fähigkeiten wurden staatlich bescheinigt und sie erhielt eine Erlaubnis zur Ausübung des Berufs des Heilers.

Ein anderer Heiler namens Manning kommt aus England und wurde schon seit seiner Kindheit mit paranormalen Phänomenen konfrontiert.

In seiner Gegenwart kam es verstärkt zu Poltergeist-Phänomenen wie Klopfgeräuschen, Bewegung von Objekten und Verformung von Gegenständen.

Seine Schulzeit verbrachte er in einem Internat, auch dort gingen die Spukphänomene weiter, sehr zum Leidwesen der Schulleitung, die mit dem Phänomen überfordert war.

Herr Manning stellte schnell fest, dass er nicht nur Spukphänomene erzeugen kann (ob er will oder nicht), sondern auch durch Berührung eine Person oder nur durch Handauflegen in der Lage ist, Menschen zu heilen.

Es folgten wissenschaftliche Untersuchungen in England, den USA und Kanada, denen sich Herr Manning sehr gern zu Verfügung stellte.

In den USA wurde untersucht, ob der Heiler auch auf lebendige Krebszellen im Reagenzglas wirken kann. Normalerweise bleiben lebendige Zellen an der Kunststoffoberfläche des Reagenzglases kleben. Wenn die Zellen absterben, verlieren sie die positive Ladung und lösen sich von der Oberfläche ab.

Dem englischen Heiler ist es gelungen, alle Krebszellen durch Handauflegen und Aussendung von Energie im Reagenzglas abzutöten.

Seitdem hat Herr Manning unzählige Menschen geheilt oder deren Beschwerden gelindert.

Menschen aus der ganzen Welt kommen in Matthew Mannings Heilungszentrum in England, um Hilfe zu erfahren.

Es gibt also nicht nur göttliche Heilungen, sondern auch Menschen, die heilend auf andere Menschen einwirken können.

Doch wieso kann ein Mensch heilende Kräfte aufbauen und daraus schöpfen und ein anderer nicht?

Vielleicht können wir das alle, nur beschäftigen wir uns nicht damit und entwickeln die eigenen Kräfte nicht.

Eine andere besondere Person ist die Russin Natascha Demkina. Sie wurde 2004 im Alter von 17 Jahren bekannt als „das Mädchen mit den Röntgenaugen".

Das heißt, Frau Demkina kann Krankheiten und Beschwerden ohne jegliche Hilfsmittel sehen, sie braucht sich nur den Patienten anzuschauen.

Sie wurde in Russland, England, den USA und Japan durch verschiedene Organisationen mehr oder weniger „wissenschaftlich" untersucht.

Die Ergebnisse der Untersuchungen waren bis auf die in den USA positiv.

Wie sich herausstellte, stand hinter den Untersuchungen in den USA die Skeptikerorganisation CSICOP. Die Organisation wird durch einen ehemaligen Magier geleitet, der 1 Million Dollar Belohnung aussetzte für einen Beweis für die Existenz von paranormalen Phänomenen.

Natürlich war und ist er nicht daran interessiert, einen Beweis zu finden, sonst müsste er diese Summe auszahlen.

So wurden bei den „Untersuchungen" in den USA Frau Demkina sieben Menschen vorgeführt. Sechs davon sollten Beschwerden haben, die sie herausfinden sollte; der siebte Proband war beschwerdefrei.

Den Probanden wurden die Gesichter beziehungsweise auch der ganze Körper zugedeckt, um jegliche Kommunikation zu unterbinden.

Auch ein enger zeitlicher Rahmen wurde festgelegt, um psychischen Druck auf das junge Mädchen auszuüben.

Die Skeptiker erklärten ihr, dass sie das Experiment als gelungen anerkennen würden, wenn sie fünf von sieben möglichen Beschwerden richtig erkenne.

Frau Demkina erkannte vier von sieben möglichen Zuständen richtig, das ergibt eine Trefferquote von ca. 58 %.

Doch die Skeptiker waren nicht zufrieden und betrachteten Frau Demkina als Betrügerin und Lügnerin, was dem jungen Mädchen sehr zusetzte.

Für jeden normalen Menschen würde schon ein Treffer eine Sensation sein, da keiner ohne eine Untersuchung erkennen kann, was einem Menschen fehlt.

In darauffolgenden Untersuchungen in Japan erzielte Natascha sehr gute Ergebnisse; sie erkannte bei einem Mann, dass er sein Herz an der rechten Seite habe, und dass ein anderer Patient eine doppelte Niere besäße.

Auch eine nur drei Wochen alte Schwangerschaft (obwohl sie nicht danach gefragt wurde) erkannte Frau Denkima sofort.

Heute arbeitet Frau Denkima sehr erfolgreich im Zentrum für spezielle Diagnostik in Moskau.

An diesem Beispiel kann man ganz gut erkennen, wie Interessengruppen ihre Dogmen auf primitivste Weise durchsetzten möchten und dadurch das wahre Ziel der Wissenschaft verfehlen.

Es ist voreilig Dinge, von denen wir nichts verstehen, als unwahr abzustempeln, nur weil zu einem bestimmten Zeitpunkt keine erhoffte Wirkung eintritt.

Man sollte unerklärliche Phänomene trotzdem weiterverfolgen, um eventuell neue Wege in der Wissenschaft zu finden, selbst wenn die Erfolge nicht gleich bei 100 % liegen.

Auch schulwissenschaftliche Forschungen und Versuche erbringen oft überschaubare Ergebnisse und werden trotzdem noch weiterverfolgt.

Kommen wir noch zu einem anderen Heiler, den ich kurz vorstellen möchte. Es handelt sich um den Engländer George Chapman, der allerdings schon 2006 verstarb.

Herr Chapman war Feuerwehrmann und Automechaniker. Nach dem Tod seiner nur wenige Wochen alten Tochter (1945) begann verstärkt seine spirituelle Entwicklung.

Er wurde zum Medium und Heiler und bekam medialen Kontakt zu einem angeblich 1937 verstorbenen Londoner Augenarzt, Dr. Lang.

Herr Chapman arbeitete ca. 60 Jahre als Heiler und die ganze Zeit wirkte Dr. Lang durch ihn und führte alle Behandlungen an Patienten auf geistiger Ebene durch.

Nachforschungen ergaben, dass es wirklich einen Dr. Lang in London gab und alle Angaben der Wahrheit entsprachen.

Herr Chapman befand sich während der Heilbehandlungen im Trancezustand und benutzte Fachausdrücke, die er als Nicht-Mediziner gar nicht kennen konnte.

Er wurde weltbekannt und behandelte auch viele prominente Personen; nicht selten suchten auch Mediziner bei ihm Hilfe.

Wenn es stimmt, dass ein geistiger Arzt Menschen behandelt, welchen Einfluss hat die geistige Welt auf uns Menschen überhaupt?

Kann es sein, dass wir gezielt aus einer anderen Dimension gesteuert werden?

Sehen wir uns noch andere Wunderheiler an, die angeblich auf ähnliche geistige Weise heilen.

Zum Beispiel ein Heiler aus Brasilien namens Arigo, durch den angeblich ein gewisser Dr. Fritz heilte, der im Ersten Weltkrieg ums Leben gekommen war.

Man konnte die Existenz eines Dr. Fritz nie nachweisen, auch die Glaubwürdigkeit von Arigo wurde oft infrage gestellt, obwohl er angeblich einen ranghohen Senator vom Krebs heilte und Millionen von Behandlungen durchführte.

Ähnlich ist es mit Geisterchirurgen aus den Philippinen, die sogar blutige Operationen unternahmen und Gewebeteile herausoperierten, ohne einen Schnitt oder eine Wunde zu hinterlassen.

Wie sich in den meisten Fällen jedoch herausstellte, handelte es sich um einfache Tricks, die die angeblichen Heiler anwandten. Es ist schade, dass viele Menschen, nur um sich zu bereichern oder in den Vordergrund zu stellen, zu unehrlichen Mitteln greifen.

Viele Berichte von Heilungen, bei denen keine medizinischen Überprüfungen vorliegen, sind in der wissenschaftlichen und paranormalen Forschung unbrauchbar.

Doch manche Berichte erstaunen manchmal auch die Wissenschaftler, wie z. B. ein Fall aus London.

Ein Anwalt wird mit starken Bauchschmerzen in ein Londoner Krankenhaus eingeliefert. Wie sich herausstellte, handelt es sich um Krebs im Endstadium.

Nach langer Behandlung können die Ärzte nichts mehr machen und schicken den Anwalt zum Sterben nach Hause.

Einige Jahre später wird der gleiche Anwalt mit Herzbeschwerden in das gleiche Krankenhaus eingeliefert. Da fragen ihn die Ärzte, wie er die Krebskrankheit überstanden hat, da sie keine Spuren von einer Krebserkrankung bei ihm finden können.

Er erzählte den Ärzten, dass er bei einem Geisterheiler (Schamanen) aus Kenia war, der im Stadtteil Soho wohnt und ihn durch Handauflegen und Beschwörungen geheilt habe.

Seitdem war er gesund, bis zu jenem Tag, an dem die Herzbeschwerden kamen.

Eine erstaunliche und zugleich interessante Geschichte, die zeigt, dass sogar Naturreligionen Einfluss auf den Verlauf einer Krankheit nehmen können.

Was steckt hinter all den Heilungen, gibt es etwas Gemeinsames, etwas, das auf eine Mechanik der Heilung hindeuten würde?

Eindeutig „nein", aber wenn man sich die Gesamtheit „Mensch" anschaut, kommt man schon auf gewisse Zusammenhänge.

Ein heute in der Medizin oft benutztes Wort heißt „Psychosomatik". Die Auswirkung oder auch Wechselwirkung zwischen Seele, Geist und Körper scheint sehr wichtig für die Gesundheit des Menschen zu sein.

Doch das sehe ich nur als den Anfang der neuen Medizin; wir müssen noch weiter in uns gehen und die Heilungen oder Betreuung jeder einzelnen Zelle anregen.

Des Weiteren müssen wir auch erkennen, dass in unserem materiellen Körper auch ein Energiekörper existiert, der die Umweltauswirkungen auf uns in kleinsten Formen (Quanten) wahrnimmt.

Als Hinweis dafür könnte auch die Tatsache dienen, dass jede Zelle Lichtteilchen aussendet (Biophotonen), die wiederum untereinander in Kontakt stehen (Wechselwirkung) und eventuell eine persönliche Gesamtheit bilden, wenn nicht sogar eine universelle Gesamtheit der Menschheit.

Das könnte heißen, dass die Einwirkung unserer Umwelt gewisse Prozesse in uns auslösen könnte, die wiederum Einfluss auf unsere Gesundheit haben könnten.

Es gibt verschiedene alternative Heilmethoden wie z.B. Handauflegen, eine geistige Energiebehandlung, Aura- und Biofeld-Behandlung, Biofeldresonanz, Entspannungsverfahren und, und, und.

Ob irgendeine Methode wirklich hilft, sei dahingestellt, doch bestimmte Faktoren wirken sich nachweislich positiv auf unseren Körper und unsere Seele aus.

Das Wichtigste ist, dass ein Mensch innere Zufriedenheit verspürt und keine ungelösten Konflikte mit sich schleppt.

Auch sehr wichtig sind die Vermeidung und der Abbau von Stress sowie die Bekämpfung der Unzufriedenheit und ein Leben im Einklang mit sich selbst.

Die Stresshormone Adrenalin und Cortisol beeinflussen den Stoffwechsel im Gehirn negativ, indem sie die Ausschüttung von heilenden Botenstoffen verhindern.

Stress, Angst, Gier und Hass machen den Menschen krank und bewirken im Umfeld der Betroffenen negative Energie.

Herrscht in unserem Umfeld eine Verstimmung, Stress oder andere negative Faktoren, überträgt sich die Stimmung auf uns und kann (in erster Linie sensible Menschen) krankmachen.

Was passiert bei einer Spontanheilung? Die Wissenschaft rätselt und spekuliert über deren Ursachen, forscht auf materieller Ebene nach dem Geistigen, lässt aber eine nicht wissenschaftliche Erklärung nicht zu.

Doch eine reine wissenschaftliche, greifbare und wiederholbare Erklärung für alle Spontanremissionen wird es wohl nie geben.

Zum Beispiel kann der Mensch sein Immunsystem aktivieren und somit Killerzellen entwickeln, die sogar den Krebs zerfressen oder aushungern können.

Doch wie geht das, wieso funktioniert es bei den einen und den anderen nicht, wieso nur so selten?

Die Menschen, die an Gott glauben, würden darauf antworten: „Weil Gott es so will, deswegen heilt er manche Menschen und manche nicht."

Doch wie erklären sich das die Menschen, die nicht an Gott glauben?

Bei den Atheisten ist nach einer schweren Krankheitsdiagnose in den meisten Fällen ein Lebenswandel zu beobachten, die erkennen, dass alles Materielle relativ sinnlos ist und dass die Zeit begrenzt ist.

Dass die Automatik des Verdrängens des Todes auf einmal nicht mehr wirkt, d. h., wir denken immer, dass es den anderen trifft, doch nicht uns, und auf einmal wird das Ende real.

Wir sehen im Fernsehen, dass tagtäglich über irgendwelche Tote in der Welt berichtet wird, wir empfinden kurzzeitiges Mitleid und verdrängen diese Ereignisse aus unserem Bewusstsein, doch wir nehmen den Tod nicht real wahr.

Es ist eine Gefühlsexplosion und ein Bewusstseinsschock, wenn es auf einmal um uns selbst geht.

Nach einer schlimmen Krankheitsdiagnose verlieren viele Dinge ihre Wichtigkeit; die Weltanschauung ändert sich und man muss nach Zeit für sich selbst suchen.

Die neuen Erkenntnisse bewirken auch bei einem überzeugten Atheisten eine gewisse unbewusste spirituelle Einwirkung seines geistigen Zustands.

Mehr Zeit für sich, Unwichtigkeit von Geld und Karriere und andere alternative Lebensanschauungen wirken sich entspannend und meditativ auf die Person aus.

Doch auch eine psychische und seelische Ausgewogenheit garantieren nicht die körperliche Heilung eines Menschen oder gar Schutz vor der Entstehung von Krankheiten.

Andere wichtige Faktoren, die Einfluss auf die Gesundheit jedes Menschen haben, sind erbliche Vorbelastungen sowie Umwelteinflüsse.

Unsere Nahrung wird immer mehr synthetisch hergestellt oder chemisch belastet, die Umwelt wird durch Abgase und andere Gifte fortschreitend vergiftet.

Verschiedenartige Wellen (Handy, Navi, TV) verändern unsere Gehirnaktivitäten und beeinflussen den Zellhaushalt in unserem Körper.

Das alles wirkt sich negativ auf unseren Körper aus und ein schwaches Immunsystem kann all diesen Faktoren nicht lange entgegenwirken; so entstehen die meisten Krankheiten.

Zum Abschluss möchte ich noch eine Studie aus den USA erwähnen, die sich mit dem Einfluss von Gedanken und Gefühlen auf unsere DNA befasst hat.

So wurden 28 DNA-Proben in einem speziellen Behälter platziert und durch speziell ausgebildete Personen positiv bzw. negativ beeinflusst.

Die Personen versuchten, starke Gefühle zu erzeugen und somit Einfluss auf die DNA zu nehmen.

Wie sich herausstellte, wurde die positiv beeinflusste DNA größer (streckte sich) und entwickelte ihren Code einwandfrei, wobei die negativ beeinflusste DNA sich zusammenzog und einen Teil ihres Codes ausschaltete.

Doch die Erklärung für die Funktionsweise von Spontanheilungen bringt uns diese Erkenntnis auch nicht, es ist aber ein kleines Steinchen auf dem langen Weg der Wahrheit.

Dass wir in der jetzigen wissenschaftlichen Welt jemals eine Erklärung für Spontanremissionen finden werden, bezweifle ich stark, doch die wissenschaftliche Welt wird auch mal die materielle Hülle verlassen und neue Erkenntnisse finden.

Schon heute arbeiten immer mehr Kliniken mit Geisterheilern zusammen und fordern eine Ganzheitsmedizin.

So werden wir in Zukunft immer mehr Einfluss auf unser geistiges Ganzes nehmen müssen, um wirkliche Fortschritte in unserem Wissen zu erzielen.

Geister und Spukphänomene

Geistergeschichten kennt jeder, ob aus der eigenen Kindheit oder aus dem Fernsehen, vielleicht sogar real aus selbst erlebten Begegnungen.

Doch sind die selbst erlebten Fälle Wirklichkeit oder spielen uns da unsere Sinne einen Streich?

Heute hat der Glaube an Zauberer, Hexen, Kobolde oder andere zweifelhafte Gestalten stark abgenommen, da die Wissenschaft viele der Phänomene erklären und widerlegen konnte.

Doch das Thema Geister oder Spuk ist immer noch sehr aktuell und wird immer stärker als real anerkannt und untersucht.

Zweifellos ereignen sich Phänomene, die wir durch unseren jetzigen Wissensstand nicht erklären können und jegliche wissenschaftliche Erklärungsversuche auf wacklige Beine stellen.

Das soll nicht heißen, dass alle Geister oder Spukberichte wahr sind – im Gegenteil, ca. 70–80 % der Fälle kann man rational erklären und nicht selten stellt sich ein Fall als Betrug heraus. Diese Fälle fügen der paranormalen Forschung immensen Schaden zu und stärken den Skeptikern den Rücken.

Was ist eigentlich Spuk?

Man unterscheidet zwischen ortsgebundenem und personengebundenem Spuk sowie sonstigen Jenseitskontakten.

Ortsgebundener Spuk ereignet sich immer am gleichen Ort (Gebäude, Schlachtfeld, Schloss, Friedhof usw.) und wirkt in zeitlich unbestimmten Abständen.

Häufig ist dieser Ort mit extremen Emotionen behaftet und die spukende Gestalt starb meistens eines grauenhaften, tragischen oder verbrecherischen Todes.

Die Spukphänomene werden von verschiedenen Beobachtern zu vorher nicht bestimmbaren Zeiten gesehen und zwischen den Erscheinungen können Jahrzehnte vergehen.

Personenbezogener Spuk ist viel häufiger anzutreffen und durch Fotos, Videoaufnahmen und viele Bezeugungen meistens gut dokumentiert.

In diesem Fall geschehen unerklärliche Phänomene im Umfeld von ein und derselben Person; das heißt aber nicht, dass diese sogenannte „Fokusperson" bewusst die Spukphänomene verursacht. Meistens passiert das unbewusst und unabsichtlich.

In den überwiegenden Fällen handelt es sich um Jugendliche in der Pubertät oder Personen mit starken inneren Konflikten.

Die weiteren Themen, die ich in diesem Kapitel aufgreifen möchte, sind EVP (Electronic-Voice-Phänomene) und mediale Kontakte mit Verstorbenen.

Bei EVP versucht man, mithilfe von Tonbändern oder Videoaufnahmen einen Kontakt mit dem Jenseits herzustellen.

Dieses Phänomen wurde zufällig durch den schwedischen Filmemacher Jungerson entdeckt, während er Tierstimmen in freier Natur aufnahm.

Beim Abspielen der Tonaufnahmen vernahm er fremde menschliche Stimmen, die er vor Ort nicht gehört hatte.

Er befand sich ganz alleine im Wald und hörte während seiner Aufnahmen keine menschlichen Stimmen.

Heute gibt es weltweit Organisationen, die sich nur mit diesem Thema befassen, und Tonbänder sowie Videoaufnahmen gehören zur Standardausrüstung jedes Geisterjägers bzw. paranormalen Forschers.

Was mediale Sitzungen betrifft, ist gesunde Vorsicht geboten.

Die selbst ernannten Medien, die für einen gewissen Geldbetrag angeblich mit einer verstorbenen Person in Kontakt treten, würde ich zu 85 % als Scharlatane und Betrüger bezeichnen.

Leider boomt dieses Geschäft sehr und die Menschen, die in ihrer Trauer nach dem Verlust eines geliebten Menschen Trost suchen, werden skrupellos ausgenommen.

Untersuchungen zeigen, dass von zehn untersuchten Medien nur eins wirklich positive und unerklärliche Ergebnisse vorweisen kann.

Doch darauf kommen wir später noch ausführlich zurück.

Fangen wir mal mit personenbezogenen Spukfällen an, da diese am besten dokumentiert, bezeugt und untersucht werden.

Nicht selten werden Polizei, Feuerwehr, Handwerker und andere unabhängige Fachleute zu solchen Spukphänomenen herangezogen.

Was passiert bei personenbezogenem Spuk?

Bei personenbezogenem Spuk ereignen sich unerklärliche Vorfälle, meistens in der Anwesenheit einer bestimmten Person. Diese Person nennt man wie schon gesagt eine „Fokusperson".

Es kommt zu Klopfgeräuschen (poltern), Bewegung von Gegenständen, Elektrik-Abnormitäten und anderen unerklärlichen Phänomenen.

Der berühmteste personengebundene Spuk, der sich in Deutschland ereignete, fand 1967–1968 in einer Anwaltskanzlei in Rosenheim statt.

Dort drehten sich Bilder an der Wand um die eigene Achse, zersprangen ohne ersichtlichen Grund Glühbirnen in Lampen, Leuchten bewegten sich ohne fremden Einfluss an der Decke hin und her und über 600 Mal wurde die Zeitansage angerufen, auch dann, wenn das Telefon von der Telekom blockiert wurde.

Manchmal wurde die Zeitansage sechs Mal in der Minute angerufen, jedoch wurde das Telefon in der Zeit nachweislich nicht benutzt, da es immer unter Beobachtung stand.

Ein über 100 kg schwerer Aktenschrank bewegte sich selbstständig vor mehreren Zeugen durch ein Büro und Schubladen öffneten und schlossen sich von selbst.

Zur Aufklärung der Vorfälle wurden Techniker der Post, die Polizei sowie Elektrotechniker zurate gezogen, jedoch ergab keine der Untersuchungen einen Hinweis auf eine technische Störung oder Manipulation.

Der Parapsychologe aus Freiburg, Hans Bender, stellte fest, dass sich die Ereignisse nur ereigneten, wenn die 16-jährige Büroangestellte Annemarie anwesend war.

Nach einer Aussprache mit dem Mädchen stellte Hans Bender fest, dass das Mädchen keine Lust auf die Ausbildung in der Anwaltskanzlei hatte und ihr die Arbeit überhaupt keinen Spaß machte.

Man schickte Annemarie in den Urlaub und die Phänomene verschwanden sofort, doch nach ihrer Wiederkehr ging es wieder von vorne los.

Somit sah man sich gezwungen, dem Mädchen zu kündigen, und damit kehrte Ruhe in die Kanzlei ein.

Es deutet alles darauf hin, dass eine Person (Fokusperson) unbewusst Phänomene erzeugen kann, die unsere Vorstellungskraft übertreffen können.

Wie kann eine Person alleine durch Gedankenkraft sechsmal in der Minute eine Telefonnummer wählen, ohne die Tasten zu berühren, oder einen 100 kg schweren Schrank bewegen, ohne ihn anzufassen?

Parapsychologische Forschungen, die teilweise durch weltweite Geheimdienste überwacht worden sind, haben ergeben, dass in ganz seltenen Fällen (siehe Kulagina) und unter extremen körperlichen und psychischen Anstrengungen der Versuchsperson leichte telekinetische Phänomene möglich sind.

Doch meines Wissens ist es einer Versuchsperson unter Laborbedingungen noch nie gelungen, Levitations- oder Materialisationsphänomene zu erzeugen.

Das heißt: Bei keinem überwachten Versuch konnte eine Person Objekte durch die Luft bewegen oder Objekte ohne Berührung bewegen.

Das würde den Grundkräften der uns bekannten Physik widersprechen und auch die normale Logik des Menschen könnte da nicht folgen.

Ein anderer interessanter Fall, der sich in der Schweiz zutrug, berichtet über Materialisationsphänomene, die oft bei Spukfällen auftreten.

So kam es 1955 in einem Hotel in der Südschweiz zu Spukphänomenen, die bis heute unerklärt blieben, jedoch einem Mädchen (Fokusperson), das in der Küche arbeitete, zugeschrieben werden.

Am Anfang polterte es an den Fenstern in der Küche des Hotels, später flogen Steine in die Küche, obwohl alle Fenster und Türen geschlossen waren.

Die Steine materialisierten sich erst kurz vor ihrem Aufprall auf dem Boden, sprangen meistens nur einmal auf den glatten Boden und blieben liegen.

Sie waren ganz warm und manchmal auch nass; wie sich später herausstellte, stammen sie alle aus dem Hotelhof vor dem Gebäude.

Als Nächstes bewegten sich auf unerklärliche Weise Gegenstände in der Küche, obwohl keine Person in der Nähe war.

Der Hausmeister und der Hotelbetreiber selbst blieben die ganze Nacht wach, um den Schuldigen auf frischer Tat zu ertappen, doch es passierte gar nichts.

Erst am nächsten Tag, als das Küchenmädchen wieder zur Arbeit kam, ging es wieder los mit dem Spuk.

Da schaltete man sofort die Polizei ein, doch die konnte auch nichts feststellen, außer dass die Steine, die aus der Küche nach draußen geworfen wurden, sich nach kurzer Zeit wieder drinnen befanden, obwohl alles verschlossen war.

Danach wurde der Ortspfarrer in Begleitung von sechs anderen Personen gerufen, um dem Spuk endlich ein Ende zu bereiten.

Doch auch der Pfarrer musste feststellen, wie sich Steine aus dem Nichts in der Küche vor seinen Augen materialisierten und verschiedene Objekte sich von alleine bewegten.

In drei Tagen wurden fast 100 Steine gezählt, die in die Küche eingeschlagen haben, jedoch ohne jemanden zu verletzen.

So plötzlich, wie die Phänomene angefangen hatten, hörten sie nach ein paar Tagen wieder von alleine auf.

Doch die Polizei, Hotelangestellte, Hotelgäste, Pfarrer und etliche Menschen haben den Spuk miterlebt und bezeugt – was steckt dahinter?

Physikalisch ist es unmöglich, dass sich Objekte dematerialisieren und an einem anderen Ort wieder materialisieren. Das würde heißen, dass ein Objekt aus Materie in einen Energiezustand übergehen und an einem anderen Ort wieder zurück zu Materie würde.

Nach dem heutigen Stand der Wissenschaften ist so etwas undenkbar, doch das heißt nicht, dass der heutige Stand der Wissenschaften als eine Messlatte für das Universum und den Schöpfer gilt.

Solche Phänomene der Materialisation findet man öfter in Spukberichten und auch bei medialen Sitzungen, auf die ich später noch mal zurückkommen werde.

Betrachten wir noch einen interessanten Fall aus der Schweiz, der seinen Anfang 1862 nahm.

Ein angesehener Rechtsanwalt und Politiker, Melchior Joller, der nicht an paranormale Ereignisse glaubte, wurde am eigenen Leibe eines Besseren belehrt.

Familie Joller war wohlhabend, genoss hohes Ansehen in der Gesellschaft und hatte sieben Kinder.

Zuerst begann der Spuk mit Klopfgeräuschen jeglicher Art und an unterschiedlichen Stellen, doch die akustische Stärke der Klopfgeräusche nahm immer mehr zu.

Manchmal waren sie so laut, dass man sie in der ganzen Nachbarschaft und auf der Straße hören konnte.

Zusätzlich zu den Klopfgeräuschen im Haus bewegten sich Gegenstände von selbst und verschwanden manchmal ganz, um wieder an anderen Orten aufzutauchen.

Familienmitglieder wurden von unsichtbaren Händen berührt und auch oft regelrecht belästigt, dazu sah der Sohn eine weiße, gasförmige Gestalt, die ihn sehr erschreckte.

Zuerst dachte der Anwalt, jemand wolle ihm einen Streich spielen, und durchsuchte das ganze Haus nach Indizien für seine Annahme, fand jedoch nichts.

Darauf wurde die Polizei eingeschaltet und eine Untersuchungskommission gebildet, doch diese Maßnahmen blieben ebenfalls erfolglos.

Eine Nacht verbrachte die ganze Familie Joller im Hotel und das Haus wurde von Spezialisten untersucht.

In dieser Nacht konnten die Fachleute keine Vorfälle registrieren und verließen ergebnislos das Gebäude.

Sobald die Familie wieder in das Haus zurückkehrte, fingen die Phänomene erneut an.

Steine flogen durch den Kamin in die Wohnung und durch das Fenster wieder heraus, Türen schlugen zu und gingen wieder von alleine auf, Schränke wurden umgeworfen.

Die Familie konnte und wollte nicht mehr in diesem Haus leben und floh nach Zürich und später sogar nach Rom.

Der Hausherr schrieb in seinem Tagebuch alle Vorfälle akribisch genau auf, später wurde sein Tagebuch in Form eines Buches veröffentlicht.

Wie können wir uns diesen Fall erklären?

Poltergeräusche kommen bei Spukphänomenen sehr oft vor. Die heutige Wissenschaft erklärt es damit, dass eine „Fokusperson" die Geräusche durch ihr Unterbewusstsein verursachen kann.

Doch wie und wieso das funktionieren soll, kann uns keiner sagen, ebenfalls ist noch nie eine künstlich gewollte Erzeugung solcher Phänomene unter Laborbedingungen gelungen.

Eine Studie in den USA, die sich mit Poltergeist-Geräuschen aus den vergangenen vierzig Jahren beschäftigte und alle Aufnahmen in Tonanalysen genau untersuchte, fand heraus, dass die Geräusche nicht wie bei gewöhnlichen Tönen aus der Oberfläche der Materialien hervorgehen, sondern aus ihrem Inneren.

Das heißt, dass das Material oder die Atome, aus denen das Material besteht, ohne fremde Einwirkung Geräusche erzeugen.

Im Fall der Familie Joller waren die Geräusche so stark, dass man die Laute im Umkreis des Hauses hörte, und im Inneren des Hauses vibrierten sogar die Gegenstände von der Lautstärke.

Die Familie hatte davor nichts mit Esoterik oder Paranormalem zu tun gehabt und stand mit beiden Beinen auf dem Boden der Realität.

Eine gebildete und angesehene Familie, die absolut keinen Grund hätte, sich so etwas auszudenken.

Die Auswirkungen der Spukphänomene waren eher verheerend für die ganze Familie; sie musste alles verlassen und fliehen, und drei Jahre später starb der Familienvater in Rom als gebrochener Mann.

Ein ähnlicher Fall ereignete sich in den 1980er-Jahren in Polen in einer Kleinstadt unweit der russischen Grenze.

Eine Familie zog in ein altes Haus und schon ein paar Tage nach dem Einzug hörte sie unerklärliche Geräusche, z. B. von Kochtöpfen in der Küche, die auf den Boden fielen, doch als sie in der Küche nachschaute, war alles in bester Ordnung.

Solche und ähnliche Phänomene häuften sich mit der Zeit, doch die Familie versuchte, sich die Ereignisse rational zu erklären.

Erst als die Nachbarn und andere Besucher, die sich zeitweilig im Haus aufhielten, von den gleichen Geräuschen berichteten und von wiederholten Besuchen Abstand nahmen, beschloss die Familie, den Geräuschen nachzugehen.

Doch das verschlimmerte die Situation noch; jetzt bewegten sich Gegenstände von alleine vor den Augen der ganzen Familie, Gläser wurden mit voller Wucht auf den Boden geschleudert und der Inhalt aus Schränken herausgeworfen.

Eines Tages arbeitete die Frau an der Küchenarbeitsplatte und bemerkte plötzlich, dass sie an den Händen festgehalten wurde.

Sie konnte die Hände nicht von der Arbeitsplatte wegziehen und schrie um Hilfe, der Mann versuchte, die Frau wegzuziehen, doch es gelang ihm nur sehr schwer, seine Frau von der Arbeitsplatte zu lösen.

Nach diesem Ereignis floh die ganze Familie zu Bekannten und blieb ein paar Tage dem Haus fern.

Danach baten sie den Ortspfarrer um Hilfe, der auch unverzüglich in das Haus kam, doch auch der Pfarrer bemerkte gleich die Besonderheit des Falles.

Er konnte im Haus nicht weitergehen, da plötzlich die Luft so „dick und schwer" wurde, dass das Fortschreiten nur schwer möglich war.

Das Einschreiten des Pfarrers brachte nur kurzzeitig Ruhe in das Haus, schon nach ein paar Tagen ging es weiter mit dem Spuk.

Erst ein Medium aus Holland, das extra für diesen Fall gerufen worden war, erkannte eine angeblich „verstorbene Seele, die nicht zum Licht finden kann" und half der „Seele", das Licht zu finden.

Nach der Sitzung mit dem Medium aus den Niederlanden herrschte endlich dauerhaft Ruhe im Haus.

Das Neue bei diesem Fall ist die körperliche Wahrnehmung des Spuks, das heißt, der „Geist" wirkt direkt auf den Menschen, den er festhält und manchmal sogar angreift.

Auch diese Form des Spuks ist nicht einmalig, es liegen diverse Berichte über verschiedenartige körperliche Einwirkungen von „Energien oder Geistern" auf Menschen vor. Zum Beispiel ein ganz berühmter Fall aus den USA, der sich 1974 ereignete und 1981 sogar verfilmt wurde.

Eine alleinerziehende Frau mit zwei Kindern wird fast täglich von einer unsichtbaren Kraft misshandelt, sie wird geschlagen und sehr oft vergewaltigt.

Jetzt fragt sich jeder: Wie kann etwas Unsichtbares einen Menschen vergewaltigen? Das habe ich mich auch gefragt, bis ich den Fall gründlich untersucht habe und die Geschehnisse als wahr annehmen musste.

Es ist bestimmt unangenehm und entsetzlich, vergewaltigt zu werden, und darüber zu sprechen fällt der betroffenen Person bestimmt auch nicht leicht.

Somit versuchte die Frau, die furchtbaren Ereignisse geheim zu halten, obwohl ihrer Kinder öfter Geräusche und Schreie aus dem Schlafzimmer der Mutter hörten.

Einmal wollte der 16-jährige Sohn der Mutter helfen und sprang ins Schlafzimmer; sofort wurde er von einer Kraft gegen die Wand geworfen, so stark, dass er sich die Hand brach.

Zufällig traf die Frau zwei Parapsychologen in einem Bücherladen, denen sie sich anvertraute, doch diese wollten ihrer Geschichte zunächst keinen Glauben schenken. Erst als die Forscher davon erfuhren, dass einige Besucher der Frau auch gasförmige Gestalten gesehen haben wollten, starteten sie eine Untersuchung, die von der University of California begleitet wurde.

Das ganze Haus wurde mit Kameras und Mikrofonen ausgestattet, es wurden diverse Helfer und Beobachter eingesetzt, allein im Schlafzimmer der Mutter wurden neun Profi-Fotografen platziert, um möglich genaue Aufnahmen zu erzeugen.

Die Wände wurden begradigt, um die Möglichkeit des Schattenwerfens zu eliminieren.

In den zwei Wochen der Überwachung wurde die Frau trotzdem 15 Mal vor den Augen von Beobachtern misshandelt und die Beobachter konnten der Frau in keiner Weise helfen.

Die Forscher sahen leuchtende Objekte und Teilmaterialisationen gasförmiger Wolken sowie Gegenstände, die sich von alleine durch die Luft bewegten.

Viele Aufnahmen wurden auf unerklärliche Weise verschwommen oder überbelichtet; den Forschern gelangen nur ein paar interessante Bilder.

Als die Frau schrie, die „Energie ist vor meinem Gesicht", und die Forscher mehrere Aufnahmen machten, gelang das Bild gut, aber das Gesicht der Frau war auf jedem Bild verschwommen.

Zu diesem Fall könnte man ein ganzes Buch schreiben (was auch geschehen ist), doch für mich ist nur die Erklärung und Bezeugung des Falles interessant.

Die Parapsychologen von der Universität, die den Fall untersuchten, sind überzeugt, dass sie etwas Übersinnliches und Unerklärliches erlebt haben.

Jeder andere Wissenschaftler würde nach einer anderen natürlichen Erklärung suchen und seiner Fantasie freien Lauf lassen, doch in diesem Fall ist es nicht so.

Gängige Erklärung von personenbezogenen Spukphänomenen ist die Behauptung, dass eine „Fokusperson" durch ihr Unterbewusstsein die Phänomene verursacht.

Verantwortlich dafür sollen meistens innere Konflikte, Spannungen und die Pubertät der Fokusperson sein.

Zwar hatte die Frau einen 16-jährigen Sohn, der aber schon sehr erwachen wirkte, doch für mich ist es unmöglich, dass der Sohn sexuelle Fantasien auf seine Mutter projizierte.

Auch seine eigene Verletzung (Armbruch), als er seiner Mutter helfen wollte, spricht gegen personenbezogenen Spuk.

Des Weiteren wurden drei Lichter von den Beobachtern wahrgenommen, die die Frau angriffen. Zwei hielten die Frau fest und das dritte Licht verging sich an ihr.

Als erste Liebe der Frau galt ein drogenabhängiger und brutaler Mann, der bei einem Motorradunfall ums Leben kam.

Kann es sein, dass der Ex-Lebensgefährte noch aus dem Jenseits seine Ex-Liebe quälte?

Die Frau zog in eine neue Wohnung, doch die negativen Ereignisse zogen mit und misshandelten die Frau weiter.

Erst nach fünf Wohnungsumzügen und zwei Jahren hörte die qualvolle Odyssee der Frau auf.

Eine rationale Erklärung für diesen Fall gibt es bis heute nicht, auch ein unerfülltes Sexualleben der Frau, das von vielen Psychologen als Grund für diesen Spuk angegeben wird, sehe ich als unzutreffend und total verfehlt.

Ein anderer hochinteressanter Fall ereignete sich 1993 in Warschau. Ein 30-jähriger Alkoholiker, der unter Hepatitis sowie Pankreatitis (Leber- und Bauchspeicheldrüsenentzündung) und dazu noch Hirnhautentzündung litt, wurde in ein Warschauer Krankenhaus eingeliefert.

Sein Zustand war sehr ernst, Teile des Gehirns arbeiteten nicht mehr richtig. Als er zeitweilig wieder zu sich kam, sagte er, er werde „sein Werk verrichten".

Mehrere Personen sahen, wie sich Gegenstände durch die Luft bewegten, Verbandsmaterial flog gegen die Wand und wieder in die Luft zurück.

Aus verschlossenen Schränken verschwinden Sachen und tauchen wieder in ganz anderen Bereichen des Krankenhauses auf.

Chirurgische Instrumente fliegen ohne fremde Einwirkung durch die Gegend und Objekte bewegen sich durch Wände hindurch.

Nach drei Tagen stirbt der Patient und die Phänomene verschwinden mit dem Ableben des Mannes sofort.

Kann es sein, dass der Mann schon so etwas wie klinisch tot war und teilweise schon von der anderen Seite des Daseins wirkte?

Sein Gehirn funktionierte teilweise nicht mehr und die Abläufe im Gehirn dürften nur noch sehr schwach gewesen sein. Konnte er noch durch sein Bewusstsein solche Phänomene verursachen? Das wage ich zu bezweifeln.

Anhand von diesem Fall könnten wir eventuell die Existenz von körpereigenen Geistern oder Seelen in Betracht ziehen, und dieser körpereigene Geist könnte solche Phänomene verursachen.

Das heißt, dass jeder von uns eine Seele/einen Geist besitzt, der den körperlichen Tod überdauert und fortbesteht.

Was können uns personenbezogene Spukphänomene sagen? Sind sie durch eine Fokusperson und deren Bewusstsein erklärbar?

Wohl nicht, jeder Spuk hat individuelle Züge, Probleme, Ängste, Konflikte oder Wünsche, die sich nicht nur auf der materiellen Ebene abspielen, sondern in das globale oder göttliche Bewusstsein eingreifen.

Eventuell kann es passieren, dass unsere seelischen Probleme mit einer anderen Dimension in Verbindung treten, die wiederum in unser jetziges Leben intensiv eingreifen.

Wenn wir Menschen miteinander energetisch/geistig verbunden sind und unsere Energie den Tod überdauern sollte, könnte es sein, dass wir aus dieser globalen Energie Hilfe erhalten oder auch negativ beeinflusst werden.

Es ist jedoch ganz sicher, dass sich weltweit und zu jeder Zeit unerklärliche Spukfälle ereignen, die man nicht abstreiten kann, da sie immer öfter fachlich gut untersucht und ausgewertet werden.

Weltweit werden immer mehr Geisterjäger, Parapsychologen, Physiker sowie andere Fachleute bei Spukfällen zur Aufklärung herangezogen.

Sehen wir uns mal eine andere Spukart an, den sogenannten ortsgebundenen Spuk.

Ortsgebundener Spuk ereignet sich immer am gleichen Ort und ist beobachterunabhängig; es kann auch sein, dass ein ortsgebundener Spuk jahrelang nicht aktiv wird und dann auf einmal wieder präsent ist.

Beginnen wir mit einem sehr berühmten Ort, der uns allen bekannt ist, dem Weißen Haus in Washington, Sitz des Präsidenten der USA.

Es wird berichtet, dass im Weißen Haus der Geist des Präsidenten Abraham Lincoln spukt.

So berichtete die Königin von Holland bei einem Besuch in Washington, dass jemand an die Tür des Zimmers, in dem sie sich befand, klopfte. Als sie die Tür aufmachte, stand vor der Tür schwarz gekleidet Lincoln.

Auch Präsident Roosevelt machte öfter in verschiedenen Räumen des Hauses mit Lincoln Bekanntschaft, wie er selbst berichtete.

Als Churchill das Weiße Haus besuchte, konnte er es nicht lange in Lincolns Lieblingszimmer, dem „Rosenzimmer", aushalten; er fühlte sich unwohl und beengt.

Im gleichen Zimmer sah die Gattin des Präsidenten Johnson eine „Erscheinung", die sie an Lincoln erinnerte.

Außer Lincoln wurden noch andere Geistergestalten im Weißen Haus gesehen, so z. B. ein Soldat aus dem amerikanischen Bürgerkrieg.

Als das Haus 1950 komplett umgebaut wurde, machte jemand ein Foto von den Bauarbeiten im Haus, und erstaunlicherweise ist auf diesem Foto eine schwarze Gestalt zu sehen, die zum Zeitpunkt der Aufnahme mit Sicherheit nicht anwesend war.

Dass Präsident Lincoln im Weißen Haus spukt, ist fast schon naheliegend; er beschäftigte sich zu Lebzeiten sehr intensiv mit paranormalen Phänomenen und hielt sogar eine mediale Sitzung im Weißen Haus ab.

Bei der Sitzung soll es zu Geisterkontakten gekommen sein und auch seine Frau soll medial veranlagt gewesen sein.

Als der Freimaurer Abraham Lincoln 1865 ermordet wurde, wurde seine Leiche tagelang im Weißen Haus aufgebahrt.

Bei diesem prominenten Spukfall aus den USA kann man sich natürlich nur auf die Berichte von anderen stützen und ihnen Glauben schenken oder auch nicht.

Doch die Qualität der Zeugen, die über ihre Erlebnisse berichten, sehe ich als sehr seriös an, und eine derartige Publicity war seitens der Berichterstatter nicht unbedingt erstrebenswert. Eher versucht man in gehobenen Kreisen, solche Berichte geheim zu halten, um keinen falschen Eindruck in der Öffentlichkeit zu erwecken.

Merkwürdigerweise hört man oft von Kontakten mit verstorbenen Personen, die sich zu Lebzeiten intensiv mit dem Thema Spiritualität oder Gott beschäftigt haben.

So wird oft von Kontakten zu heiligen oder „spirituell erleuchteten" Personen berichtet, die im positiven Sinne lebenden Menschen aus dem Jenseits helfen.

Aber auch manche Wissenschaftler sollen sich schon über verschiedene mediale Kontakte aus der anderen Seite gemeldet haben, um die Existenz des Jenseits zu bezeugen.

Auch in diesen Fällen ist nur „glauben oder auch nicht glauben" angesagt, eine Überprüfung der Fälle ist meistens nicht möglich.

Doch darauf komme ich später zurück; sehen wir uns erst den nächsten Fall an.

Ein Multimillionär aus Dubai kauft sich ein altes Herrenhaus (14. Jahrhundert) in England in der Nähe der Stadt Clifton und zieht dort mit der gesamten Familie ein.

Schon nach kurzer Zeit bemerken die Familienmitglieder, dass in dem Haus etwas nicht stimmt.

Sie hören Stimmen in Fluren und ein Klopfen in verschiedenen Räumen, und wenn sie den Phänomenen nachgehen, bleibt die Suche immer erfolglos.

Danach sehen sie schwarze Erscheinungen in Fluren, die gleich wieder verschwinden, und eine gasförmige Gestalt am Fenster, die ebenfalls wieder verschwindet.

Die Phänomene dauern fast acht Monate ununterbrochen an, doch als an einem Tag das Kinderbett mit Blut beschmiert ist und in einem Fenster ein Geist steht, packt die Familie die nötigsten Sachen und flieht aus dem Haus.

Der Unternehmer aus Dubai bietet das Haus sofort wieder zum Verkauf an, zu einem Verhandlungspreis, der niedriger liegt als die fast fünf Millionen Euro, die er selbst dafür bezahlt hat.

Das Haus wird verkauft, aber nicht mehr als Wohnhaus, sondern als Gewerbeobjekt, in dem Tagungen stattfinden.

Eine unangenehme und teure Situation, wenn sich ein Gebäude als ein Spukobjekt herausstellt und dann praktisch unverkäuflich wird.

Häuser, in den ein Suizid oder Mord stattfand, sind nur unter starkem Preisnachlass zu verkaufen oder stehen oft jahrelang leer.

Ein interessanter Fall, der sich 2005 in Italien ereignet hat, betrifft genau diese Problematik.

Eine Familie kauft sich ein sehr günstiges Haus und denkt, mit dem Kauf ein Riesenschnäppchen gemacht zu haben.

Schon kurz nach dem Einzug ereigneten sich unerklärliche Phänomene im Haus wie Kettengeräusche in Fluren, Geräusche und Jaulen aus den Zimmern sowie diverse Wasserschäden, obwohl die Wasserleitungen zugedreht waren.

Später folgte noch ein leuchtender Schleim auf den Wänden, das Auto und Gartengeräte brannten auf unerklärliche Weise ab und die Geräusche verstärkten sich immer mehr.

Die Polizei konnte keinen Schuldigen ermitteln, aber auch nicht die Vorfälle erklären, doch dem neuen Besitzer wurde gesagt, dass es schon in den 1970er-Jahren in diesem Haus gespukt habe.

Damals wurde in dem Haus auch ein Exorzismus durch den späteren Papst Karol Wojtyla durchgeführt, der angeblich den Spuk beenden konnte.

Als die Käufer das erfuhren, verklagten sie den Verkäufer wegen absichtlichen Vorenthaltens einer wertmindernden Tatsache, was sie unter einem Spuk verstanden.

Solche Geschichten könnte man massenweise vortragen. Es spukt in einem Haus und das Haus wird unverkäuflich, steht somit lange Zeit leer, bis es schließlich umgebaut oder sogar abgerissen wird.

Ist ein angeblicher Spukfall ein Mangel, der vor Gericht als solcher angesehen wird?

Mir persönlich ist kein Fall bekannt, bei dem ein Spuk als Tatsache angesehen worden ist und dementsprechend eine Minderung des Wertes darstellte.

Aber egal ob in Italien, der Schweiz, Polen, den USA oder anderswo, mir sind diverse Häuser bekannt, die wegen angeblicher Spukvorfälle als unverkäuflich gelten.

Es ist bestimmt keine Absicht oder Spaß der Eigentümer, die Häuser unter ihrem Wert verkaufen zu müssen oder gar ganz aufzugeben.

Deswegen betrachte ich solche Berichte als sehr ernst und höchst glaubhaft; keiner würde freiwillig auf Werte verzichten und seine Existenz nur aus Spaß ruinieren.

Sehen wir uns noch andere Spukfälle an, so zum Beispiel einen Fall aus Dänemark.

Auf dem Schloss Dragsholm, erbaut im 12. Jahrhundert, westlich von Kopenhagen gelegen, werden öfters zwei Damen gesehen, eine „Graue Lady", die durch die Schlossräume zieht, und eine „Weiße Lady", die in bestimmten Zimmern verweilt.

Bei der „Grauen Lady" soll es sich um eine Magd handeln, die zu Lebzeiten versprach, sich um das Schloss zu kümmern, und bis heute dieser Aufgabe nachgeht.

Die „Weiße Lady" ist da etwas aktiver und erzeugt fleißig Geräusche in bestimmten Räumen, und während ihrer Erscheinungen fällt die Raumtemperatur rapide ab.

Schon mehrere Menschen haben die Erscheinungen gesehen und die Zeugenberichte reichen mehrere Jahrhunderte zurück.

So wird berichtet, dass ein früherer Besitzer des Schlosses seine eigene Tochter lebendig einmauern ließ, als sie sich in einen seiner Diener verliebte.

Und tatsächlich wurden Anfang der 1930er-Jahre bei den Umbauarbeiten im Schloss Skelettreste umhüllt von einem weißen Kleid in einer zugemauerten Nische gefunden.

So wird spekuliert, dass es sich bei der „Weiße Lady" um die Tochter des Schlossherrn handeln könnte, die eingemauert worden ist, da sie auch überwiegend in den Räumen gesehen worden ist, die an diese Nische angrenzen.

Mehrere Parapsychologen untersuchten die Räume im Schloss und stellten erstaunliche elektromagnetische und sogar radioaktive Abnormitäten fest.

Dazu wurden unerklärliche Geräusche und Temperaturschwankungen registriert.

Bis heute werden sehr oft Geräusche von Pferden und einer Kutsche, die auf den Schlosshof fährt, wahrgenommen, jedoch hat bisher keiner je die Kutsche selbst gesehen.

Was ist Interessantes an diesem Fall, ist das ein Spukfall wie jeder andere?

Das Interessante daran ist, dass über den Spuk über Jahrzehnte – wenn nicht Jahrhunderte – von verschiedenen Menschen berichtet worden ist.

Das heißt, es kann sich nicht um eine psychische Störung, unbewusstes Erzeugen vom Spuk oder Fantasie des Einzelnen handeln, es muss ein „Zustand" vor Ort sein, der auf die Menschen einwirkt.

Psychologen würden dazu sagen, dass alleine das Wissen, dass es in dem Schloss spukt, bei den Menschen unbewusst selbst die Spukphänomene erzeugt. Doch kann es sein, dass jahrhundertelang nur psychisch labile Menschen das Schloss aufsuchten?

Wie viele Menschen erleben etwas Paranormales auf dem Schloss, ohne die Vorgeschichte des Schlosses zu kennen?

Man könnte fast unendlich viele ortsgebundene Spukphänomene hier vortragen, die immer mehr oder weniger nach dem gleichen Muster ablaufen, doch das ist nicht mein Ziel.

Einen fast aktuellen Fall aus Südamerika möchte ich noch kurz vortragen.

Im Rathaus eine Stadt der Provinz Quindo in Kolumbien berichten mehrere Angestellte und vor allem Reinigungs- und Sicherheitspersonal von unerklärlichen Phänomenen und Erscheinungen.

So haben viele Angestellte in verschiedenen Räumlichkeiten des Rathauses Erscheinungen gesehen, die sofort wieder verschwanden oder einfach durch geschlossene Türen hindurchgingen.

In der Tiefgarage des Rathauses sah ein Sicherheitsmann einen ihm bekannten, jedoch schon verstorbenen Mann in einem Auto sitzen, dies konnte auch fotografisch festgehalten werden.

Darauf kündigte der Sicherheitsmann seiner Arbeitsstelle sofort.

Juristen und Wissenschaftler wurden Zeugen von verschiedenen Erscheinungen und akustischen Phänomenen in ihren Büros.

Die gesamte Lage spitzte sich so zu, dass die Stadtverwaltung einen Priester um Hilfe bat, um die Spukphänomene zu beenden.

Im Rathaus selbst wurden neben dem Tiefgaragenfoto von einem identifizierten schon verstorbenen Mann noch zwei weitere Fotos gemacht, die eine nicht identifizierte Erscheinung zeigen.

Den Fall kann man als gut, glaubhaft und mehrfach bezeugt ansehen; die Qualität der Zeugen und der Unterlagen, die zu Verfügung stehen, betrachte ich als sehr gut.

Es ist auch schwer vorstellbar, dass mehrere Menschen zu unterschiedlichen Zeiten eine optische oder akustische Täuschung erlebt haben oder unter gleichen psychischen Störungen leiden.

Wenn die Zeugenberichte der Wahrheit entsprechen und die Fotos nicht manipuliert worden sind, sehe ich für den Fall keine natürliche Erklärung.

Bei manchen Berichten konnte man nicht auf mehrere Zeugen zurückgreifen oder sie nicht durch Fotos belegen, doch auch eine einzige Aussage kann von Wichtigkeit sein.

So berichtet ein weltbekannter Wissenschaftler, der in den USA, Deutschland und auch England studiert hat, von einem selbst erlebten Fall in seiner Studienzeit.

Er mietete sich in einem Wohnheim ein Zimmer und war froh, überhaupt eine Bleibe gefunden zu haben.

Nachts wachte er auf und sah im Licht der Straßenlaterne einen jungen Mann im Zimmer vor sich stehen.

Er sagte ihm, er habe sich bestimmt im Zimmer geirrt, er möge bitte sein Zimmer verlassen.

Der Mann stand weiter da, ohne etwas zu sagen; erst als der junge Wissenschaftler das Licht einschaltete, verschwand die Erscheinung ganz plötzlich.

Am nächsten Tag erzählte der Student sein Erlebnis der Heimleiterin. Sie drehte sich um und ging zu einem Aktenschrank, aus dem sie das Foto eines jungen Mannes holte.

Der Student erkannte sofort den Mann auf dem Foto und bat um die Zimmernummer, um eventuell mit ihm zu reden.

Doch die Heimleiterin erzählte ihm, dass sich der junge Mann vor nicht langer Zeit in seinem Zimmer erhängt habe; deswegen war das Zimmer auch noch frei.

Eine interessante Geschichte, die der Wissenschaftler erst auf der Höhe seiner wissenschaftlichen Karriere öffentlich machte, jedoch nur auf seinen eigenen Aussagen basierend.

Doch in der wissenschaftlichen Welt ist es nicht gerade vorteilhaft, wenn man sich mit paranormalen Phänomenen beschäftigt oder selbst Erlebnisse vorträgt, die gegen alle Gesetze der Wissenschaft verstoßen.

Letztes Jahr, 2010, wurde ein Nobelpreisträger aus einem wissenschaftlichen Kongress wieder ausgeladen, als bekannt wurde, dass er den Grenzwissenschaften nicht abgeneigt war.

Doch zurück zu dem Studenten, der sich in einem Zimmer erhängt hat und sich noch aus dem Jenseits bemerkbar macht; kann es wirklich so etwas geben?

Der junge Wissenschaftler wusste vorher nicht, dass sich in seinem Zimmer so etwas abgespielt hatte; wie kann er auf dem Foto jemanden erkennen, den er nie gesehen hat und der schon tot ist?

Hier kann man glauben oder auch nicht, doch das ist nur ein Beispiel von vielen, die uns selbst zu unserer eigenen Wahrheit führen sollen.

Noch ein kurzes Beispiel von der Insel Malta, wo ein Mann als Zeuge zu einer Polizeistation gerufen wurde.

Bevor er befragt wurde, musste er im Flur der Polizeistation warten.

Plötzlich sah er eine schwarz gekleidete Frau durch den Flur an sich vorbeischweben, die anschließend durch eine geschlossene Tür wieder verschwand.

Der Zeuge rannte verzweifelt in ein Polizeibüro, schrie vor Angst und bat um Hilfe. Er dachte, dass er jetzt in die Psychiatrie eingewiesen würde, doch die Polizisten beruhigten den Mann und erklärten ihm, dass schon mehrere Zeugen die schwarze Dame gesehen hätten.

Die Beamten betrachteten die schwarze Dame schon als Bestandteil der Polizeiwache und hatten sich mit ihr abgefunden.

Ähnliche Fälle von Spuk auf Polizeistationen sind mir aus Indien, den USA und England bekannt.

Das zeigt uns, dass Spukphänomene sich nicht nur in alten Schlössern oder alten Villen ereignen, sondern überall und zu jeder Zeit.

Des Weiteren sind nicht nur spiritistisch veranlagte oder psychisch schwache Menschen betroffen, sondern jeder Mensch kann einem Spuk zum Opfer fallen.

So wird aus Australien aus dem Parlamentsgebäude des Bezirkes New South Wales in Sydney über massive Spukphänomene berichtet.

Mittlerweile wurde ein Rundbrief von allen Mitarbeitern erstellt, der deren paranormale Erlebnisse schildert.

So wird von Schattenwesen, lachenden oder weinenden Kindern, Geräuschen einer Geisterkutsche vor dem Gebäude oder Lichtphänomenen berichtet.

Manche Mitarbeiter haben sogar durch die Flure ziehende Soldaten gesehen oder vor dem Haus eine Frau, die in einem Schaukelstuhl schaukelt.

Früher wurde das Gebäude als Hospital mit einer großen Leichenhalle genutzt; so vermutet man, dass es eventuell einen Zusammenhang zwischen der Nutzung des Hauses und den Spukphänomenen geben könnte.

Man könnte noch unzählige Spukbeispiele aus den Krankenhäusern, Fabriken, Militärbasen, Theatern oder anderen seriösen Einrichtungen vortragen, doch das würde den Rahmen meines Buches sprengen, deswegen möchte ich es dabei belassen.

Noch ein anderes Phänomen möchte ich an dieser Stelle erwähnen, das zwar etwas skurril klingt, doch den Tatsachen entspricht: die tanzenden oder wandernden Särge in einer Gruft.

Zwei Fälle sind mir bekannt, die sich zwar vor langer Zeit ereignet haben, doch dafür sehr gut dokumentiert worden sind.

Der wohl bekannteste Fall ereignete sich in der Zeit von 1812–1820 auf der Karibikinsel Barbados.

In einer Gruft, die in einen Kalkfelsen eingelassen war, ereigneten sich unerklärliche Phänomene.

Im Jahr 1807 wurde eine gewisse Frau Goddard in der Gruft in einem Holzsarg bestattet, ein Jahr später übernahm die reiche Familie Chase die Gruft und bestattete im gleichen Jahr ihre junge Tochter in einem Bleisarg darin.

Vier Jahre später verstarb die zweite Tochter der Familie und wurde auch in der Gruft beigesetzt.

Als ein Monat später auch der Vater der Familie Chase verstarb und man die Gruft erneut öffnen musste, standen beide Bleisärge der Töchter schräg an der Wand, mit den Köpfen nach unten gedreht, doch der Holzsarg der fremden Frau Goddard lag unberührt in der Nische.

Alle Trauergäste waren schockiert von diesem Anblick, doch man stellte die schweren Bleisärge wieder in ihre Nischen, mit dem Gedanken, dass es sich um Grabräuber gehandelt habe, die dies angerichtet hatten.

Nach der Beisetzung des Herrn Chase in der Gruft wurde der Eingang wieder fest zugemauert.

Im September 1816 verstarb noch ein Verwandter der Familie, somit musste man die Gruft wieder öffnen. Der Anblick war wieder schockierend; alle drei Bleisärge der Familie Chase lagen quer im Raum, nur der Holzsarg der fremden Frau lag unberührt an seiner Stelle.

Man räumte die Särge wieder in die Nischen, wobei zum Bewegen eines Bleisarges 4 Männer nötig waren.

Man suchte nach Einbruchsspuren, Wassereindringstellen oder sonstigen Auffälligkeiten, um dieses Phänomen zu erklären, doch man fand nichts.

Das Gleiche, das die Särge durcheinander waren, wiederholte sich noch zwei Mal beim Öffnen der Gruft; das sprach sich auch inselweit herum.

Im Sommer 1819 nahm sich der Gouverneur der Insel, Lord Combermere, der Sache selbst an, indem er bei einer Beisetzung in der Gruft selbst anwesend war, um die Sache zu klären.

Nach der Öffnung der Gruft stellte man wieder fest, dass die Särge durcheinander waren und in der Mitte des Raumes lagen.

Der Gouverneur ließ die ganze Gruft von Soldaten nach geheimen Eingängen oder Einbruchsspuren untersuchen, man fand jedoch nichts.

Danach räumte man wieder alles ein und streute feinen Sand auf den Boden der Gruft, um eventuelle Fußspuren oder auch Wassereinbrüche zu erkennen.

Danach wurde die Gruftplatte wieder zugemauert und vom Gouverneur selbst versiegelt.

Im April 1820 ließ er in Anwesenheit von Priestern, Beamten und Soldaten die Gruft wieder öffnen, um zu zeigen, dass er den Spuk beendet hatte.

Sein Siegel war unbeschädigt und es lagen keine Einbruchsspuren vor, doch als man die Gruft öffnete, waren wieder alle Särge auf dem Boden verteilt.

Der vorher verstreute feine Sand gab auch keine Hinweise auf Fuß- oder Wasserspuren in der Gruft.

Der Gouverneur gab nach und ließ aller Särge aus der Gruft holen und in normalen Einzelgräbern beisetzen.

Seitdem steht die Gruft der Familie Chase leer und ungenutzt auf der Insel Barbados. Mit der Umsetzung der Särge endete der Spuk jedoch endgültig.

Fast die gleiche Geschichte ereignete sich 1884 auf der Insel Ösel vor Riga/Lettland.

Aus der Gruft der Familie Buxhoeveden hörte man öfters Geräusche und die Pferde, die sich in der Nähe aufhielten, gerieten ohne Grund in Panik.

Gruft der Familie Chase auf Barbados

Als man die Gruft öffnete, lagen aller Särge mitten im Raum neben- und später auch aufeinander.

Man versiegelte den Eingang und streute Asche in die Gruft, um eventuelle Spuren zu erkennen, doch es gab keine Spuren und mit jeder Öffnung der Gruft waren die Särge immer schlimmer durcheinandergewürfelt.

Man räumte die Särge immer wieder ein, und schon nach weiteren drei Tagen lagen sie wieder durcheinander auf dem Gruftboden.

Drei Pferde, die in der Nähe der Gruft angebunden waren, gerieten so stark in Panik, dass sie auf der Stelle verstarben.

Es wurde eine Untersuchungskommission gegründet, die noch mal die Gruft untersuchte, den Eingang zumauerte und versiegelte und sogar Wachpersonal einsetzte.

Doch auch bei der nächsten Öffnung nach drei Tagen standen die Särge am Ende der Gruft mit dem Kopf nach unten an der Wand, fein sortiert.

Die Kommission konnte keine natürliche Ursache für diese Phänomene finden und beschloss, die Toten normal und einzeln auf dem Friedhof zu beerdigen sowie die Gruft anschließend zu zerstören.

Auf Barbados war die Familie Chase nicht gerade sehr beliebt und hielt viele Sklaven als Arbeiter auf ihren Plantagen fest.

Doch für die Sklaven käme es nie infrage, in eine Gruft zu gehen und eine Leiche zu schänden.

In der Karibik glaubt man jedoch bis heute an Voodoo, und auch damals sahen viele Menschen die Vorfälle in der Chase-Gruft als Rache der Geister.

Was aber passierte auf der Insel vor Riga, auch Voodoo oder böse Geister?

Die Familie Buxhoeveden kann auf eine sehr lange und ehrenhafte Familientradition zurückgreifen, die bis ins 11. Jahrhundert zurückgeht.

Es war nicht bekannt, dass jemand der Familie schaden möchte, und selbst wenn, wie kommt er in die Gruft, wenn sie versiegelt und bewacht ist?

Was wirklich in den Grüften geschehen ist, werden wir wohl nie erfahren, doch natürlicher Herkunft war es nicht.

Kommen wir jedoch zurück in die heutige Zeit. Da möchte ich noch ein Beispiel aus Malaysia, das sich 2009 zugetragen hat, erwähnen.

In einer muslimischen Mädchenschule sahen 50 Mädchen, die in einer Kantine saßen, eine „weiße Frau" über dem Boden schweben, die sich anschließend in Luft auflöste.

Drei Tage später zeigte sich die „weiße Dame" noch mal in der Schule, jedoch im Gebetsraum, und wurde von 18 Mädchen beobachtet.

Die Leitung der Schule reagierte verärgert auf die Berichte und suspendierte die Schülerinnen bis auf Weiteres vom Unterricht.

Schon ein Jahr vorher sahen in einem anderen Mädcheninternat in Malaysia 200 Schülerinnen eine „weiße Frau" durch die Räume schweben.

Die Anzahl der Zeugen ist schon beeindruckend und selbst unter Androhung von Sanktionen haben die Mädchen ihre Meinung nicht geändert.

Eine „schöne weiße Dame" könnte auch als „heilige Maria" angesehen werden, was jedoch in einer muslimischen Schule unerwünscht wäre.

Weltweit wird aus verschiedenen sozialen Schichten von Spuk berichtet, unabhängig von Glaubensrichtung oder politischer Einstellung sowie anderen Faktoren.

Es spukt bei sozial Schwachen genauso wie bei Millionären oder bei Prominenten, der Spuk macht da keinen Unterschied.

Man könnte ein ganzes Buch nur über Spukphänomene schreiben, doch in dieser Arbeit möchte ich den Spuk dem Leser nur etwas näherbringen, um den Baustein „Spuk" in die Gesamtheit einzusetzen.

Vielleicht werde ich noch ein neues Buch nur über die Spukphänomene schreiben, da das vorhandene Material (Spukberichte) sehr umfangreich ist.

Noch ein Beispiel, das ich aus erster Hand und von einer mir sehr gut bekannten Person bekommen habe, das mir auch sehr glaubhaft erscheint, da ich die familiäre Situation gut kenne.

Es ereignete sich in den 1980er-Jahren. Ein Mann wohnt ca. 1 000 km von seinem Stiefvater entfernt, zu dem er ein sehr gespanntes Verhältnis hatte.

Es gab keinen Kontakt zwischen den beiden Männern und die schwierigen Kindheitserlebnisse wurden schon durch den Alltag verdrängt.

Eines Nachts wird der Mann gegen 4 Uhr morgens wach und sieht am Bettende seinen Stiefvater stehen. Erschrocken schreit er: „Er möge verschwinden!", was auch nach gewisser Zeit geschieht.

Doch wie kommt sein Stiefvater in seine Wohnung, da sie keinen Kontakt haben und er nicht mal wusste, wo sein Stiefsohn damals lebte?

Am nächsten Tag kam ein Telegramm von seiner Stiefschwester, dass der Stiefvater in der Nacht verstorben sei (wie sich später herausstellte, gegen 4 Uhr morgens).

Es vergingen ein paar Jahre; die jüngere Tochter der Familie war gerade acht Jahre alt und sollte aus der Küche für ihre Mutter, die im Wohnzimmer saß, etwas holen.

Als die Tochter in die Küche kam, sah sie einen alten Mann am Tisch sitzen. Erschrocken ging sie zurück ins Wohnzimmer und sagte der Mutter, dass ein fremder Mann in der Küche sitze.

Die Mutter schenkte der Tochter keinen Glauben und ging alleine in die Küche, um die Sache zu holen; am Tisch saß natürlich kein Mann.

Der Bericht der Tochter wäre in Vergessenheit geraten, wenn sie nicht zufällig kurze Zeit später ein Foto des Stiefgroßvaters gesehen hätte, auf dem die Tochter den Mann, der in der Küche saß, wiedererkannte.

Das Mädchen kannte den Opa nicht, sie hatte ihn nie gesehen und der Vater des Mädchens hatte auch nur insgesamt zwei Fotos von seinem ungeliebten Stiefvater versteckt gehalten.

Dies ist nicht der einzige Bericht einer Art Verabschiedung von sterbenden Personen mit lebenden Menschen; es liegen mir mehrere solche Berichte vor.

Menschen in der Todesstunde machen sich auf unterschiedlichste Weise bei anderen Menschen bemerkbar, um Abschied zu nehmen oder um Verzeihung zu bitten, auch um mit reinem Gewissen auf die andere Seite zu treten.

Vielleicht wurde dem Stiefvater nicht vergeben, sodass er noch Jahre später noch mal um Verzeihung bat und auf sich aufmerksam machte.

Jetzt haben wir über ein paar Spukphänomene gelesen, um uns einen Überblick über dieses Thema zu verschaffen. Dabei möchte ich es belassen und nicht tiefer in die Materie eindringen.

Ein Beispiel möchte ich jedoch noch vortragen, nämlich: Wie kann ich einen Geist selbst erzeugen oder rufen?

Die Frage haben sich acht Wissenschaftler in Toronto/Kanada in den 1970er-Jahren gestellt und wollten selbst einen Geist erzeugen.

Man erfand einfach eine fiktive Person, und gab ihr den Namen „Philip", dazu erfand man noch eine Lebensgeschichte der Person, die man im 16. Jahrhundert spielen ließ.

Danach traf man sich regelmäßig zu Sitzungen und versuchte, Kontakt mit „Philip" aufzubauen.

Über ein Jahr passierte gar nichts, die Sitzungen wurden unterbrochen und die Teilnehmer versuchten Ansätze zu finden, um die Effektivität des Projektes zu steigern.

So wurden die Sitzungen nicht mehr bei hellem Licht, sondern bei abgedunkeltem Licht abgehalten, es wurden Gegenstände aus dem Mittelalter besorgt und im Sitzungsraum wurden Bilder von Schlössern, in denen „Philip" eventuell leben könnte, an die Wände gehängt.

Schon bald kam es zu Klopfgeräuschen am Sitzungstisch und es entstand eine richtige Kommunikation mit „Philip"; bei „Ja" wurde einmal geklopft, bei „Nein" zweimal.

Des Weiteren wurde der Tisch von einer unsichtbaren Kraft in verschiedene Richtungen bewegt und konnte manchmal sogar in der Luft schweben.

Auf die Bitte der Teilnehmer war „Philip" in der Lage, das Licht im Raum zu dimmen oder auch heller zu stellen.

Bei einer Sitzung, die in Anwesenheit von 50 unabhängigen Zuschauern stattfand, konnten die Teilnehmer ebenso eine Tischbewegung beobachten und die Kommunikation mit „Philip" vernehmen.

Schließlich wiederholten verschiedene Gruppen in den USA und Kanada das gleiche Experiment, indem sie gezielt einen Geist erzeugten, ähnlich wie die „Philip-Gruppe".

Handelt es sich in diesem Fall um eine Kommunikation mit dem Jenseits oder um uns noch unbekannte unterbewusste Kräfte, die jeder von uns besitzt, aber nicht nutzt?

Wieso konnte man unter normalen Bedienungen und Tageslicht keinen Kontakt herstellen, doch als man das Licht dimmte und die Umgebung anpasste, kam ein Kontakt zustande?

Kam da wirklich ein Kontakt mit der geistigen Welt zustande oder projizierten die Teilnehmer unbewusst einen fiktiven Geist, der in Wirklichkeit das kollektive Bewusstsein der Teilnehmer darstellte?

Doch wie können wir uns die Objektbewegungen, die zweifellos stattfanden, erklären?

Kann unser Unterbewusstsein Objekte bewegen oder andere Sachen auf geistiger Ebene beeinflussen? Wenn es so sein sollte, würde das viele Spukphänomene erklären.

Doch keine der bisher durchgeführten empirischen Untersuchungen konnte solche Annahmen bestätigen.

Ein Wort möchte ich noch zu medialen Jenseits-Kontakten verlieren. Das bedeutet, dass eine Person behauptet, imstande zu sein, einen Kontakt mit der Geisterwelt aufzubauen und mit dieser zu kommunizieren.

Mediale Sitzungen erlebten ihren Höhepunkt im 19. Jahrhundert; Medien wie z. B. der schon erwähnte Daniel Dunglas

Home trugen zur Popularität solcher Veranstaltungen bei, die nicht selten erhebliche Erfolge mit sich brachten.

Die Tradition der medialen Sitzungen zieht sich bis heute ununterbrochen durch die Zeit, und wenn jemand denkt, dass es heute seltener zu medialen Sitzungen kommt, irrt er.

In der Schweiz, in England und den USA ist die Szene ganz stark ausgeprägt; es gibt Medien, die für zwei Jahre im Voraus ausgebucht sind und bei denen man nur schwer und für viel Geld einen Termin bekommt.

Ob es sich bei den medialen Kontakten um wirkliche Jenseitskontakte handelt oder nur um eine geschickte Täuschung, sei dahingestellt.

Ich vermute, dass es sich bei den medialen Kontakten in ca. 90 % der Fälle um geschickte psychologische und sachliche Täuschungen handelt.

Ich selbst hatte einmal die Gelegenheit, an einer medialen Sitzung teilzunehmen, bei einem berühmten deutschen Medium.

Die Sitzung wurde in völliger Dunkelheit abgehalten und durch den Gesang der Teilnehmer begleitet, angeblich um das Energiefeld aufrechtzuerhalten.

Es kam zu zahlreichen Phänomenen wie zum Beispiel Klopfgeräuschen, Berührungen, Materialisationen, Energieansammlungen und sogar zum Austritt des Ektoplasmas; alle Teilnehmer waren vollkommen zufrieden, man konnte die Sitzung als gelungen ansehen.

Doch als ich die Wahrscheinlichkeit der Täuschung untersuchte, sank meine Begeisterung immer mehr, deswegen bat ich darum, bei der nächsten Sitzung eine Wärmebildkamera oder Infrarotkamera einzusetzen zu dürfen. Doch darauf bekam ich keine Antwort und der Kontakt mit dem Veranstalter brach abrupt ab, was für mich eine eindeutige Antwort auf meine Fragen bedeutete.

Leider sind Medien auch nur Menschen und die Besucher solcher Sitzungen kommen in fester Erwartungshaltung, um ein Wunder oder Zeichen zu sehen. Diese Blindheit wird von manchen schamlos ausgenutzt.

Vielleicht irre ich mich in diesem Fall (was ich wirklich hoffen möchte), doch wenn ich die Abläufe und das Umfeld der Sitzung nüchtern betrachte, kann ich leider nicht zu einer anderen Beurteilung kommen.

Was können wir abschließend zu Spukphänomenen und Geistererscheinungen sagen? Gibt es sie wirklich oder spielen sie sich nur in unseren Köpfen ab?

Spukphänomene gibt es wirklich. Was dahintersteckt, wissen wir noch nicht – ich glaube aber nicht, dass wir die Phänomene unbewusst selbst erzeugen. Dagegen sprechen die Stärke der Phänomene, die Massen, die während des Spuks bewegt werden, die Wirkungsart auf Menschen und technische Geräte sowie Geräusche, die aus dem Inneren der Materialien kommen.

Es könnte sein, dass sich auf einer atomaren oder quantenphysikalischen Ebene Vorgänge abspielen, die wir noch nicht verstehen, die jedoch zur Gesamtheit der energetischen Welt gehören.

Was kann man abschließend zu Geistern sagen? Gibt es sie überhaupt oder spielen unsere Sinne und Ängste ein böses Spiel mit uns?

Es kommt zweifelsohne auch zu Geistererscheinungen, ob es sich jedoch um verstorbene Menschen handelt oder nur eine Art „Fingerabdruck" des Menschen in der Raumzeit und im globalen Bewusstsein, das weiß man noch nicht.

Denkbar wäre, dass starke emotionale Ereignisse einen starken Abdruck in der Raumzeit oder dem globalen Bewusstsein hinterlassen, der beliebig oft wieder auftreten oder wahrgenommen werden kann.

Dagegen würden jedoch die Spukphänomene sprechen, die an Menschen physisch spürbar sind, wie zum Beispiel Berührungen oder sogar Angriffe unbekannter Kräfte.

Auch Geistererscheinungen, die durch viele Beobachter gleichzeitig gesehen werden, sind meiner Meinung nach nicht zu vernachlässigen, genauso wie Fotos und Videomaterial, die eventuelle Geisterphänomene festhalten.

Natürlich muss ich wieder sagen, dass es bei 70−80 % des Materials über Geister um bewussten oder unbewussten Betrug geht, der auch mit Unwissenheit in Verbindung steht.

Wo Menschen agieren, muss man auch mit menschlichen Tugenden rechnen, die nicht immer ehrenhaft sind.

Es steckt viel mehr hinter den Phänomenen, als heute angenommen wird. Deswegen ist eine intensive Forschung notwendig und sehr wichtig, um der Spuksache auf den Grund zu gehen.

Wir suchen jetzt an einem kleinen Fluss nach Wahrheit, doch jeder Fluss führt zwangsläufig zum großen Meer des Wissens.

Als Letztes möchte ich allen paranormal interessierten Menschen nahelegen, selbst erlebte Phänomene nicht zu verfälschen und sie sachlich wiederzugeben, um eine wirklich seriöse Forschung auf diesem Gebiet zu ermöglichen.

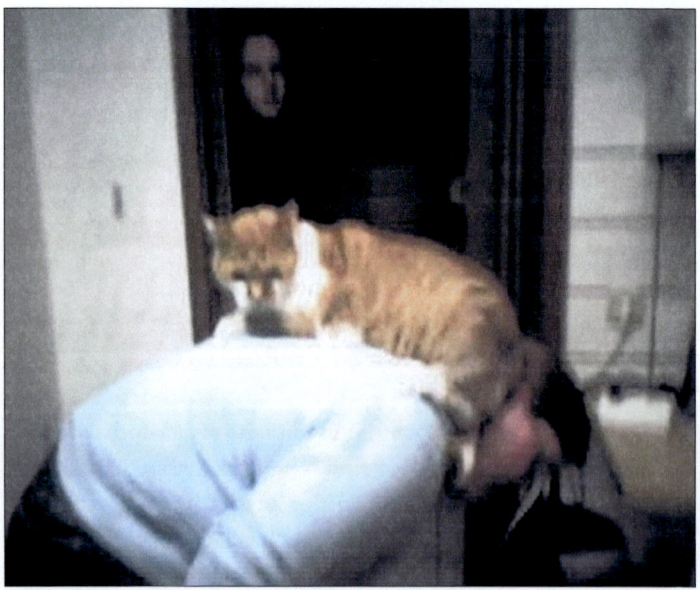

Ein Handyfoto von einer Frau mit einer Katze auf dem Rücken, im Hintergrund zwei Gesichter, die zum Zeitpunkt der Aufnahme nicht zu sehen waren.

Wissenschaft als Glaubensersatz oder nur Selbsttäuschung?

„Ich bin nur ein Hauch der Zeit, die es vielleicht gar nicht gibt."

Der heutige Mensch sieht sich und seine Umwelt als hoch entwickelt an und tendiert in jeder Hinsicht zu Rationalismus und Materialismus.

So genießt die Wissenschaft in der modernen Gesellschaft einen sehr hohen Stellenwert und ein sehr hohes Ansehen, gleichzeitig beansprucht die Wissenschaft das Monopol auf die absoluten Wahrheiten.

Wissenschaftliche Ergebnisse gelten als Maßstäbe für Bildung, Lebensabläufe und jegliche Weltanschauungsfragen.

In jeder wissenschaftlichen Disziplin wird man ausführlich belehrt und jedes Thema wird angeblich wissenschaftlich korrekt erklärt.

Doch kaum jemand denkt daran, dass die heutige Wissenschaft eventuell auch fehlbar sein kann und, noch schlimmer, eventuell gewollt falsch dargestellt wird, um Interessengruppen Rückenwind zu geben.

So werden Forschungsgelder nur für im Voraus vorgegebene Bereiche mit entsprechender Ergebniserwartungshaltung vergeben oder Studien nicht unabhängig, sondern zielorientiert betrieben.

Zum Beispiel werden Forschungsprojekte, die die Urknalltheorie infrage stellen, nicht finanziell unterstützt, obwohl es genug Anzeichen dafür gibt, dass die Urknalltheorie falsch sein könnte.

So ergab die Auswertung der gelieferten Daten über die kosmische Hintergrundstrahlung von WMAP-Satelliten, dass es schon Aktivitäten vor dem Urknall gab, das heißt, dass der Urknall lediglich der Beginn der Materie, des Raums und der Zeit war, aber nicht der absolute Beginn von allem.

Wahrscheinlich entstand damals nur unser Universum als eines von vielen Paralleluniversen.

Alternatives oder schwer überprüfbares Wissen wird einfach im Voraus als falsch abgelehnt und gar nicht weiter verfolgt, obwohl z. B. im Bereich von Alternativmedizin beachtliche Erfolge gemeldet werden.

Wissenschaft kommt von Wissen, d. h. sich Informationen anzueignen, diese zu bewerten und daraus Erfahrungen aufzubauen.

Informationen bekomme ich durch Beobachtungen, Forschungen, Austausch und Nutzung schon vorhandener Informationen, doch die Auswertung der Informationen ist verschieden auslegbar.

Der Wissenschaftler, der das Wissen steuert, ist auch nur ein Mensch, er ist kein Gott und bei Weitem nicht perfekt, er ist menschlich und somit nicht unfehlbar.

Er hat sich Informationen angeeignet, die ihm durch andere Informations- und Wissensträger beigebracht werden, jene wiederum glauben ebenfalls, über richtige Informationen verfügt zu haben.

Man braucht nicht lange in der Geschichte zu suchen, um festzustellen, dass die Wissenschaft zu jeder Zeit als Maß aller Dinge gesehen wurde.

Doch in den meisten Fällen zeigte die Zeit, dass die vergangenen Erkenntnisse fehlerhaft waren und somit den Nutzern oft nicht halfen, wenn sie ihnen nicht sogar schadeten.

Die Menschen glaubten in der Antike, dass die Erde eine Scheibe sei und die Sonne sich um die Erde drehe; später wurde bekannt, dass dem nicht so ist.

1899 sagte der Direktor des amerikanischen Patentamtes: „Alles, was erfunden werden kann, ist bereits schon erfunden", und 1806 schrieb die Akademie der Wissenschaften in St. Petersburg: „Erdöl ist eine schmutzige, klebrige, nutzlose Flüssigkeit, die nicht zu gebrauchen ist."

Selbst Albert Einstein sagte 1932, dass man die Atomenergie nicht entwickeln könne; später revidierte er seine Meinung.

Man könnte unendlich viele Irrtümer der Wissenschaft hervorbringen, doch das ist an dieser Stelle nicht mein Ziel.

Außer Irrtümern und Ablehnung brachte die Wissenschaft aber auch andere Probleme mit sich wie Ressourcenvernichtung, Umweltverschmutzung und ernsthafte Krankheiten, wie zum Beispiel der sprunghafte Anstieg der Krebserkrankungen durch Umweltfaktoren und geänderte Lebensbedingungen zeigt.

Man kann jedoch nicht behaupten, dass alles an den Wissenschaften schlecht ist, das auf keinen Fall!

Der Mensch entwickelt sich und sein Wissen entwickelt sich mit ihm, doch das menschliche Wissen ist im Vergleich mit dem großen Universum primitiv und unvollkommen.

Natürlich müssen wir davon ausgehen, dass unsere Beschaffenheit und unser Wahrnehmungsvermögen (z. B. Wahrnehmung der Dimensionen) sehr begrenzt sind, und das ist vielleicht gewollt so.

Wir sollten auch erkennen, dass wir nicht die Macher sind, sondern die Gemachten, die sich auf eine eigene begrenzte Ebene zu orientieren versuchen.

Der Computer ist das Nonplusultra von heute, der Stolz der Menschheit, doch ohne Software (Informationen) und Energie (Strom) ist ein Computer nutzlos – nur ein Stück Materie ohne jegliche Verwendung.

Damit möchte ich nur andeuten, dass der Schöpfer einer Sache nicht durch die geschaffene Sache kontrolliert werden kann, aber ebendieses Ziel streben viele skeptische Wissenschaftler an, indem sie mit menschlichen Mitteln die Schöpfung messen wollen.

Diese Forschungsversuche verlangen von der Schöpfung, dass sie auf unseren Wunsch greifbar, messbar und wiederholbar ist. Ich meine, wir begrenzten Kreaturen verlangen zu viel.

Es zeichnen sich schon heute gravierende Veränderungen in der zukünftigen Weltanschauung und wissenschaftlichen Entwicklung ab.

So ist anzunehmen, dass unsere physikalischen Konstanten gar nicht so konstant sind und waren, sie können von Ort und

Zeit abhängig sein und Ort und Zeit sind rein menschliche Faktoren.

Oder gibt es vielleicht gar keine Schwarze Materie im Universum und Einsteins Realitätstheorie ist einfach nur falsch?

Gegen die Dunkle-Materie-Theorie sprechen neueste Beobachtungen von Satelliten-Galaxien, die als eine Ansammlung von Dunkler Materie gelten, somit große Menge von normaler Materie anziehen. Dadurch sollen sie viel heller strahlen als andere Sterne, was aber in Wirklichkeit nicht der Fall ist.

Genauso verhält sich das mit den Sternen, die normalerweise zufällig um die Muttergalaxie angeordnet sein sollten, doch das ist auch nicht der Fall – sie befinden sich alle in einer scheibenförmigen Ebene in der Galaxie und bewegen sich viel schneller, als sie eigentlich dürften.

Auch der Urknall erscheint immer mehr als ein „Knall" der Fantasie des Menschen.

So entdeckt man z. B. Planetensysteme, die entgegengesetzte Bewegungsrichtungen zu Mutterplaneten vorweisen, was im Moment auch einer Erklärung bedarf.

Doch der moderne Mensch schaut auf die Wissenschaft, die sich im Laufe der Zeit immer weiterzuentwickeln versucht, um den Weg der Evolution aller Dinge mitzugehen. Diese Tendenz ist aber bei den Kirchen nur sehr schwer und langsam zu erkennen.

Die Entwicklung der kirchlichen Reformen erfolgt im Schneckentempo und deswegen spricht die heutige Kirche den modernen Menschen nur noch schwer an.

Die Kirchen halten krampfhaft an jahrhundertealten Gesetzen und Ritualen fest und geben dem heutigen Menschen wenig Anlass, den Glauben neu zu erleben.

Hinter der versteiften Haltung der Kirchen gegenüber Veränderungen steckt die Angst vor Macht- und Statusverlust.

Doch das Festhalten an den uralten Gegebenheiten kann auf Dauer noch größeren Schaden verursachen, nämlich den totalen Verlust der gläubigen Menschen.

Zum Beispiel könnte man die Auslegung der Bibel wunderbar quantenphysikalisch und sozial-historisch verständlich darstellen, damit der „fortschrittliche" Mensch sich im Glauben neu findet und eine gewisse Erneuerung der Kirche erkennen kann.

Und statt immer gleichen Messabläufen würde sich der moderne vom Alltag gestresste Mensch vielleicht mehr Predigt- und Meditationsarbeit vonseiten der Kirchen wünschen.

Doch da befürchten alle Glaubensrichtungen, ihre Identität zu verlieren und eventuell von eigenen Glaubensinhalten abzurücken.

Es wäre nicht schlecht wenn sich alle Glaubensrichtungen etwas aufeinander zuzubewegen begännen und erkennen würden, dass alle an den gleichen Schöpfer glauben, jedoch andere menschliche Vorbilder haben.

Es ist bestimmt nicht schlecht, wenn sich Menschen zum kollektiven meditativen Beten versammeln; diese Art von menschlichem Wirken auf die Umwelt wurde schon mehrmals durch messbare Versuche positiv belegt.

Durch das Vorhandensein von so etwas wie einem „Weltbewusstsein" oder einer „Weltenergie" beeinflusst unser kollektives Wirken den Verlauf unseres Daseins.

Somit ist es wichtig, dass unser bewusstes sowie unbewusstes Handeln möglichst kollektiv und positiv beeinflusst wird, damit die „Weltenergie" sich immer weiter vorteilhaft entwickeln kann.

Die Wissenschaft forscht heute an Quantenphysik und anderen vergleichbaren Themen und versucht, uns immer neue spektakuläre Ergebnisse zu präsentieren, die eventuell wieder von anderen Wissenschaftlern widerlegt werden.

Doch je weiter wir in die Forschung einsteigen, desto mehr Hinweise auf das Göttliche finden wir.

Die meisten Quantenphysiker glauben fest an die Existenz von etwas Höherem, das uns steuert, und sehen in ihrer Forschung keinen Widerspruch zum Glauben.

Doch wer oder was ist der Schöpfer des Universums?

Auf diese Frage bekommen wir Tausende Antworten, je nachdem, wen wir fragen.

Extrem skeptische Wissenschaftler würden sagen, es gäbe überhaupt keinen Schöpfer, doch wenn es keinen Schöpfer gäbe, wieso sind wir da?

Die Wahrscheinlichkeit, dass alles durch einen Zufall entstanden ist, beträgt fast null.

Bei jedem Erklärungsversuch unserer Existenz auf der Erde würden extreme Skeptiker das Wort „Zufall" und „zufällig" etliche Male in den Mund nehmen.

Ist das Wort „zufällig" der Ersatz für „nicht wissen"?

Doch egal, wie oder was wir denken, wir müssen einräumen, dass wir aufgrund von unzähligen paranormalen, physikalischen und psychologisch unstrittigen Phänomenen davon ausgehen müssen, dass es noch etwas anderes gibt, das wir nicht mit unseren Sinnen wahrnehmen können.

Deswegen kann uns die Wissenschaft auf der Erde helfen, da sie von der Erde (Menschen) kommt, doch was nicht von uns kommt, können wir nicht beeinflussen und ergreifen, wir können nur abwiegen, ob es sich lohnt zu glauben oder nicht. Auch die Kirchen müssen erkennen, dass sie den Menschen nur zum Glauben begleiten sollen, aber immer eine menschliche Institution bleiben müssen.

So steht es in der Bibel geschrieben: „Wo sich zweie in meinem Namen treffen, da bin ich bei Ihnen", das haben auch Gruppenmeditationsstudien in den USA belegt. Gruppenmeditation oder Gruppenbeten kann sich positiv auf bestimmte Ereignisse auswirken (z. B. Washington-Studie).

Bei der Washington-Studie wurde gewollt durch Langzeitmeditation von ca. 4 000 Freiwilligen die Kriminalitätsrate in einem bestimmten Umkreis (Landesabschnitt) nachweislich gesenkt.

Daraus könnte man schließen, dass die gezielte Meditation von vielen Menschen sich positiv auf die gesamte Umgebung ausgewirkt hat.

Eine andere Studie belegt, dass Menschen, für die gebetet wird und die auch selbst beten, schneller gesund werden und Operationen besser überstehen.

Ob es sich nur um ein positives psychologisches Phänomen handelt oder mehr dahintersteckt, ist auf den ersten Blick irrelevant.

Alles, was uns gut tut, ist sinnvoll, das steht auch schon in der Bibel geschrieben: „Glaube versetzt Berge" und „Bittet so wird dir gegeben".

Das sind spirituelle Erfahrungen, kein Ersatz für trockene, erdgebundene Wissenschaften, die uns jedoch, solange die Menschheit existiert, begleiten werden, die aber nicht immer in einem Konflikt mit dem Schöpferglauben stehen müssen.

Mich hat mal jemand gefragt: „Wieso setzen Sie sich gegen die Wissenschaft ein, wer forscht und sich entwickelt, macht Fehler, so auch die Wissenschaft"

Es ist nicht wahr, dass ich gegen jegliche Art von Wissenschaft bin, aber ich verlange die Akzeptanz anderer Meinungen und Forschungszweige durch die Schulwissenschaft.

Doch wenn ich immer wieder erlebe, dass unwiederholbare Vorfälle als Spinnerei abgetan werden oder den Wissenschaftlern, die sich zum Paranormalen oder zu Gott bekennen, die Professur aberkannt wird sowie weltbekannte Wissenschaftler von Kongressen ausgeladen werden, weil sie sich mit Grenzwissenschaften beschäftigen, kann ich nur Extremismus und Arroganz erkennen und nicht Toleranz und Akzeptanz.

Wieso ist es für manche Menschen so schwer, zu sagen, „Ich weiß es nicht" und „Alles ist möglich und vorstellbar", statt haltlose Theorien als Maßstäbe zu verbreiten?

Je weiter und komplexer wir forschen, desto weiter kommen wir in Begriffe und Zustände, die mit den normalen Naturwissenschaften nur wenig gemeinsam haben.

So wird zum Beispiel bei der Forschung am Teilchenbeschleuniger in der Schweiz oft von „Gottesteilchen" gesprochen, wenn man zufällig unbekannte Teilchen vorfindet.

Man könnte sagen, alles ist relativ, etwas Wissenschaft, etwas Glaube und ein unbekannter Schöpfer; dazwischen steht der kleine Mensch, der sich um seine Unsterblichkeit sorgt.

Was bleibt uns nur bei so einer Konstellation? Nur so lange forschen, bis wir selbst sterben, oder glauben und entspannt leben?

Wir sollten den menschlichen Glauben nicht unterschätzen. Glaube kann nicht nur „Berge versetzen", sondern bestimmt unsere ganze Existenz auf der Erde. Es muss nicht spiritueller Glaube sein, es kann auch wissenschaftlicher oder sogar persönlicher Glaube sein, der uns formt und steuert, unser Leben lang.

Fast täglich kommen Meldungen aus der Wissenschaft, die alte Dogmen korrigieren, so wie z. B. „Wasserstoff-Proton kleiner als gedacht" oder „Neutrinos nur halb so massereich wie angenommen"; diese Meldungen könnte man beliebig weiter vortragen.

Wenn sich in der Zukunft herausstellen sollte, dass es die Dunkle Materie im Universum gar nicht gibt, dann kommen Newtons Gravitationsgesetz und Einsteins Relativitätstheorie auf das Abstellgleis. Was würde das wohl für die Physik bedeuten …?

Zusammenfassung und Sonstiges

„Wer sucht, der findet, und wer fragt, dem wird geantwortet."

Wir haben uns jetzt schon mit vielen Phänomenen, die auf die eventuelle Existenz eines Schöpfers hinweisen können, beschäftigt.

Bestimmt sind Sie, lieber Leser, auch zu der Überzeugung gekommen, dass man vieles nicht mit unserem menschlichen Wissen erklären kann.

Man kann es nicht erklären, doch die Wissenschaft ignoriert diese Vorfälle und besteht auf ihrer menschlichen Betrachtungsweise der paranormalen Phänomene.

Die von mir in diesem Buch vorgestellten Themen erfassen bei Weitem nicht alle außergewöhnlichen Phänomene, die heute noch unerklärt sind.

Ich habe mich nur auf die in meinen Augen wichtigsten Erscheinungen konzentriert, für die ich keine plausible Erklärung finden kann.

Ein paar Themen möchte ich noch kurz erwähnen, um dem Leser ein komplettes Gesamtbild zu verschaffen.

Nehmen wir noch kirchliche „Wunder" oder unerklärliche Phänomene wie zum Beispiel Hostienwunder her.

Es wird von mehreren Hostienwundern aus verschiedenen Ländern berichtet, so zum Beispiel 1996 in Argentinien, 2008 in Polen und 2011 in den USA sowie in diversen vorangegangenen Fällen.

Ich nenne hier nur die neuesten Fälle, da diese am besten untersucht und dokumentiert worden sind.

Worum genau handelt es sich bei einem Hostienwunder?

Eine Hostie wird während der Messe in der Kirche an die Gläubigen als der „Leib Christi" verteilt, doch manchmal passiert dem Pfarrer ein Missgeschick und eine Hostie fällt auf den Boden. Damit kann sie nicht mehr eingenommen werden.

Da eine Hostie auch nicht weggeworfen werden darf, wird sie in ein Gefäß mit Wasser gelegt, damit sie sich darin von alleine auflöst.

Doch in den oben genannten Fällen färbte sich das Wasser rot und die Hostie löste sich nicht auf, sondern wurde zu einem Fleischstück, in dem Fall in Polen sogar eindeutig zu einem Stück Herzmuskelgewebe.

Hostienwunder ereignen sich schon seit Jahrhunderten und werden ziemlich gut dokumentiert, es gibt sogar Fotos und Filmaufnahmen von solchen Vorfällen.

Bei der Koreanerin Julia Kim passierte so ein Hostienwunder mindestens fünf Mal, 1995 in Rom sogar in Anwesenheit des Papstes.

Handelt es sich bei diesen Fällen um ein unerklärliches Wunder oder um eine geschickte Täuschung?

Das rote Verfärben von Substanzen kann auch durch ein Bakterium (Serratia marcescens) hervorgerufen werden. Diese Bakterien nachzuweisen ist nicht schwer. Somit könnte man relativ einfach feststellen, ob es sich um etwas Unerklärliches handelt oder nicht. Doch selbst das Vorhandensein des Bakteriums könnte in keiner Weise erklären, wie es zur Fleischgewebebildung kommen kann, es sei denn, man unterstellt eine bewusste Manipulierung der Hostie oder wirklich etwas Unerklärliches.

Ähnlich rätselhaft erscheint ein Phänomen von getrockneten Blutklümpchen aus dem 8. Jahrhundert, die in einer italienischen Stadt namens Lanciano aufbewahrt werden.

Es handelt sich um fünf Blutklümpchen, die auch während eines Hostienwunders entstanden sein sollen und heute noch rätselhafte Eigenschaften aufweisen.

So ermittelte man das Gewicht; von einem einzigen Klümpchen beträgt es 16,505 Gramm. Wiegt man alle fünf Klümpchen zusammen, ergibt das Gewicht auch 16,505 Gramm.

Obwohl Blut und Fleisch (Herzmuskelgewebe) ca. 1 200 Jahre alt sind, weisen sie keine Spuren von Zerfall auf und das Blut besitzt alle Eigenschaften von ganz frischem Blut.

Wenn all diese Angaben stimmen, wäre das ein unerklärliches Wunder, das uns auch einen Hinweis auf den Schöpfer geben könnte.

Dieser Sachverhalt würde vielen physikalischen und biologischen Gesetzen widersprechen und somit könnte er nicht menschlichen Ursprungs sein.

Damit möchte ich das Thema Hostienwunder jedoch beenden, obwohl der Stoff sehr umfangreich wäre. Allerdings ist das für mich persönlich ein Thema, das sehr viel Glauben verlangt und wenig wissenschaftlich untersucht worden ist.

Ein anderes, ebenfalls glaubensintensives Thema sind Gegenstände, die Flüssigkeiten oder Blut weinen.

So wird weltweit über Marienstatuen, heilige Bilder, Jesus-Figuren und vieles mehr berichtet, die angeblich Blut oder andere Flüssigkeiten weinen.

Hier ist die Hysterie und Täuschung zu Hause, 98 % solcher Fälle sind reines Schauspiel und nachweislich eine Täuschung.

Deswegen werde ich mich mit diesem Thema gar nicht groß befassen, doch für Interessierte möchte ich doch drei Fälle namentlich nennen, die ich für beachtenswert halte.

Der erste ist schon wieder der Fall von Julia Kim aus Korea. Dort findet man alle möglichen Phänomene: Stigmata, Hostienwunder und weinende Marienstatuen, die auch wirklich sehr interessant erscheinen.

Der zweite ist der Fall der weinenden Madonna-Statue aus Civitavechia/Italien, die 1995 ihren Höhepunkt hatte und bis heute manchmal blutige Tränen vergießt.

Der dritte interessante Fall kommt aus Bolivien aus der Stadt Cochabamba, wo Jesus- und Marienstatuen geweint haben sollen.

Angeblich wurden die Tränen und die Statuen selbst untersucht und die Vorfälle für echt befunden, doch durch wen und wie sie untersucht worden sind, ist nicht bekannt.

Deswegen ist dieser Fall auch mit äußerster Vorsicht zu betrachten.

Als letztes kirchliches Thema möchte ich noch etwas über Reliquien und besondere spirituelle Gegenstände sagen.

Jeder von uns hat bestimmt schon etwas über das „Turiner Grabtuch" gehört, das angeblich den Körper des verstorbenen Jesus im Grab nach der Kreuzigung spiegeln soll.

Über die Echtheit des Tuches wird seit Jahren unter den Wissenschaftlern gestritten; manche behaupten, es handle sich um ein Bild aus dem Mittelalter, andere behaupten, dass es wirklich das Tuch aus dem Grab Jesus' sei.

Die Umrisse des Körpers auf dem Tuch sind nicht gemalt und nicht aufgedruckt; keiner kann bis heute eindeutig sagen, wie das Bild auf dem Tuch entstanden sein soll.

Es ist eindeutig ein dreidimensionaler Abdruck eines männlichen Körpers auf Leinen und stammt höchstwahrscheinlich aus dem Nahen Osten.

Die Spuren von Gräsern und Pollen, die bei einer Untersuchung des Tuches gefunden wurden, kommen nur in dieser Gegend vor.

Doch die Bestimmung des Alters des Tuches durch die Radiokarbonmethode ergab eine Entstehungszeit im 13. Jahrhundert, somit könnte es sich nicht um das Grabtuch Christi handeln.

Ob die Untersuchung nach der Radiokarbonmethode wirklich aussagekräftig ist, wird jedoch von manchen Forschern bezweifelt. Es könnte sein, dass die entnommenen Proben durch einen Kirchenbrand im 16. Jahrhundert oder durch mehrere Restaurationsarbeiten verfälscht worden sind.

Zum „Turiner Grabtuch" gibt es noch zwei andere Reliquien oder Ikonen (wie sich die Kirche ausdrückt), die angeblich zum Gesamtbild der Kreuzigung Christi passen.

Das „Schweißtuch" von Oviedo in Spanien, ein blutbeschmiertes Stück Leinentuch, das Jesus angeblich bei der Kreuzigung auf den Kopf gelegt wurde und aus dem gleichen Material (jedoch anderer Webart) wie das „Turiner Grabtuch" besteht.

Doch nach der Untersuchung dieses Tuches legte man die Entstehungszeit des Objektes in das 7. Jahrhundert nach Christi, also weit weg von der tatsächlichen Kreuzigungszeit.

Das dritte Tuch bzw. die dritte Reliquie ist der „Schleier von Manoppello" aus Italien, ein hauchdünnes Tuch aus Muschelseide, einem sehr edlen und seltenen Material.

Man kann durch das Tuch hindurchsehen und alles wahrnehmen, was hinter dem Tuch passiert, es ist eben durchsichtig. Wenn man jedoch genau hinschaut, erkennt man ein männliches Gesicht auf dem Tuch, das angeblich das Gesicht von Jesus zeigen soll.

Das Bild ist auch keine Malerei (Muschelseide lässt sich nicht bemalen) und kein Druck, es wurden nur Schattierungen in der Beschaffenheit des Bildes festgestellt, die als Gesamtheit das Bild vom Gesicht Jesus' ergeben.

Ich wollte das Thema der Reliquien nur kurz darstellen, um die spirituelle Gesamtheit der Thematik zu vervollständigen.

Ob die Tücher echt sind oder nicht, ändert in meinen Augen nichts am bisher gewonnenen Eindruck von den Indizien zur Existenz oder Nichtexistenz des Schöpfers.

Ein anderes Thema, das ich nur noch kurz erwähnen möchte, sind die UFO-Phänomene oder -Sichtungen. Dabei soll es sich um unidentifizierte Flugobjekte handeln, die weltweit gesehen werden und eventuell von fremden Planeten zu uns kommen sollen.

Ich persönlich bin kein großer Fan von UFO-Phänomenen, weil in meinen Augen ca. 98 % aller Meldungen zu diesem Thema bewusst oder unbewusst falsch sind.

Oft werden Wetterballons, Versuchsflugzeuge, Wetterphänomene oder Spionage-Flugobjekte als UFO identifiziert.

Wenn wir zum Beispiel das Tarnkappenflugzeug nehmen, das für den Beobachter sehr spektakulär aussieht und dessen Entwicklung in den 1970er-Jahren begann, könnten damals die ersten Versuchsflüge schon sehr fantasieanregend für Beobachter gewesen sein.

Es ist nicht auszuschließen, dass solche geheimen Flugobjekte (z. B. Drohnen) auch heute noch Testflüge unternehmen und deren Existenz erst in 10 bis 20 Jahren bekannt wird.

Doch selbst wenn wir davon ausgehen, dass Außerirdische unsere Welt besuchen, würde das nichts Neues für unsere Suche nach der Schöpferfrage bedeuten.

Ich bin fest davon überzeugt, dass wir nicht die einzigen Lebewesen in dem großen Universum sind, doch wie weit fortgeschritten müsste die Intelligenz der Außerirdischen sein, um uns besuchen zu können?

Die Entfernungen zwischen den Planeten oder den Galaxien sind unheimlich groß und werden in Lichtjahren gemessen.

Das würde heißen, dass entweder die fremden Besucher über eine Technik verfügen müssten, die Reisen mit Lichtgeschwindigkeit ermöglichen, oder sogar über die Fähigkeit, sich zu dematerialisieren und auf der Erde wieder zu materialisieren.

Das würde für uns auch sehr interessant sein, da wir Menschen bisher nicht über solche Technologien verfügen.

Vielleicht könnte man dann auch über die Möglichkeit des „Bringen des Lebens" durch Außerirdische auf unserem Planeten zu spekulieren beginnen.

Das könnte heißen, dass eine außerirdische Intelligenz uns Menschen gezielt konstruiert und erschaffen hat.

Unter diesem Gesichtspunkt würde die Menschheit als extrem primitiv dastehen und die Frage nach dem Schöpfer würde sich noch mehr nach oben verschieben.

Dann würde es heißen: Wenn uns eine Intelligenz erschaffen hat, wer hat dann die Intelligenz erschaffen?

Diese philosophischen Spielchen möchte ich hier nicht erst anfangen, da wir dann in Sinnlosigkeit versinken.

Ein anderes, sehr interessantes Phänomen ereignete sich das erste Mal 2001 in der indischen Stadt Kerala und wiederholte sich 2006 und 2007.

Es fiel roter Regen, der lokal begrenzt war und nach ausführlichen wissenschaftlichen Untersuchungen als unerklärlich und nicht von dieser Welt qualifiziert wurde.

Es handelte sich um eine zellenartige Substanz, die aber keinen Zellkern hatte und keine DNA vorweisen konnte; dazu erwiesen sich die Zellen als extrem überlebensfähig.

So überlebten die Zellen Temperaturschwankungen zwischen −200 und +300 Grad Celsius.

Insgesamt kamen mehrere Tonnen dieser Substanz in Kerala herunter; die Wissenschaft vermutet, dass ein Komet in der Erdatmosphäre explodiert ist und so die außerirdische Substanz auf die Erde gelangte.

Wieso grade über Kerala und das drei Mal hintereinander, das bleibt ein Rätsel für sich, doch ähnliche Phänomene ereigneten sich auf der ganzen Welt und zu unterschiedlichsten Zeiten.

So regnete es 2008 echtes Blut in Kolumbien. Was die Ursache dafür war, konnte man bis heute nicht feststellen. Vielleicht ein Vogelschwarm, der in ein Flugzeugtriebwerk geriet, oder eventuell noch etwas anderes.

Es geschehen sehr oft seltsame und unerklärliche Phänomene, weltweit und zu jeder Zeit.

Solche Berichte ziehen sich bis heute durch die Geschichte der Menschheit und werden auch noch in der Zukunft passieren.

Die Qualität und Tragweite solcher Phänomene ist aber sehr unterschiedlich und bei der Auswertung der Fälle ist äußerste Vorsicht geboten.

Ich bemängle oft die Sturheit und Einseitigkeit der Wissenschaften, aber auch der Fantasieumfang und der Fanatismus des Menschen ist nicht zu unterschätzen.

Leider muss ich immer wieder feststellen, dass der Wahrheitsbegriff für die Menschen sehr flexibel zu sein scheint und es sich in ca. 80 % aller Fälle um Täuschungen handelt.

Diese Angaben können um ein paar Prozentpunkte noch oben oder unten variieren, abhängig vom Thema.

Doch das alles haben wir schon besprochen, kommen wir zur abschließenden Beurteilung der Gesamtheit der in meiner Arbeit vorgetragenen Phänomene.

Wenn wir den Anfang des Universums betrachten, unabhängig davon, ob es einen Urknall gab oder nicht, kommen wir logischerweise zum Beginn von „etwas" aus dem „Nichts".

In meinen Augen würde ich sagen, es war der Beginn oder die Entstehung von Materie aus Information und Energie.

Diese Materie entstand in einer für Menschen oder Lebewesen vorbereiteten Ebene, die wir als unser Universum wahrnehmen, die aber nur einen winzig kleinen Teil der Gesamtheit darstellt.

Nun stellt sich die Frage: Wer hat all das erschaffen oder vorher kommt die Information dazu und wieso?

Hier, denke ich, müssen wir unser Personen- oder Individuumsdenken ablegen und versuchen, an eine große, pulsierende Gesamtheit zu denken, die alles in sich und sich selbst in allem darstellt.

Das ist so, als ob wir uns einen großen Ozean mit Fischen vorstellen würden. Jeder Fisch wäre voll Wasser, das wiederum dem Wasser des Ozeans entspräche.

Wenn wir uns das vorstellen können, erfassen wir aber nur unser Universum damit, das nur eine kleine Ebene einer viel größeren Gesamtheit darstellt.

Wir kommen aus einem Beginn, Anfang oder sogar Urknall, egal, wie wir es nennen. Dabei kommt alles aus „Einem" und das „Eine" ist alles; man könnte das „Eine" auch als Schöpfer betrachten.

Das jetzige „Ich" ist nur eine Momentaufnahme der uns bekannten „Zeit", die auch mit dem Beginn von „allem" entstanden ist, somit aus dem „Einen" (Schöpfer) kommt.

Die Zeit begleitet unsere materielle Ebene und ist nur wahrnehmbar für das Materielle; für das „Eine" (den Schöpfer) ist Zeit nicht existent.

Zeit ist somit relativ und nur für materielle Existenz von Bedeutung, somit eng mit dem Menschlichen verbunden.

Das alles klingt etwas verrückt, doch schon heute können wir das alles wissenschaftlich belegen, wenn wir uns nur auf die Quantenphysik konzentrieren.

Das Universum versuchen wir durch verschiedene Theorien zu erklären, die jedoch ständig neu definiert werden müssen aufgrund neuer Erkenntnisse oder auch Widersprüche.

Die immer schneller werdende Ausdehnung unseres Universums versuchen wir durch „Dunkle Energien und Materien" zu erklären, doch die Belege für die Existenz solcher „dunklen Sachen" entsprechen gleich null, schlimmer noch, es gibt Ansätze, die gegen solche Theorien sprechen.

Doch die Existenz einer Kraft oder Energie, die seit der Entstehung unseres Universums das alles auch steuert und mit eigenen Informationen leitet, sehe ich als eine gegebene Tatsache.

Somit können wir schon hier bei der Entstehung des Universums die Wirkung einer für uns unbegreiflichen Intelligenz und Kraft erkennen.

Die moderne Quantenphysik berichtet über eine Verschränkung von Teilchen, die unabhängig von der Entfernung voneinander miteinander verbunden sind.

Dieses Prinzip deutet auch darauf hin, dass alles eins und in sich verbunden ist.

Ich denke, dass der materielle Körper nur ein genutzter Gegenstand ist, der durch Informationen, Gedanken und schöpferische Energie (Informationsenergie) gesteuert wird.

Wenn wir bedenken, in welchem Stadium der Befruchtung einer Eizelle das Bewusstsein entsteht, kommen wir zu der Überzeugung, dass nur die Grundinformationen durch die Eltern weitergegeben werden; die restlichen Informationen empfängt die Zelle von außen.

Die DNA beinhaltet unsere persönlichen Informationen, die sich aber aufgrund von Außeneinwirkungen oder Energiestörungen verändern und die betreffende Person auf einen ganz anderen Lebensweg bringen können.

Das heißt, dass wir ständig durch eine höhere Energie beeinflusst werden und in einer Wechselwirkung mit der Informationsenergie stehen.

Das, was für uns Menschen wirklich von großer Bedeutung ist, sind unsere Gedanken, die dann entscheidend unsere Handlungen leiten.

Gedanken steuern unsere Persönlichkeit und kommunizieren mit unserer Umwelt, somit positionieren sie uns in einer gesellschaftlichen und sozialen Stellung, die unseren Lebensverlauf bestimmt.

Gedanken kommunizieren auch mit den schöpferischen Informationen. Das heißt, wenn wir positive Gedanken pflegen, verknüpfen sie sich mit den positiven Energien und Informationen aus der Schöpferwelt, wenn wir aber ständig negativ denken, verbinden wir uns mit der negativen Informationsenergie.

Ich stelle mir unsere Informationsenergie immer als das Wasser in einem Teich vor und wir Menschen sind die Fische, die diesen Teich bewohnen.

Die ganze Lebensenergie und alle Tugend sowie alle Weisheiten sind im Wasser des Teiches enthalten, somit können wir davon schöpfen oder auch nicht.

Alle Fische im Teich stehen auch ständig in einer Wechselwirkung mit dem Wasser im Teich; sie senden Informationen, Gefühle und eigene Energien in das Wasser, die nicht immer positiv sein müssen.

Das alles wird im Wasser gespeichert und ist für jeden abrufbar, und je nachdem, welche Art der eigenen Energie ins Wasser gesendet wird, bekommt man die gleiche Art wieder zurück.

Sendet man zum Beispiel Lügen und Böses, bekommt man Böses zurück, und dieser Austausch wirkt sich auf Dauer sehr negativ auf den betroffenen Fisch aus.

Es könnte sein, dass die negativen Wechselwirkungen der Energien zu erheblichen Problemen oder auch zur Entstehung von Krankheiten im Leben des Fisches beitragen, der immer mehr im dunklen Wasser „versinkt".

Es kann auch sein, dass ein positiver, ehrlicher und liebvoller Fisch noch mehr gute Informationsenergie bekommt und sein Leben sehr positiv gestaltet.

Das Wasser des Teiches wird immer klarer und leuchtender, somit empfängt der positive Fisch mehr göttliche Informationsenergie.

Jeder von uns ist so ein Fisch in der uns umgebenden Schöpferwelt, die nur aus den Arten der Gedanken und deren Güte besteht.

Diese Theorie von meinem „Teich mit Fischen" erklärt in meinen Augen die meisten parapsychologischen Phänomene ausreichend und ist wunderbar mit den Gesetzen des Universums vereinbar.

Wenn wir zum Beispiel die Spukphänomene betrachten, könnte es sein, dass sich sehr intensive Gedanken oder Erlebnisse in der Informationsenergie stark eingeprägt haben und manchmal von anderen Empfängern abgerufen werden können.

Wenn es Menschen möglich ist, mit Gedankenkraft Objekte zu bewegen oder zu beeinflussen, wieso sollte es nicht verstärkt in der Informationsenergie dazu kommen können?

In den Gedanken sind ungeahnte Kräfte enthalten, die unser Dasein in der Informationsenergie widerspiegeln und da auch weiter existieren können als ein Teil der Gesamtheit.

Auch die Wiedergeburtsfälle könnte man durch Zugriffe auf die Informationsenergie erklären, indem man Erlebnisse und Gedanken wahrnimmt, die schon darin gespeichert sind.

Doch meine „Teich"-Theorie ist nur ein Versuch, alle Phänomene unter ein Dach zu bringen und eventuell zu erklären.

Natürlich ist sie nicht einfach nur so ausgedacht und unbegründet, sondern basiert auf verschiedenartigen Beobachtungen und Analysen.

So werden quantenphysikalische Phänomene berücksichtigt wie Wechselwirkung und Verschränkungstheorie, Phänomene vom globalen und kollektiven Bewusstsein sowie andere Beobachtungen.

Doch egal, in welcher Betrachtungsrichtung wir uns bewegen, wir stoßen unweigerlich immer wieder auf verschiedene Arten von Energien und außerirdischen Einfluss auf unsere Existenz auf der Erde.

Ob physikalisch, quantenphysikalisch, spirituell oder parapsychologisch, unsere Forschung endet immer in einer nichtmateriellen Welt, die uns heute nicht mal ansatzweise zugänglich ist.

Dazu gibt es zweifelsohne diverse paranormale Phänomene, die unerklärlich sind und sich einer menschlichen Einwirkung entziehen.

Ich bin fest davon überzeugt, dass alles, was wir kennen, nicht einfach durch Zufall und ohne Sinn entstanden ist.

Genauso sicher bin ich mir, dass die Suche nach einem Schöpfer aussichtslos ist, weil das, wonach wir suchen, sich unserer Vorstellungs- und Aufnahmekraft entzieht.

Der Schöpfer ist bestimmt kein bärtiger Mann, der auf eine Wolke sitzt, und kein Lichtklumpen, der alles steuert.

Ich glaube, dem Schöpfer kommen wir nur mit Gedanken, Gefühlen und Taten näher.

Wir können uns jetzt schon in Gedanken Dinge oder Vorgänge vorstellen und diese Bilder in unserem Gehirn empfangen, obwohl in der Wirklichkeit diese Bilder gar nicht real existieren; man könnte dazu auch Träume sagen.

Wir können zum Beispiel denken, wir springen wie ein echter Kosmonaut auf dem Mond herum, und in unserem Bewusstsein würden wir diese Bilder wahrnehmen – zwar nicht optisch, aber durch reine Vorstellungskraft.

Der gleiche Vorgang kann sich nach unserem physischen Tod und nachdem wir unseren materiellen Körper verlassen haben fortsetzen, nur ist das dann keine Vorstellung mehr für uns, sondern eine feste Tatsache.

In diesem Fall müssten wir nur an etwas denken und schon wären wir da, weil wir selbst nur aus Gedanken bestehen; ebenso wäre unser ganzes Umfeld nichts als Gedanken, die sich in einer Informationsenergie bewegen, die alles in sich selbst beinhaltet.

Genauso beinhaltet die DNA unsere persönlichen Informationen, die aber aufgrund von Wechselwirkungen mit der Informationsenergie verändert werden können.

Wenn wir unser Dasein negativ und nicht im Einklang mit unserem Umfeld und der Informationsenergie entwickeln, könnte es sein, dass dieses unvorteilhafte Verhalten sich negativ auf unsere DNA und somit auf uns selbst auswirkt.

Deswegen wer oder was der Schöpfer sein soll, ist schwer zu sagen, doch logisch ist, dass wir ein Teil dessen sind.

Es ist auch schwierig zu sagen, welche Existenzformen außer der menschlich-materiellen es noch gibt und wie die eventuell aussehen könnten.

Doch eine Schöpferkraft, Energie – wie auch immer wir es bezeichnen möchten – muss es unbestritten geben, da so komplexe, sinnvolle und wunderbare kosmosweite Abläufe nicht von alleine entstanden sein können.

Auch die Anzahl der Vorfälle und Phänomene, die auf der Erde geschehen, weisen schon auf die Existenz von etwas uns Überlegenem hin.

Bei fast allen paranormalen Vorfällen hat man mit Lichterscheinungen oder Plasmagestalten zu tun, das bringt uns unweigerlich auf die Energiebeschaffenheit solcher Sichtungen, die auf schöpferische Informationsenergie zurückzuführen ist.

Licht besitzt ganz besondere Eigenschaften, da es als Teilchen oder Welle auftritt und als Träger von Informationen verwendet werden kann.

So könnte man auch annehmen, dass zwischen den körpereigenen Zellen eine Kommunikation über Biophotonen (also Licht) stattfindet.

Diese Kommunikation findet von der kleinsten Zelle über den Menschen und dessen Umfeld bis in das große, weite Universum statt.

Alle Ebenen der Existenz, egal ob materielle oder energetische, werden in der Informationsenergie vereinigt und deswegen könnte man sie auch als schöpferisch ansehen.

Unsere menschlichen Informationen werden in unsere DNA aufgenommen, doch egal, ob es sich um einen lebendigen oder toten Menschen handelt, die DNA ist immer die gleiche.

Das zeigt eindeutig, dass diese Informationen nur eine untergeordnete Rolle in der Existenzfrage des Menschen spielen und eine andere Macht uns mit Leben erfüllt.

Egal, ob wir christlich, muslimisch oder anderweitig religiös orientiert sind, auch egal, ob wir uns wissenschaftlich mit paranormalen Sachen beschäftigen oder ob wir nur neue Namen für den Schöpfer erfinden wie z. B. New Age oder sonstige Bezeichnungen, wir kommen immer wieder als Endergebnis auf hochintelligente Energiezustände, die derzeit für uns unerklärbar sind.

Viele sagen jetzt: „Der weiß auch nicht, was er sagen soll, deswegen bezeichnet er es als unerklärbar." Das stimmt leider, aber ich denke auch, dass ich genug Beispiele aufgezeigt habe, die auf die Existenz von etwas Höherem hinweisen.

Ich habe mich bemüht, sachlich und unbefangen über die von mir vorgetragenen Themen zu berichten.

Zweifelsohne gibt es keine plausiblen Erklärungen für das Wunder in Fatima und viele andere paranormale Phänomene, doch der Glaube daran wackelt aufgrund des menschlichen Umgangs mit diesen Phänomenen.

Die Kirchen verlieren immer mehr den Anschluss an die Entwicklung des Menschen, manchmal wirken sie unglaubhaft und verstrickt.

Der heutige Mensch nimmt solche Ausrutscher und Fehlverhalten sehr schnell wahr und die Medien leisten noch ihren Beitrag dazu.

Des Weiteren könnte man sagen, dass auf ein echtes paranormales Phänomen ca. 100 vorgetäuschte und manipulierte Phänomene kommen.

Diese sinnlosen und dummen Manipulationen tragen erheblich zur Ungläubigkeit und Skepsis gegenüber der gesamten Thematik bei.

Das Letzte, was ich noch sagen möchte, ist etwas über die Entwicklung des heutigen Menschen.

Emanzipation, das „An-sich-Denken" und die Leistungsgesellschaft begleiten heute die Menschen, das führt zu Übermut, Konflikten und falscher Sacheinschätzung, verbunden mit Lustlosigkeit.

Der heutige Mensch sucht nach einer inneren Entschuldigung für die Nichtakzeptanz von Religionen in der falsch ausgelegten Wissenschaft.

In den Medien wird immer wieder von einer schöpferlosen Entwicklung der Menschheit berichtet, und wir erhalten Erklärungen für paranormale Phänomene, die dem Niveau von Donald Duck entsprechen.

Doch als normaler, nicht sachkundiger Mensch akzeptiere ich diese Angaben, die wiederum die Nichtakzeptanz der Religion für mich entschuldigen sollen.

Ich denke, dass meine Arbeit doch zu einer eigenen Urteilsfindung in der Frage nach der Existenz des Schöpfers helfen und eventuell auch viele andere Fragen beantworten konnte.

Das Buch ist nur der erste Zwischenbericht in meiner paranormalen Forschung, die ich noch weiter vertiefen und erweitern möchte. Dazu brauche ich noch mehr Informationen von betroffenen Menschen.

Deswegen bitte ich alle Leser, die selbst paranormale Erlebnisse hatten oder solche Menschen kennen, um ihre Zusammenarbeit.

Ich lade Sie ein, mich über meine Website www:Paranormaleforschung.de zu kontaktieren.

Angabe von Quellen für meine Arbeit

Meine Arbeit basiert auf einer sehr umfangreichen Sammlung von Materialien über verschiedene paranormale Phänomene.

Doch ganz deutlich möchte ich betonen, dass ich bewusst keine Informationen aus irgendwelchen Büchern für diese Arbeit verwendet habe.

Hauptsächlich bediente ich mich Quellen aus dem Internet, deren Auflistung unten ersichtlich ist, sowie Zeitungsartikeln, Zeugenbefragungen und Berichten aus der Bevölkerung.

http://de.wikipedia.org/wiki/Wikipedia:Hauptseite
http://grenzwissenschaft-aktuell.blogspot.com/
http://www.parapsychologie-online.de./
http://fr.lourdes-france.org/
http://nachrichten.freenet.de/wissenschaft/paranormal/index.html
http://www.gespensterweb.de/
http://www.particleadventure.org/german/frameless/index.html
http://www.nahtod.de/
http://www.weltderphysik.de/
http://www.heiligenlexikon.de/
http://www.8ung.at/nahtoderfahrung/index.html
http://www.geister-und-gespenster.de/
http://www.padrepio.catholicwebservices.com/DEUTSCH/
    DEUTSCH_index.htm
http://www.wissenschaft-online.de/
http://www.kbwn.de/html/guadalupe.html
http://kath-zdw.ch/

Bewerten Sie dieses Buch auf unserer Homepage!

www.novumverlag.com

Der Autor

Waldemar Gajda, geboren 1965, lebt in Niedersachsen und leitet eine Immobilienfirma. Seit seiner Kindheit befasst er sich mit Literatur und Kunst. 1994 veröffentlichte er den Gedichtband „Lyrik für dich" im Fischer Verlag. 2009 erschienen im Wagner Verlag seine gereimten Kinderkurzgeschichten „Lustige Geschichten - nicht nur für Kinder".
Neben der Literatur und der Parapsychologie begleitet Motorsport Waldemar Gajdas Lebensweg. Von 2000 bis 2006 bestritt er diverse Rallyes und nahm auch mehrmals am 24-h-Rennen auf dem Nürburgring teil.

novum VERLAG FÜR NEUAUTOREN

Der Verlag

„Semper Reformandum", der unaufhörliche Zwang sich zu erneuern begleitet die novum publishing gmbh seit Gründung im Jahr 1997. Der Name steht für etwas Einzigartiges, bisher noch nie da Gewesenes.
Im abwechslungsreichen Verlagsprogramm finden sich Bücher, die alle Mitarbeiter des Verlages sowie den Verleger persönlich begeistern, ein breites Spektrum der aktuellen Literaturszene abbilden und in den Ländern Deutschland, Österreich und der Schweiz publiziert werden.
Dabei konzentriert sich der mehrfach prämierte Verlag speziell auf die Gruppe der Erstautoren und gilt als Entdecker und Förderer literarischer Neulinge.

Neue Manuskripte sind jederzeit herzlich willkommen!

novum publishing gmbh
Rathausgasse 73 · A-7311 Neckenmarkt
Tel: +43 2610 431 11 · Fax: +43 2610 431 11 28
Internet: office@novumverlag.com · www.novumverlag.com